国家社科基金
GUOJIA SHEKE JIJIN HOUQI ZIZHU XIANGMU
后期资助项目

职业体育俱乐部文化再造理论与方法

Cultural Reengineering of Professional Sports Clubs: Theories and Methods

杜梅 著

世纪出版集团
中西書局

国家社科基金后期资助项目
出版说明

后期资助项目是国家社科基金设立的一类重要项目,旨在鼓励广大社科研究者潜心治学,支持基础研究多出优秀成果。它是经过严格评审,从接近完成的科研成果中遴选立项的。为扩大后期资助项目的影响,更好地推动学术发展,促进成果转化,全国哲学社会科学工作办公室按照“统一设计、统一标识、统一版式、形成系列”的总体要求,组织出版国家社科基金后期资助项目成果。

全国哲学社会科学工作办公室

目　　录

前　　言

我国体育职业化发展已有20余年，一直在摸索中前进，然而离“真正的职业化”尚有巨大差距。自2014年10月《国务院关于加快发展体育产业促进体育消费的若干意见》（国发［2014］46号）颁布实施，以及2015年3月《中国足球改革发展总体方案》实施以来，我国以足球为切入点的职业化改革大刀阔斧起来。《中国足球改革发展总体方案》提出的重点改革任务之一即是“改革完善职业足球俱乐部建设和运营模式”；同时，根据北美四大职业体育联盟的经验，职业体育的发展和职业体育俱乐部的成功运营对推动体育及相关产业的发展也有着不可小觑的贡献。可见，职业体育俱乐部作为现代体育职业化发展的主要载体和组织形式，承载着重大的责任。

企业文化是企业的竞争力之源，是企业的灵魂。学习型组织之父 Peter Senge（彼得·圣吉）曾指出“一个缺少全体衷心共有的目标、价值观和使命的组织，必定难成大器”，这种发自内心的目标一致对于职业体育俱乐部而言，并非取得一场比赛胜利、获得一个联赛冠军等直接与利益相关的目标，而是使俱乐部更富有持久生命力的灵魂觉醒和文化铸造。企业文化在企业发展中的力量已经获得中外学者和商界的一致认可，企业文化建设已经被提升到战略高度，成为当代企业获取核心竞争力的重要管理战略。作为一类特殊企业，我国职业体育俱乐部建设文化核心竞争力必将成为其未来生存发展的基本条件。

因此，本书从文化建设的角度出发，以企业文化与再造理论为基础，对我国职业体育俱乐部的组织再造、制度再造、人力资源再造、理念系统再造和形象再造进行理论与方法的研究探讨，努力构建一个适合我国职业体育俱乐部改革与发展要求的文化再造框架，为我国职业体育俱乐部的改革与完善提供借鉴和参考。

《职业体育俱乐部文化再造理论与方法》共分为八章，各章的主要内容是：

第一章，职业体育俱乐部演化过程、职业体育俱乐部与文化的关系分析与探讨。首先,从历史角度出发,探讨俱乐部、体育俱乐部、职业体育俱乐部的起源问题,并阐述职业体育俱乐部的含义、特征和类型等基础理论;其次,从文化的角度,探讨文化的概念、特征、功能、起源、创新、构成及文化与职业体育俱乐部的关系,并阐述在这一文化制胜的年代,进行职业体育俱乐部的文化再造的重大理论和现实意义。

第二章,对职业体育俱乐部文化再造的综合评价与分析。首先,探讨职业体育俱乐部文化再造的基础理论,包括对职业体育俱乐部文化再造的相关概念内涵、特征、目标任务和基本原则及职业体育俱乐部文化再造的内容要素等的分析;其次,探讨职业体育俱乐部文化再造的内部动因和外部动因;进而,阐述职业体育俱乐部文化再造的类型及相对应的职业体育俱乐部文化再造的模式划分、模式选择和模式应用,力求为不同类型职业体育俱乐部的文化再造提供理论指导。

第三章,职业体育俱乐部组织再造。组织再造是职业体育俱乐部文化再造的一个组成部分,关系着整个文化再造的成功与否。本章首先从理论方面探讨职业体育俱乐部组织再造相关概念内涵、特点和作用等;其次,详细分析我国职业体育俱乐部需要开展组织再造的内外动因;然后探讨文化与组织文化的关系、国内外学者对企业组织再造理论要素的主要观点,并确定职业体育俱乐部组织再造的基本要素;最后,简要介绍职业体育俱乐部组织再造程序,以及职业体育俱乐部组织再造类型的划分及模式的选择。

第四章,职业体育俱乐部制度再造。制度对职业体育俱乐部的发展具有规范、约束、激励等作用。本章首先介绍制度、企业制度、职业体育俱乐部制度及其再造的概念内涵、特点及制度再造的功能、意义;其次,论述内部动因和外部动因是职业体育俱乐部制度再造的动力源泉;然后通过多种途径分析,从理论层面确定职业体育俱乐部制度再造内容要素;最后对职业体育俱乐部制度再造的程序(诊断、改造、评估与反馈)作了简要介绍,并概念性总结职业体育俱乐部制度再造类型的划分和模式的选择。

第五章,职业体育俱乐部人力资源再造。人力资源要素作为职业体育俱乐部的核心生产要素,是职业体育俱乐部应该学习、掌握、管理好的重要要素。首先,从理论层面探讨职业体育俱乐部人力资源再造相关概念内涵及功能作用等;并重点分析职业体育俱乐部人力资源再造的内外动因;其次,以文化层次理论为基础探讨职业体育俱乐部人力资源再造理论要素;并进一步阐述职业体育俱乐部人力资源再造程序、类型及模式划分与选择。

第六章,职业体育俱乐部理念系统再造。为了从理论层面对职业体育俱乐部理念系统再造进行充实与完善，力求加强对实践过程的指导，本章首先分析了职业体育俱乐部理念再造的概念内涵及功能作用等；并以内部环境和外部环境为切入点论述职业体育俱乐部理念系统再造的具体影响因素；其次，以文化为基调，在把握企业理念系统和职业体育俱乐部内涵特征的基础上，提出职业体育俱乐部理念系统再造的内容框架；最后阐述职业体育俱乐部理念系统再造的方法（程序、类型及模式）。

第七章，职业体育俱乐部形象再造。职业体育俱乐部形象再造是职业体育俱乐部文化再造的重要组成部分，也是职业体育俱乐部文化再造的外在形式，开展形象再造工程，可以有效改善我国职业体育俱乐部形象现状，促进我国体育俱乐部的职业化进程。本章首先介绍职业体育俱乐部形象概念内涵、职业体育俱乐部形象理论、CIS 理论，阐述了职业体育俱乐部形象再造的内外动因——我国职业体育俱乐部形象现状及职业体育俱乐部形象再造面临的问题；其次，分析了职业体育俱乐部形象再造具体理论要素；然后进一步阐述职业体育俱乐部形象再造程序、类型及对应的模式。

第八章在前七章对职业体育俱乐部文化再造五个维度要素进行深入研究的基础上，更进一步，从实证分析的视角搭建起职业体育俱乐部文化再造理论与实践的桥梁。第一，了解足球、篮球等较早开始职业化改革的运动项目的职业俱乐部发展现状，在文献研究基础上构建职业体育俱乐部文化建设现状调查工具，结合问卷调查，从物质、制度、行为、精神四个层面，分析我国职业体育俱乐部整体上文化建设暴露出的问题。第二，以参加中国乒乓球超级联赛的某乒乓球俱乐部为研究对象，通过层次分析法构建职业体育俱乐部文化再造模型，具体呈现如何发现和判断针对某一具体的职业体育俱乐部实施文化再造的工作重点。第三，案例与启示，通过深入分析国际（英超：莱斯特城足球俱乐部）、国内（中超：广州恒大淘宝俱乐部）两个近年来实施了较为成功的文化再造的案例，为职业体育俱乐部文化再造提供更为形象直观的案例参考与经验启示。

文化再造为我国职业体育俱乐部提供了一种崭新的管理思路，有助于引发管理方式的改革与优化，这既符合我国当前体育职业化改革的需求，又将对职业体育俱乐部的发展产生系统、持久和深远的影响。近年来，国内外学者在职业体育俱乐部研究中已经积累颇多成果，但由于学者们的研究背景、研究目的和视角各有不同，使得关于职业体育俱乐部文化再造的较为完整的理论体系尚未构建形成。鉴于此，本书在诸多学者研究的基础上，以文化再造为切入视角，从组织再造、制度再造、人力资源再造、理念系统再造和形象再造五个方面作了系统论述，希望能够为职业体育俱乐部的改革与完善提供参考。

本书研究过程得到了国家社会科学基金、中央高校基本科研业务费专项资金资助，华东理工大学体育经济理论研究所王跃、李荣日等诸位同事倾力支持、共同参与，同时承蒙多位体育界同仁、教练员、运动员朋友的支持，使得研究能够顺利完成，在此一并致以衷心的感谢！

第一章　职业体育俱乐部

第一节　职业体育俱乐部

一、俱乐部的历史回顾

“俱乐部”一词是对英文“Club”的音译。对于俱乐部的含义,《辞海》中这样定义:“俱乐部是进行社会、文化、娱乐、艺术活动的团体和场所。”托德·桑德拉和约翰·谢哈特从经济学角度对“俱乐部”进行了定义:“一个群体自愿共享或共担以下一种或多种因素以取得共同利益:生产成本、成员特点或具有排他利益的产品。”①邹统钎认为俱乐部的定义应当从狭义和广义两个角度理解,他在《俱乐部管理》一书中指出:“狭义的俱乐部是指具有相同特质的人自愿组成或加入、共担成本、具有一定私密性质、小规模、非营利性的会员制组织;广义的俱乐部是具有俱乐部性质的、以会员制为主体或主要营利方式的营利性或非营利性组织。”②从以上观点中可以看出,无论是“团体、场所说”、“经济学说”或“狭义、广义说”,均是作者在一定的时代背景下,根据自己的研究背景、目的、内容等需要对“俱乐部”进行释义。而“俱乐部”自诞生至今,早已经过数百年的千锤百炼,受到世界各国的文化熏染,想用几句简短的文字来解释其全部内涵并非易事。我们认为,无论哪个时代,以何种形式、何种目的开设的“俱乐部”,都离不开“组织”这一载体。因此,本书通过对上述各种观点的分析,结合当今俱乐部的现状及其表面特征,对“俱乐部”作出如下定义,即俱乐部是指具有某种共同兴趣、爱好或共同理想、目标的人们聚集在一起,采用某种特殊方式进行社会交际、消遣娱乐,开展以促进自身发展为目的的各种活动的组织团体和场所。应该

---

① 邹统钎,陈序桄.俱乐部的形之于最佳规模研究[J].旅游科学,2008(2):74-78.

② 邹统钎.俱乐部管理[M].天津:南开大学出版社,2008:14-15.

指出的是，随着时间的演进，对“俱乐部”概念内涵的定义应具有动态发展的眼光。

关于俱乐部的起源，只有少数学者如张军献（2005）①、美圻（2006）②、邹统钎（2008）③等对其进行了阐述研究。邹统钎在《俱乐部管理》中阐述了两种观点。一种是英格兰咖啡厅起源观：当时英国的一些绅士们经常聚在某一咖啡厅里喝咖啡、聊天，而在聚集之际为了免除外界的干扰，便向咖啡厅老板交纳一定的费用，要求老板将这个地方只对他们开放，于是俱乐部的前身（咖啡厅）应运而生。另外一种是更具有现代特征的会员制俱乐部：17世纪，英国同一社会层次的人群为满足消遣、社会交往及对自身社会身份地位的充分彰显等目的，而逐渐发展形成的一种排他性的社交场所，会员资格便是其进入这些场所的通行证。因此，一个人拥有知名俱乐部会员资格的多少，可以体现其社会地位的高低。这也正好契合了英国上层社会人们的特殊需求及心理满足感。会员制俱乐部制度从此便很快在英国传播开来。例如，建立于17世纪（1693年）的怀特绅士俱乐部——White's Club，不仅在当时声名显赫，即使在今天，怀特绅士俱乐部也有大量数年等候入会的人员名单，成为英国伦敦最著名、最独特的俱乐部之一。随着英国俱乐部影响力的进一步扩大，世界其他国家也开始掀起兴办俱乐部的热潮。例如，英国爱丁堡出现了众多知名俱乐部——凡西俱乐部（Club of the Crochallan Fencibles）、德逖俱乐部（Dirty Club）、皇家古典俱乐部（The Royal and Ancient Clubs of St. Andrew）等，其中皇家古典俱乐部主要以其拥有5座优质的高尔夫球场，为高尔夫运动在英国的发展作出了卓越贡献而闻名于世。而在美国，180年前上流社会存在着一个无所不能的“骷髅会”，其成员遍布于美国政治、经济等的顶端阶层。该俱乐部不仅对入会会员的资格要求十分严苛，还规定“在世的会员永远不能超过600名”④。但不可否认，直至19世纪末，俱乐部的发展主要依存于各国上流社会阶层，其成员主要为上流社会阶层的群体。这使得俱乐部的发展带有一定的局限性。20世纪，特别是20世纪后半叶开始，俱乐部的发展进入大繁荣时期，并呈现出快速化、多样化、专业化、广泛化、普遍化等特点。这时，俱乐部不仅数量庞大，类型也多种多样，如读书俱乐部，篮球、足球、棒球等各类体育俱乐部，英语俱乐部，汽车俱乐部，等等。至今，俱乐部已进入空前的繁盛阶段，可以说，俱乐部已经成为人们生

---

① 张军献.论休闲时代体育俱乐部的经营[D].广州：华南师范大学，2005：10.

② 美圻.俱乐部文化[J].IT经理世界，2006(13)：12.

③ 邹统钎.俱乐部管理[M].天津：南开大学出版社，2008：1-2.

④ 美圻.俱乐部文化[J].IT经理世界，2006(13)：12.

活必不可少的一部分。

纵观俱乐部的起源及其发展历程，不难发现，人类创造的这一特殊的组织形式受多种因素的共同作用。笔者认为，上层社会人们的需求固然是其主要原因，但究其根源，以下三个因素在俱乐部的产生与发展过程中同时扮演着极其重要的角色。第一，生产力的发展。它是一切新生事物产生的最根本动力，亦是俱乐部产生与发展的最根本动力。第二，物质生活水平的提高、余暇时间的增多。这为俱乐部的产生奠定了坚实的基础，提供了良好的前提条件。第三，人类需求的日益多元化。这是俱乐部产生的直接动力。

二、体育俱乐部

（一）体育俱乐部的历史

1. 体育俱乐部的起源

目前已有部分学者，如罗林、杜丛新（2002）①、胡春兰（2003）②等为探讨体育俱乐部的发展历程提供了许多可供参考的、有价值的文献资料。笔者认为，体育俱乐部作为俱乐部的一个分支，是对俱乐部发展普遍化、专业化的演绎。体育俱乐部起源的动因除了上述提到的三种因素之外，近代体育思想的传播及体育运动自身的发展，也在其中发挥了重要作用。下面，我们将以人类历史进程与体育运动发展两条轴线为基础，从以下三个方面阐述体育俱乐部的起源问题：其一，生产力的发展是人类社会进步的根本动力，它促使了余暇时间的增多及人类需求的多元化，为体育俱乐部的发展进行了基础铺垫；其二，近代体育思想的形成及传播，是体育俱乐部产生与发展的催化剂；其三，近代体育运动自身的发展及俱乐部的兴起与发展是体育俱乐部发展的直接源泉。

第一，生产力的发展促使了余暇时间的增多及人类需求的多元化，为体育俱乐部的发展进行了基础性铺垫。随着14世纪欧洲国家资本主义的萌芽，资本主义经济开始悄然破土而出，封建经济的统治地位开始受到威胁。自16世纪开始，生产力、科学技术的巨大进步、海上新航道的开辟、世界性贸易格局的逐步形成，使资本主义性质的手工工厂得以迅速发展。当时被称为“英国传统手工业”的呢绒业，不仅遍及全国城乡，而且已开始出现上千人的集中的手工工厂，从而大大缩短了工作时间，提高了劳动效率。在英国

---

① 罗林，杜丛新.对欧洲体育俱乐部体制的研究[J].北京体育大学学报，2002，25(3)：298－300.

② 胡春兰.对国外体育俱乐部体制的研究[J].体育文化导刊，2003(10)：56－57.

呢绒业良好态势的影响下，一些新兴工业部门也渐渐在英国迅速崛起，如金属制造业、采矿业、造船业、造纸业、制糖业、棉织业等等。这对英国经济的发展及英国国民生活水平的提高起到了巨大的推动作用。之后，1640 年英国爆发了举世瞩目的资产阶级革命，1688 年英国建立君主立宪制，及 1740 年第一次产业革命在英国爆发，这些重大的经济、政治变革进一步促进了英国社会经济的发展，并使其成为欧洲最早建立，也是发展最为稳定的资本主义国家。这一系列革命性的变革，不仅提高了人们的劳动效率，节省了工作时间，使人们的余暇时间逐渐增加，物质生活水平逐步提高，同时也进一步刺激了人们日益多元化的需求，为体育的发展及体育俱乐部的产生奠定了稳定、扎实的基础。

第二，近代体育思想的形成及传播是体育俱乐部产生与发展的催化剂。14 到 16 世纪开始，欧洲国家发生了历史上著名的文艺复兴、宗教改革运动，与 17 到 18 世纪的启蒙运动并称为欧洲三大思想解放运动。思想解放运动也促使欧洲各国思想界和教育界对近代体育形成了一系列体系性的认识，使近代体育思想在欧洲各国逐渐形成。具体而言，德国体操、瑞典体操和英国的户外竞技运动成为体育运动发展与传播的三大基石①，同时也是体育俱乐部产生的源泉，而英国则是体育俱乐部开展最为活跃的国家之一。

第三，近代体育运动的发展、体育项目的不断增多，加之同时期俱乐部的产生，进一步促成了体育俱乐部的产生与发展。工业革命的完成和资本主义制度的建立，使得英国人在和平安定、悠闲舒适、自由竞争的社会环境中，形成了独具特色的户外运动和竞技运动。而参与这些项目的人群不断平民化、普遍化则加速了体育运动的广泛传播与发展。除游泳、划船、骑马、击剑等传统体育项目外，还出现了名目繁多的新兴竞技体育运动项目，如球类新增了水球、足球、网球、橄榄球、高尔夫球、冰球、曲棍球等项目；田径类则新增了跨栏、三级跳远、竞走等项目；水上运动则新增了划船、赛艇等项目。随着这些体育活动的日益盛行与广泛流传，很多项目的比赛规则也日臻成熟。社会上开始逐渐出现具有统一章程与安排的体育俱乐部，并且很快发展成为英国体育活动的主要组织形式。其实早在 1608 年，英国贵族就建立了世界上最早的近代体育俱乐部——高尔夫球俱乐部②，17 世纪中叶

---

① 张仲宝.论“艺术体育”的成因及共性特征——科学、艺术与人体运动方式的融合[J].体育学刊.2009,16(3)：11－14.

② 王其慧，李宁.中外体育史[M].武汉：湖北人民出版社，1988.

在英国产生了近代第一个花样滑冰俱乐部——“爱丁堡俱乐部”。同期，在英国的纽玛克特（New market），一批贵族共同出资建立了著名的“赛马会”，又称赛马俱乐部（The Jockey Club）①。这些早期业余体育俱乐部的雏形深刻影响了后来英国业余足球、橄榄球、板球等项目俱乐部的产生与发展，尤其在运行模式上为英国体育俱乐部的发展奠定了最早的经验基础②。总体而言，从17世纪体育俱乐部的产生一直到18世纪末，只是体育俱乐部发展的初期阶段。在这一时期产生并发展起来的体育俱乐部是具有共同体育爱好的人们依据自己的意愿加入、并不以营利为目的的体育社会团体，其日常运行的维持主要依靠会员的会费和义务工作。这便是最早兴起的业余体育俱乐部的形式。

2. 体育俱乐部的发展

19世纪初至20世纪中期是体育俱乐部在世界范围内的逐步漫延期和初步成长期。英国体育俱乐部的建立与发展在世界体育圈内产生了深远的影响与作用，其俱乐部形式很快得到欧洲其他各国和西方发达国家的竞相模仿，这使得体育俱乐部在世界上比较发达的国家逐渐普及开来。约翰·鲍尔于1857年建立了伦敦登山俱乐部，它是世界上第一个登山运动的俱乐部，随之，澳大利亚于1862年、瑞士和意大利于1866年、德国于1869年也相继成立了登山俱乐部③。1861年英国则出现了第一个曲棍球俱乐部④。而西班牙最早的体育俱乐部是一个名叫麦蒂特罗尼的海员俱乐部，创立于1873年，地点在马拉加⑤。再如，法国在1889年创建了法国田径运动协会联合会，包括6个俱乐部和协会，1895年发展到149个，1900年则扩展到300个俱乐部和协会⑥。面对体育俱乐部巨大的发展前景及潜在的利益回报，精明的商人迅速瞄准这一巨大商机，将体育俱乐部推向了商业化的发展道路。此后，在前期业余体育俱乐部大发展的基础上，以营利为目的的职业体育俱乐部、商业体育俱乐部便逐渐开始了其漫漫征程。

从20世纪中期开始，体育俱乐部进入成熟期及全球范围内的快速增长

① 鲍明晓.国外体育产业形成与发展[J].体育科研.2005,26(5)：1－9.

② 张林，李明.职业体育俱乐部发展沿革[J].西安体育学院学报，2001,18(3)：6－8.

③ [匈牙利] 拉斯洛·孔著.颜绍泸译.体育运动全史[M].中国体育史学会办公室，1985：168－169,218－223,203－212.

④ 世界体育大事典编委会.世界体育大事典[M].北京：中国致公出版社，1993：451,47－51.

⑤ 凌平，戴敬东.西班牙体育俱乐部的历史渊源和发展现状[J].体育与科学，2007,28(4)：62－65.

⑥ RADNEGE. K. The Ultimate Encyclopedia of Soccer [M]. London, UK：Hodder and Stoughton. 1998：12.

期。自1950年之后的40年中,联邦德国体育俱乐部的数量基本以每10年增加一万个的速度递增,可说是德国体育俱乐部发展的黄金时期。进入21世纪开始,德国体育俱乐部的发展基本达到平衡,数量维持在8.8万到9万个左右。据统计数据显示,2006年德国共有体育俱乐部90467个,会员2732万名,占德国总人口的33.12%①,2015—2016年德国体育发展报告的相关统计显示,俱乐部数量、会员数量十年来基本保持稳定。再如,只有648万人口的瑞士,在90年代初有3万多个体育俱乐部,会员总人数达到330万,约占全国总人口的52%。根据瑞士体育发展报告显示,2014年瑞士仍有超过2万个俱乐部,会员总数占总人口的29%,且近年来基本保持稳定②。90年代初期,法国16.5万个体育俱乐部共有注册会员1300万人,约占全国总人口的25%,瑞典有体育俱乐部4.5万个,会员总数近250万人,约占全国人口的30%③,瑞典体育联合会报告显示目前瑞典共有超过2.2万个体育俱乐部,会员人数超过其人口总数的20%。此外,向培科指出,科威特体育运动发展滞后,20世纪30年代,足球、排球等项目才传入该国,到50年代,科威特的学校才开始逐渐开展体育教学活动,社会上也出现了几个民办体育俱乐部:平民俱乐部、泛阿拉伯俱乐部、半岛俱乐部等,但这些俱乐部规模非常小,没有专门的运动场地,运行也不规范,成立不久就被政府关闭了。可以说,直到科威特1961年获得独立以前,人们基本没有体育活动的概念。1966年以后,科威特政府才开始大力发展体育事业。到1982年,科威特已成立了17家规模庞大的体育俱乐部④。通过对上述国家的研究可见,目前世界上不仅仅在发达国家,也包括众多的发展中国家,体育俱乐部不仅在发展速度上极为迅速,在数量上也是屡创辉煌,在形式及规模上也是其他类型俱乐部无法比拟的。

(二)体育俱乐部的概念

长期以来,许多中外专家学者从不同角度出发,对体育俱乐部的概念内涵进行了不同阐释。

孔庆鹏、殷宝林(2000)认为,体育俱乐部是一种社会化体育组织,是大多数体育发达国家发展体育运动、开展体育活动所普遍采用的组织形式⑤。

---

① 刘波.德国体育俱乐部建制探析[J].德国体育俱乐部建制探析,体育与科学,2007,28(3):57-60.

② Sport Development Report 2015-2016[EB/OL].[2017-5-20]. http://www.bisp.de.

③ 蔡俊五.体育俱乐部的类型及发展沿革[J].体育文史,1999(1):21-23.

④ 向培科.科威特的体育协会和体育俱乐部[J].阿拉伯世界,1982(3):99-101.

⑤ 孔庆鹏,殷宝林."潮头"思考——关于我国职业体育俱乐部制改革的几点认识[J].体育与科学,2000,21(1):1-6.

张林(2001)认为,体育俱乐部是体育和竞技运动组织的基本细胞,是为了欣赏和实践体育和竞技活动,由不同政治、宗教、年龄、种族的人士组织的社会团体①。

孟宪菊(2002)认为,体育俱乐部是通过赛事运作、相关产业开发等市场经济活动,自我发展的体育组织②。

2003年版的《体育科学辞典》将"体育俱乐部"界定为"社会组织",这些组织具备了下列五个特点:会员是自愿加入的、独立于政府运行、主要服务于会员的兴趣、采取民主决策机制、工作人员多为兼职。

体育管理部门对"体育俱乐部"的界定为:体育俱乐部是指由企业事业单位、社会团体和公民个人利用非政府财政拨款举办的,以开展体育活动为主要内容的基层体育组织③。

1976年,日本文部省曾对"体育俱乐部"下过一个定义,即体育俱乐部是以体育爱好者自发性、自主性的结合为基础,为增进健康和促进相互间的协调和睦而进行持续性体育活动的组织④。

德国著名学者海尔曼认为,体育俱乐部是一个以"自由的成员资格"、"以成员利益为准则"、"不依赖第三者"、"义务参加工作"和"民主决策"为特征的自由团体⑤。

以上许多对体育俱乐部概念内涵的阐述,虽然因文化背景、写作目的、写作角度等各种因素而各有差异,但依然有诸多可借鉴之处。从特征角度看,其具体特征可涉及以下几个方面:

第一,体育俱乐部的载体是"组织"。这意味着它离开了组织,就如同一盘散沙,陷入瘫痪状态。

第二,体育俱乐部的创办者可以是企业或事业单位,可以是社会团体,也可以是普通公民等。

第三,体育俱乐部的活动内容必须是各种类型的体育活动,这是体育俱乐部区别于其他俱乐部的本质特征。

但总体来说,"体育俱乐部"是一个广义的概念,是竞技体育、社会体育及学校体育运动组织与发展的基本细胞。具体而言,"体育俱乐部"是指社

---

① 张林.职业体育俱乐部运行机制[M].北京:人民体育出版社,2001:1.

② 孟宪菊.试析我国体育俱乐部市场战略取向[J].山东体育科技,2002,24(3):79-80.

③ 周进强,迟泰棱,隋平等.关于我国体育俱乐部管理制度的研究[M].见:国家体育总局政策法规司、体育软科学研究成果汇编(1999—2000),北京:2000:81.

④ 陈玉林.日本基层大众体育管理体制的研究[R].国家体育总局体育信息研究所,1999.

⑤ 国家体育总局.德国大众体育管理体制和运行机制初探[R].国家体育总局信息所,1999.

会成员根据自己的兴趣爱好自由参加，由企业事业单位、社会团体或公民个人等利用非政府财政拨款建立的，以开展各种类型的体育活动为主要内容的体育社会组织①。

（三）体育俱乐部的类型

关于体育俱乐部的类型，也是学界争议较大的问题之一。这主要归因于体育俱乐部的历史起源、地域文化差异及自身发展特点的不同。因此，根据不同的划分标准，可以对体育俱乐部进行不同类型的划分。

根据体育俱乐部的性质，可以将其划分为营利性体育俱乐部和非营利性体育俱乐部两种；根据体育俱乐部的会员特征，又可将其分为青少年体育俱乐部、老年人体育俱乐部、妇女体育俱乐部等②；从规模大小来看，可以将其划分为大型体育俱乐部、中型体育俱乐部、小型体育俱乐部等；而从属性看，又可将其划分为业余体育俱乐部、职业体育俱乐部和商业体育俱乐部三种③；此外，各国在体育俱乐部的具体划分方面还带有自身的一些特点。

其中，以属性划分体育俱乐部的观点受到倪晨谨（2004）④，王龙飞、金龙（2004）⑤等众多专家学者的一致认可。基于此，我们也同意从属性角度将体育俱乐部划分为业余体育俱乐部、职业体育俱乐部和商业体育俱乐部三类。本书将着重针对职业体育俱乐部的相关内容进行详细阐述。

三、职业体育俱乐部

（一）职业体育俱乐部的历史发展

1. 国外职业体育俱乐部的发展历史

对于职业体育俱乐部的起源，专家学者们提出了不同观点。张宝华、陈革新（2000）等认为，业余体育俱乐部的出现、体操运动的衰落与竞技运动的兴起、娱乐活动的阶级趋同、体育越出学校和贵族圈子、娱乐活动的商业化趋势等五个方面，是职业体育俱乐部兴起的历史背景⑥。我们认为，职业体育俱乐部作为一个具有几百年历史的非新生事物，不仅有其产生的动因，也经历了漫长的发展历程。同时，职业体育俱乐部也是对体育俱乐部的深入

① 隋云鹏.体育俱乐部的定义及其应用研究[J].河北体育学院学报，2011，25(5)：23－25.

② 安儒亮.世界发达国家体育俱乐部概况[J].西安体育学院学报，2001，18(4)：25－27.

③ 钟天朗.体育经营管理理论与实务[M].上海：复旦大学出版社，2010：110.

④ 倪晨谨.体育俱乐部的类型划分[J].南京体育学院学报，2004，18(6)：185－186.

⑤ 王龙飞，金龙.浅析我国体育俱乐部的类型及其发展现状[J].安徽体育科技，2004，25(1)：58－60.

⑥ 张宝华，陈革新.试论世界职业体育俱乐部兴起的历史背景[J].北京体育大学学报，2000，23(1)：5－6.

开发与演绎,是体育俱乐部多元化发展的重要类型,是体育俱乐部产业化发展的重要形式①。首先,我们将对国外职业体育俱乐部的发展历程作简单阐述。

英国为体育俱乐部的产生与发展做出了不可磨灭的贡献,而美国则开创了职业体育俱乐部发展的先河。美国在引进英国体育俱乐部体制的基础上又开拓性地建立了现代体育职业化非常重要的组织形式——联盟体制(League System),并且进一步拓宽了体育俱乐部的收入渠道,并对球员进行分红,为体育俱乐部职业化发展奠定了制度和组织形式基础,极大地促进了体育俱乐部职业化发展②。1828 年,美国纽约市一个赛马俱乐部会员考德沃德·科尔顿(Caldwalder Colden)为解决俱乐部运营的资金困难提出两条建议:一是在俱乐部内部出售一万美元的股份,二是向观众出售门票,虽然第一条建议被否决,但按商业方式运营俱乐部的方式却在 1829 年赛季得到采纳,由此开启了体育俱乐部商业化运营的大门③。19 世纪 40 年代,棒球运动在美国产生,并于 1845 年成立了第一个棒球俱乐部,次年出台了统一的棒球规则。1869 年,美国第一家职业体育俱乐部——辛辛那提红袜棒球队在美国进行巡回表演,在与各地业余棒球俱乐部的比赛中保持 54 场不败的纪录,红袜队 10 名球员的年收入总额高达 9300 美元,即每名球员的平均年收入为 930 美元,这比当时美国平均年薪 170 美元高出 4 倍多④。可见,1869 年美国职业球员的工资已远远超过了全国平均工资⑤。1876 年,有“棒球沙皇”之称的威廉·赫尔伯特(William Hulbert)接管全美棒球协会,并将“全美棒球协会”的名称改为“全美棒球联盟”,开始举办棒球联赛,积极拓展联赛市场,开始了棒球联盟的垄断式经营⑥。可以说,威廉·赫尔伯特主导的美国棒球运动职业化改革不仅开创了美国棒球运动的新纪元,也成为美国职业体育的先驱⑦。在其带动下,1920 年,来自全美各地的 11 家橄榄球俱乐部联合成立了美国第一个橄榄球运动职业化发展的组织——

---

① 易芳,段娟娟,李荣日.基于文化层次理论下的职业体育俱乐部组织再造理论要素研究[J].沈阳体育学院学报,2013,32(3):16-19.

② RADNEGE. K. The Ultimate Encyclopedia of Soccer [M]. London, UK: Hodder and Stoughton. 1998: 12.

③ 鲍明晓.国外体育产业形成与发展[J].体育科研,2005,26(5):1-9.

④ 胡利军,刘晶.职业体育发展历史阶段的探讨[J].山东体育学院学报,2010,26(7):1-7.

⑤ MASTERALEXIS, L.P., BARR, C.A., & HUMS, M.A. Principles and Practice of Sports Management[M]. New York: Aspen Publishers, 1998: 277.

⑥ 黄涌.我国体育产业行业协会研究[J].武汉:武汉体育学院.2006:4.

⑦ LEVINSON, D. & CHRISTENSEN, K. Encyclopedia of World Sport from Ancient Times to the Present[M]. Oxford University Press, 1996: 93.

"美国职业美式橄榄球协会(American Professional Football Association)",不久后,于1922年更名为"国家橄榄球联盟(NFL)";1924年,美国多家冰球俱乐部合并成立了"全美冰球联合会";1949年,美国的"全国篮球联盟(NBL)"(成立于1896年)和美国的"美国篮球协会(BAA)"(成立于1946年)合并成立了"全国篮球协会(NBA)"①。而德国、法国、意大利、荷兰、俄国等在这一时期也出现了营利性的职业体育运动组织。同样,英国足球运动的发展及职业化历程也为世界职业体育俱乐部的产生与发展作出了巨大贡献。1857年,英国建立了世界上第一家业余足球俱乐部。随着生产力的巨大进步,人们生活水平的提高和余暇时间的增多,加之足球运动自身的发展,使人们对足球运动竞技水平和观赏层次提升的需求日益增加,这就催生了职业足球运动员的出现。蔡俊伍(1999)研究发现,1876年,英格兰的谢菲尔德星期三足球俱乐部率先从英格兰购进职业球员以提升球队的实力,开创了职业足球运动的先河②。随之,这一举措也得到其他业余足球俱乐部的竞相效仿——达温和布莱克本流浪者等俱乐部也开始购进职业足球运动员。1885年,英格兰足协对职业足球全面开启绿灯,促成了英国职业足球运动的大发展。而最初尝试足球职业化的谢菲尔德和布莱克本流浪者队更是充分彰显了足球职业化的魅力。布莱克本流浪者队分别于1884年、1885年、1886年、1890年和1891年5次获得英格兰足球杯赛冠军,并分别于1912年和1914年两度夺得英格兰足球联赛冠军。虽然足球职业化的进程阻力重重,但始终阻挡不了历史前进的步伐。19世纪末20世纪初,世界各国先后出现了大批职业足球俱乐部,如1891年佩那罗尔足球俱乐部成立,1899年11月西班牙巴塞罗那足球俱乐部成立③。1926年,世界上许多国家,如西班牙、法国、意大利、阿根廷、巴西等也纷纷开启了足球俱乐部职业化发展进程;1948年之后,又有12个国家加入了职业足球的行列④。上述欧美国家的先期尝试为职业足球俱乐部在世界范围的发展与兴盛奠定了良好基础,更为世界职业体育俱乐部的兴起创造了有利条件。

但总体来说,20世纪50年代以前,由于奥运会对职业体育的排挤,包括美国在内的世界诸国的职业体育俱乐部的发展也只是处于初级运营阶段。进入20世纪60年代以后,美国的职业体育运动伴随着电视"技术革命"有

---

① 世界体育大事典编委会.世界体育大事典[M].北京:中国致公出版社,1993:451,47-51.

② 蔡俊五.体育俱乐部的类型及发展沿革[J].体育文史,1999(1):21-23.

③ 张宝华,陈革新.试论世界职业体育俱乐部兴起的历史背景[J].北京体育大学学报,2000,23(1):5-6.

④ 刘平江.体育俱乐部的经营与管理[M].北京:北京航天大学出版社,2009:5-7.

了巨大发展，大约有16个体育项目逐渐走上了职业化道路，美国职业体育俱乐部进入快速发展和初步繁荣时期①。这一时期同时也是世界职业体育俱乐部的大发展时期。首先，生产力的巨大发展、物质生活水平的不断提高、精神需求的不断增长及商业利益的巨大诱惑，为职业体育俱乐部的发展提供了适宜的土壤。例如，20世纪60年代的美国，人口已经增长至2亿以上，新的大都会市区发展一派繁荣，喷气式客机使长途旅行变得便捷，新建了十几处雄伟壮观的体育场，这些都成为促成职业体育俱乐部大发展的重要因素②。而"自70年代中期以来，国家职业体育发生巨大变化，进入经济上的黄金时代，俱乐部收入的增加使球队的价值增加了10倍，集体项目的职业球员已位于社会上收入最高的阶层"③④。目前，职业橄榄球、职业棒球、职业冰球和职业篮球已发展成为美国最成功的四大职业体育联盟。这四大职业体育联盟目前共拥有122家俱乐部；另外，1980年，世界第一体育盛会——奥林匹克运动会对业余原则的取消及对职业体育的认可，为职业体育运动在世界范围内的发展做出了巨大贡献。奥林匹克创始的目的主要是通过体育竞技来展示自我、传递友谊、促进和平，因此，奥运会最初制定了"业余原则"，对一切商业活动采取摒弃态度，使得以国际奥委会为代表的国际体育组织对职业体育抱有歧视态度，一度十分排斥职业体育。当时，只有足球、网球、高尔夫、拳击等少数几个体育项目的职业化超越了国家或地区的狭小范围，而大多数职业体育项目的发展则仅限于本国之内。20世纪80年代，奥运会巨额的资金需求及其自身所拥有的巨大商业价值，使国际奥委会转变了对职业体育的态度，并于1980年正式取消了"业余原则"的规定。随后，足球、马术、田径、冰球、网球等国际体育组织相继加盟，极大地促进了职业体育的发展。虽然目前职业体育在发展过程中也出现了诸多问题，如球场暴力、劳资关系紧张、经济滑坡、赌博、吸毒、滥用药物等，但总的来说，职业体育仍朝着商业化、娱乐化、社会化、国际化的方向发展，依然对世界经济的发展产生着重要影响⑤。

2. 我国职业体育俱乐部的发展历史

我国职业体育俱乐部的发展是在计划经济向市场经济的转变过程中，

---

① 李海，周全.意大利足球彩票与我国足彩的发展战略[J].体育文化导刊，2003(03)：14－16.

② 范达冷.美国的体育[M].北京：人民体育出版社，1995：216.

③ SCULLY，G.W. The Market Structure of Sports[M]. The University of Chicago Press，1996：7，3.

④ 张林，李明.职业体育俱乐部发展沿革[J].西安体育学院学报，2001，18(3)：6－8.

⑤ 陈琦，王单琦，黄彩华.浅析体育俱乐部发展历程与现状[J].辽宁体育科技，2005(02)：25－26.

借鉴西方职业体育俱乐部发展模式而逐渐进行的。其真正发展始于 20 世纪 90 年代，以我国足球运动的改革及职业化为标志。关于这一点，李开元、赵鲁南（2000）①，张林、戴健、陈融（2001）②，刘涛、王荷英、陈群（2003）③等人也在其文章中多次提到。首先，经济体制及体育体制的改革为我国职业体育俱乐部的产生与发展提供了良好的社会环境。长期以来我国体育运动一直按照福利性事业进行运作，直到 1985 年《国民生产总值计算方案》颁布，使体育界、经济界开始认识到体育的经济价值，并首次出现了“体育产业”的提法。而 1992 年，国家颁布《关于加快发展第三产业的决定》及实行经济体制改革，更进一步推动了我国体育体制的改革，为我国职业体育俱乐部的产生奠定了良好的发展环境。其次，足球运动的职业化打开了我国体育职业运动的大门。冲击奥运会足球赛和世界杯的数次失败经历，使中国足球界开始反思中国足球运动的发展历程及现有体制的诸多弊端。1992 年 6 月在北京红山口召开全国足球工作会议，做出中国足球职业化发展的决定，中国足球改革“以试点城市为龙头，以体制改革与机制转换为核心，以协会实体、俱乐部制和产业开发为重点”，足球运动发展进入新的历史阶段，因此，1992 年的全国足球工作会议也被誉为中国足球“遵义会议”④。次年开始，上海、广州、大连等 11 个足球试点城市采取政府体育部门（体委）与企业联合办队的形式，率先开始了职业足球俱乐部探索⑤。在职业足球俱乐部改革先行先试的影响下，1995 年全国男篮甲级联赛进行了赛制改革，实施了主客场形式的比赛，开启了我国篮球职业化发展进程，推动了职业篮球俱乐部的建立与发展⑥。紧随其后，排球、乒乓球也分别于 1996 年底和 1998 年实施了主客场形式的职业俱乐部联赛⑦⑧。羽毛球、网球、围棋等运动项目也纷纷效仿，建立职业体育俱乐部，逐步走上职业化发展道路。虽然

---

① 李开元，赵鲁南.我国职业体育俱乐部经费来源及市场开发状况探析［J］.中国体育科技，2000，36（10）：14－15.

② 张林，戴健，陈融.我国职业体育俱乐部的形成与发展［J］.成都体育学院学报，2001，27（1）：1－4.

③ 刘涛，王荷英，陈群.我国职业体育俱乐部市场竞争力的构建［J］.辽宁体育科技，2003，25（6）：95.

④ 孙翠琪.中美体育俱乐部的比较分析［J］.体育文化导刊，2003（3）：16－17.

⑤ 张林，黄海燕，王岩.改革开放 30 年我国体育产业发展回顾［J］.上海体育学院学报，2008，32（04）：1－5.

⑥ 王贺立，姚望，杜丛新，王培智，闫煜欣，张晓白，李丹阳.中国篮球职业化进程回顾［J］.广州体育学院学报，2008（01）：18－21.

⑦ 兰彤.中国乒乓球职业化管理体制的探索与研究［D］.北京体育大学，2007.

⑧ 苏益华，龚德贵，胡永红.中国排球职业化改革发展与探索［J］.北京体育大学学报，2004（04）：570－572.

目前我国体育的职业化道路异常艰辛,各职业体育俱乐部并非独立经营,且存在产权不清、经营管理行为失范等诸多问题,但在这短短的二十几年中,我国职业体育俱乐部毕竟从无到有,从小到大,取得了令人瞩目的成绩,迈出了可喜的一步。

(二) 职业体育俱乐部的含义

1. 职业体育俱乐部的概念

对于"职业体育俱乐部"的概念,诸多专家学者仁者见仁,智者见智,从各自的研究角度出发进行阐释,较有代表性的观点有几下几种。

周爱光认为,职业体育俱乐部是专门从事运动训练、竞赛和表演活动的具有独立法人资格的实体,在国外大多数地区职业体育俱乐部都是经营性经济实体①。

鲍明晓指出,职业体育俱乐部是一种以经营某一高水平运动项目训练和竞赛,并开发训练竞赛及其附属产品,追求利润最大化的特殊体育企业②。

王林指出,职业体育俱乐部是以某一个体育项目作为商品,从事体育劳务的生产、经营,是专门经营体育产业的独立的经济实体③。

赵豫指出,职业体育俱乐部是指具有企业法人资格的,具备法定条件,从事法定经营活动,以营利性为目的的职业体育机构④。

分析归纳以上相关各观点可以发现,虽然至今专家学者对职业体育俱乐部的概念内涵仍未取得标准化或一致性认识,但却存在某些普遍性:(1) 职业体育俱乐部拥有一般企业的属性与特征,是一类特殊的企业;(2) 职业体育俱乐部经营管理的对象是高水平的运动项目和竞赛,区别于一般的体育俱乐部(如青少年体育俱乐部、社区体育俱乐部等);(3) 职业体育俱乐部以营利为目的。因此,笔者认为,对"职业体育俱乐部"作如下定义或可较为全面地阐述其概念内涵与外延,即职业体育俱乐部是指具有企业法人资格,具备法定条件,以营利为目的,经营某一高水平运动项目训练和竞赛,开发训练竞赛及其附属产品对象,并对其进行生产、经营的独立的经济实体⑤。

---

① 周爱光,闫成栋.职业体育俱乐部社会责任的特征与内容[J].北京体育大学学报,2012(10):6-9.

② 鲍明晓.体育产业[M].北京:人民体育出版社,2000.

③ 王林等.中外体育俱乐部的比较研究[J].上海体育学院学报,1999(1):1.

④ 赵豫.我国职业体育俱乐部公司化研究[J].体育文化导刊,2004(5):3-5.

⑤ 易芳,段娟娟,李荣日.基于文化层次理论下的职业体育俱乐部组织再造理论要素研究[J].沈阳体育学院学报,2013,32(3):16-19.

2. 职业体育俱乐部的特征

通过上述对职业体育俱乐部概念的分析可知,职业体育俱乐部应包含以下几个特征:

第一,职业体育俱乐部具有营利性。

追求利润最大化是职业体育俱乐部的首要目标,也是最终目标。这意味着职业体育俱乐部作为一类特殊企业,必须要遵循市场经济规律,以最少的资金投入获取最大的经济效益,实现职业体育俱乐部利润与效益的最大化。这同时也是职业体育俱乐部市场化经营的必然要求。

第二,职业体育俱乐部具有人文性。

职业体育俱乐部运营与消费无不体现出人的核心要素。首先,在这个组织中,从最高决策层到具体生产产品、提供服务的各个岗位,都是人的集合,其生产过程都需要人来完成;其次,职业体育俱乐部作为体育竞赛表演性的生产经营性企业,其社会、经济效益主要依靠职业运动员在各个赛场上激烈的竞争对抗和高超的技能来吸引观众。没有职业运动员,职业体育俱乐部就如同一座空架,既无法吸引消费者,更不能吸引电视转播及赞助商。

第三,职业体育俱乐部提供的物品具有私人物品性。

首先,职业体育俱乐部之所以具有私人性物品的属性,是因为作为私人性物品,它是以成本收益为前提的。正如张林、徐昌豹(2001)研究指出,职业体育俱乐部并非为了满足社会共同需要而产生,其服务群体更不是全体社会成员,尽管它可以产生某种社会效益,但更多的是服务于投资者或俱乐部自身的利益①。职业体育俱乐部的迅速崛起,实际是巨大的商业利益使然。目前,世界上一些成功的职业体育俱乐部已经拥有几亿甚至几十、几百亿美元的资产。其次,生产者拥有私人性物品的所有权或使用权。主体产权论认为,市场机制的良好运行以私人性物品为基础,离开了私人性物品,市场机制就会出现问题②。在市场经济条件下,职业体育俱乐部就是按照市场规律运行、自负盈亏的特殊企业,完全符合私人性物品与市场经济的规律。毋庸置疑,职业体育俱乐部具有个人物品的性质。

(三)职业体育俱乐部的类型

纵观世界职业体育俱乐部的发展历程及运作机制,公司制是所有国外职业体育俱乐部统一采用的形式。其具体性质包括两大类,即有限责任公

---

① 张林,徐昌豹.现代职业体育俱乐部的本质与特征[M].上海体育学院学报,2001,25(3):1-6.

② 刘诗白.主体产权论[M].北京:经济出版社,1998:64-65.

司和股份有限公司。

有限责任公司。有限责任公司是依照公司法设立的，股东以其缴纳的资金承担有限责任，公司以其全部资产对其债务承担责任。其中股东人数一般为2—50个（国有独资公司除外），它具有筹资少、宜操作的特点，拥有一定财务和能力的个人即可组成，且不允许随意撤资或转让。此类职业体育俱乐部在西方发达国家比较受欢迎。我国职业体育俱乐部的发展正处于转型期，正确运用有限责任公司的形式，可以激发企业领导者及员工的工作热情，避免领导者将经营的失利推给政府，必将对我国职业体育的发展起到巨大的推动作用。但有限责任公司的形式在我国职业体育俱乐部中的推行并不尽如人意，还出现了一种特殊情况，即国有独资公司在职业体育俱乐部中的存在。如原青岛颐中海牛足球俱乐部有限公司，由国有颐中烟草（集团）有限责任公司100%控股，2005年随着颐中集团被收并，俱乐部被中能集团接手①；又如2000年，四川全兴集团有限公司以3200万元人民币买断四川省运动技术学院拥有的原足球俱乐部股份，独家拥有俱乐部的所有权②，然而，经营并不理想，全兴集团于2001年底宣布转让俱乐部所有梯队，2002年四川大河投资有限公司接手后重组为四川大河足球俱乐部有限公司③。目前仍有大量的职业体育俱乐部属于国有公司独资控股的情况。

股份有限公司。股份有限公司指职业体育俱乐部全部注册资本由等额股份构成，并通过发行股票（或股权证）筹集资本，职业体育俱乐部以全部资产对其债务承担有限责任的企业法人。按照我国《公司法》规定，职业体育俱乐部的设立包含两种形式：一种是发起设立，即至少由5名发起人认购职业体育俱乐部发行的全部股份；另外一种是募集设立，即由发起人认购职业体育俱乐部至少35%的股份，其余部分向社会公开募集，这也就是通常所说的上市公司。在我国，广州恒大淘宝俱乐部是唯一一家挂牌新三板的上市职业足球俱乐部，2015年11月6日挂牌上市，成为“亚洲足球第一股”④。另有少数几个职业体育俱乐部属于发起设立的股份有限公司，即由几个发起人认购全部股份而设立的职业体育俱乐部，如上海申花足球俱乐部、辽宁足球俱乐部等。而在英国和西班牙，通过募集而成立的职业体育俱乐部非

---

① 戴晨.中国职业足球俱乐部公司化研究[J].中国体育科技，2000(10)：13－14.

② 赵豫.职业体育俱乐部公司化存在的问题与对策研究[J].北京体育大学学报，2005，28(3)：314－316.

③ 武恩钧，赵国杰.中国职业足球俱乐部资源的产生原因和利用效果的经济学分析[J].武汉体育学院学报，2006(04)：20－23.

④ 网易财经.广州恒大淘宝足球俱乐部在新三板上市[EB/OL].(2015－11－06)[2016－09－18]http://money.163.com/15/1106/13/B7O7UNCS00253B0H.html.

常普遍，其中西班牙最著名的足球俱乐部中，大约有60%是上市公司①。西班牙早在1990年就颁布了《西班牙体育法》，明确要求将职业体育活动与业余体育活动区别开来，在实践中要符合国际体育准则的要求，职业体育俱乐部应当注册为“体育股份公司”②。日本职业足球联赛在1993年创立之初就对参赛俱乐部的注册资格做出了明确的规定：“日本职业足球俱乐部为在日本工商注册的股份公司，且日本公民拥有50%以上的股份。”③

我国的国情特殊，当职业体育俱乐部开始在我国出现时，正处于计划经济向市场经济转变的特殊时期，由于经济界、体育界对职业体育的推崇，使得我国“举国体制”下的专业运动队逐渐演化为当今的职业体育俱乐部。因此，除了上述两种类型，在我国还出现了第三种职业体育俱乐部类型——政企联办型。该类型主要由地方体育局或部队与企业以合资合作的方式组建而成。一般企业出资金，体育局或部队出场地、教练员和运动员，其命名形式多为在专业队队名前冠上企业名。目前，我国除足球职业俱乐部外，绝大多数开始职业体育试点的运动项目俱乐部都采用这种运作方式④。与西方国家职业体育俱乐部相比，政企联办型的职业体育俱乐部基本处于半职业化发展状态，是向真正职业体育俱乐部过渡过程中的一种特殊存在形式。

第二节　文化与职业体育俱乐部

人类在改造自然、征服自然，并自我认识的过程中，创造了辉煌的文化。现代人传承和享受着前人所创造的文化的同时，也在创造着新的文化。现代社会的进步，是文化发展、文化进步、文化创造的结果。职业体育俱乐部的产生既是文化的诞生又是文化的创造，也是职业体育俱乐部文化进步和发展的表现。职业体育俱乐部文化属于文化范畴，因此，在学习、研究职业体育俱乐部文化之前，有必要针对文化的概念、特征、功能、起源、创新、构成及文化与具体存在的关系等内容进行全面了解和把握。

---

① 姚春宏，钟勇.我国职业体育俱乐部的融资研究[J].成都体育学院学报，2006，32(2)：19-21.

② 倪同云.市场经济条件下的各国体育政策[C].国家体育总局体育信息研究所，1998：157.

③ WISE，A.N. & MEYER，B.S. International Sports Law and Business[M]. London，UK：Kluwer Law International，1997：1680.

④ 刘平江.体育俱乐部的经营与管理[M].北京：北京航天大学出版社，2009：12.

一、文化

近些年来,“文化”这一概念已越来越多地进入到人们生活的方方面面。但关于文化的概念、特征、功能、起源、创新、构成以及具体存在关系等的讨论却方兴未艾。

(一) 文化的概念

“文化”,英文为 culture,德文为 Kultur,均来自于拉丁语的 Cultura。拉丁语 Cultura 原义是土地耕种、精神修养等。英语中的 culture,在 18 世纪之后的西方国家语言中渐渐演化为个人素养、社会知识、思想素养、艺术等。

《辞海》、《社会学简明辞典》、《现代汉语辞典》从历史发展的角度界定文化的概念,属于广义的“文化”,是指“人类社会历史实践过程中所创造的物质财富和精神财富的总和”①。《当代百科知识大辞典》对文化的界定更为宽泛:“一般而言,(文化)指在社会发展过程中人类创造物的总称。”

国外学者对“文化”的定义具有个性化色彩。最早给文化下定义的是英国人类学家爱德华·伯内特·泰勒爵士(Edward B. Taylor)。他在 1871 年出版的《原始文化》一书中指出,“文化是复杂的整体,它包括知识、信仰、艺术、法律、道德、风俗以及其他作为社会一份子所习得的任何才能与习惯”②。美国学者罗斯·韦勒在《文化与管理》一书中认为,“文化是某一群体的生活方式和定型了的模式的结构,这些行为以语言和模仿为载体传给下一代”③。美国人类学家 W. A. 哈维兰在《当代人类学》④一书中认为,“文化是一系列规范或准则,当社会成员按照它们行动时,所产生的行为应限于社会成员认为合适和可接受的变动范围之中”。

我国学者对“文化”的定义主要有如下几种。钟敬文认为,“文化就是人类在存在过程中为了维护人类有序的生存和持续发展所创造出来的关于人与自然、人与社会、人与人之间各种关系的有形无形的成果”⑤。张岱年认为,“所谓文化包含哲学、宗教、科学、技术、文学、艺术以及社会心理、民间风俗等等,在这中间,又可析为三个层次:社会心理、民间风俗属于最底层次;哲学宗教属于最高层次;科学技术、文学艺术属于中间层次”⑥。杨宪邦

---

① 中国社会科学院语言研究所辞典编辑室,现代汉语辞典[M].
② 朱国宏,经济社会学[M],上海:复旦大学出版社,1999.
③ 张仁德、崔洪喜,企业文化概论[M].天津:南开大学出版社,2001.
④ 威廉·A. 哈维兰,当代人类学,[M].上海:上海人民出版社,1987.
⑤ 钟敬文.话说民间文化[M].北京:人民日报出版社,1990:35.
⑥ 张岱年.文化与哲学[M].北京:教育科学出版社,1988:81-82.

认为，“文化是一个社会历史范畴，是指人类创造社会历史的发展水平、程度和质量的状态。所谓文化不是不受人的影响而自然形成的自然物，而是人在社会实践过程中认识、掌握和改造客观世界的一切物质活动和精神活动及其创造和保存的一切物质财富、精神和社会制度的发展水平、程度和质量的总和整体，它是一个有机的系统。因此，文化结构可以简单地分为互相有着内在联系的两个层面，即物质文化和精神文化”①。刘守华认为，“人类为生存发展，结成一定关系，进行种种有社会意义的创造活动，这些活动方式、活动过程及其成果的整合”即为文化②。张汝伦认为，“文化可以说是人与自然、人与世界全部复杂关系中表现形式的总和”③。

由此可见，不同的学者对“文化”的定义出自各自不同的研究领域、不同的切入角度、不同的学术习惯和不同的历史文化背景。其中，可总结归纳出如下几点共性：

第一，文化是人类所创造的财富。文化，实际上是“人化”，是人类独有的产物，是人作为有意识的所产出的物质和精神等存在物的本质体现。

第二，文化是人类社会演进的产物。人类在不断的自我认识中享受着前人所创作的文化，并不断改造自我，创造新的文化，推进着社会文化的进步。

第三，文化的传承是人类社会自我认识的过程。文化的形成首先表现为人类社会对自我的认识、整理与加工过程。如果没有人类社会对自我的足够认识，文化是很难被传承下来的。例如，延绵数千年的华夏文化，融合了几十个周边民族文化，源远流长，虽几经朝代更迭、经济兴衰，却依旧星火相传，自立于世界民族之林。其中一个很重要的原因便是对自我的重新认识和继承发扬。

第四，文化的创造是人类社会发展的表现。文化创造的过程也就是文化不断积累的过程。而文化的积累首先是对先前文化的积淀，再者是对新文化的创造。当然继承文化不能是完全的拿来主义，正所谓“取其精华，去其糟粕”。文化的创造应该代表着人类社会的发展与进步。例如，生产力发展至今，可谓日新月异，而在人类的历史长河中，生产力的每一次变革无不将人类社会的发展推上一个新的台阶。

第五，文化是人类社会各种复杂关系的整体构建。文化是人类共同创

---

① 杨宪邦.对中国传统文化的再评价[M].//张立文等.传统文化与现代化.北京：中国人民大学出版社，1987：5.

② 刘守华.文化学通论[M].北京：高等教育出版社，1992：6.

③ 张汝伦.文化研究三题议[J].复旦大学学报(社会科学版)，1986(3)：2.

造的，因此人是文化的主体，这也即意味着文化脱离不开各种复杂的人类社会关系——家庭关系、朋友关系等；同时，人类的生存又必须以自然为基础，因此，文化的产生同样也逃离不开自然这一客体的作用。这也就意味着文化与自然万物有着千丝万缕的联系。因此可以说，文化是人类社会各种复杂关系的整体。

（二）文化的特征

从以上对文化概念内涵的探讨中可以看出，文化作为人类社会发展的共同产物，作为一个整体，具有统一性——共性的特征。文化的共性主要指文化作为人类社会的产物，在世界范围内得到普遍认可，即文化的超自然性、社会性、继承性等；同时文化在特定历史阶段、特定历史时期及特定地域又呈现出不同的文化形态，即文化具有差异性——个性特征。文化的个性主要指文化因时代、地域等因素的不同而表现出各自的特征，即文化的时代性、地域性及民族性等。因此，文化是共性和个性的统一体。

第一，文化的超自然性。自然与社会是相对而言的，文化实际上是“人化”，是人类社会发展到一定阶段的产物。因此，我们说文化具有超自然性与社会性。应该特别指出的是，在我们认识文化的超自然性之前，应该注意，文化的超自然性并非与自然性完全对立。因为自然是人赖以生存的基础，人不可能离开自然而生存，因此，文化是人类与自然共同作用的产物。而文化的超自然性主要是指，在文化学的研究过程及范畴内，自然物和自然现象被排除在外，这些现象包括打雷下雨、化石的形成、鸟的迁徙以及人的生理构造等等一切具有自然属性的事物。文化研究的是一切人类社会的产物，即一切打上人类心智的印记、不同于自然物的社会事物。

第二，文化的社会性。其实，在基本了解文化的超自然性之后，我们会自然而然地联想到文化的社会性。下面，我们就文化的社会性作简要阐述。社会性又可解释为人群的整体性、超个人性，是人不可能脱离社会而孤立存在的属性。因此可以说，社会是文化产生的基础和源泉，文化依附于社会而存在，离开社会就不可能产生文化，而文化产生之后又对社会施加影响和作用。因此，每一个社会人都必须接受并适应已有的文化，并在此基础上创造新的文化。这便是文化的社会性。

第三，文化的继承性。文化的继承性并非文化的遗传性。首先，文化的继承性表现为对早先人类文化的传承。虽然新的文化在不断被创造，但这并不意味着旧有文化被弃之不用。而是人类先接受适应早先已有的文化，使这部分文化日渐形成人类社会的传统。在此基础之上，人类再选择之、创造之。如中国的儒家思想影响着世世代代的中国人，并使中华民族养成了中庸的处事之风。其次，文化的继承性表现为文化的不断积累过程。随着人类社会的不断发展进步，人类的文化也是日积月累。如最早发源于古希腊的古代奥林匹克运动会至现代奥林匹克运动会的勃兴与繁荣，虽然历经千年，但还是被人类接受并传承，最终谱写了一曲曲壮丽的诗篇。到目前为止，现代奥林匹克运动会已成功举办 29 届，它所演示与积累的奥林匹克运动文化遗产是古代奥运会所无法企及的。

第四，文化的时代性。任何文化都是由一定时段内的人群所创造的。每个时代均有不同于其他时代的生产方式及人与人之间、人与自然之间的特殊关系，这就是文化的时代性。按人类历史发展的社会形态来看，人类社会经过了原始社会、奴隶社会、封建社会、资本主义社会及社会主义社会等形态，每一种社会形态均有属于自己的共同文化①。再如在体育领域，最早的古代体育运动是不允许女子参与的，但随着体育事业的发展，渐渐出现了少数女子参与的运动项目，发展至今，女子体育在某些项目的发展已经大大超越了男子，日益受到关注与重视。

第五，文化的地域性。文化的地域性指文化在横向区域中的地区性和广延性。相同的自然地理环境产生相同的文化。一种文化移植于新的环境，就会朝着新的方向发展，形成新的文化②。因为人总是生活在一定的地域范围之内的，因此一定地域内的自然生态环境造就了不同的社会文化环境。例如，在我国西部高山地区和东部沿海地区所形成的文化就大不相同，具体表现为在语言、风俗、信仰、性格、建筑等方面的差异性。再者，欧洲文化与中国文化的差异性也在很大程度上取决于地理环境等自然生态环境的迥异。

第六，文化的民族性。人类在形成民族之后，文化便被烙上了民族印记。文化的民族性指每个民族在自身发展的基础之上，形成了各自特有的、区别于其他民族的文化特点。这些特点包括物质的、制度的、行为的及精神的社会事物及现象，如社会风俗习惯、生活方式、道德礼仪、宗教信仰、语言及建筑风格等等。当今世界，民族是基本的组成单位，文化的民族性也就是社会各界共同关注的话题。由于存在着民族的文化差异性，因此，协调好世界各个民族及各个国家内部各民族之间的关系显得尤为重要。

此外，还应该特别注意，文化除了以上基本特征外，还表现有一定的阶

① 刘国凤，张天华. 马克思主义视域下社会主义文化的先进性[J]. 人民论坛，14(02)：194－195.

② 拖卡列夫. 外国民族学史[M]. 北京：中国社会科学出版社，1983：143－144.

级性、世界性、政治性等特征，此不赘述。

（三）文化的功能

文化的功能，即文化所能发挥的作用。从最初人类认识文化、研究文化之日起，文化的作用就是人类关注的重点对象。人类对文化理论研究主要的目的之一就是将文化作为一种工具，应用于实践、指导于实践。诚然，不同的学者认为文化在实践生活当中所发挥作用的大小、所占的比例不尽相同，大小各异。但归根结底，文化作为人类发展必然的产物，必须向越来越符合人的需求的高级形态转换，尤其是在作为文化世纪的21世纪，文化的功能日益凸显，更加重要。因此，就文化功能的宏观层面，可以归结有以下几点：

第一，文化的凝聚功能。文化具有强大的凝聚功能。这种凝聚功能表现在，大到一个民族、一个国家乃至整个世界，小到一个社区、班级乃至家庭都需要文化的凝聚力。例如，世界人民对体育的热爱使整个世界形成一个共同的文化体，长期积淀下来的对体育文化的价值认同感将亿万人民联系在一起，共同造就了体育运动繁荣而辉煌的今天。在国与国之间的体育竞赛中，文化的凝聚功能则主要表现在国家与国家之间或民族与民族之间的较量。当中国的五星红旗在赛场上冉冉升起，即使是海外的华侨也为之自豪和骄傲。同理，一个企业也可以通过文化将员工凝聚起来。

第二，文化的约束功能。文化结构可包括制度文化、行为文化、精神文化等，其中既包含硬性的制约规范措施，也包含道德、信仰等软约束。硬性制度明明白白、清清楚楚地制约人们的各种行为，告诉人们应该怎么做。正所谓“国有国法，家有家规”；软约束虽然处于无形的层面，但它却同样演绎了文化无懈可击的约束力。如道德、信仰、价值观等，深深印刻于每个人的脑海中，无时无刻不发挥着作用。因此说，文化具有强大的约束功能。

第三，文化的认知功能。文化的传承是人类社会自我认识的过程，文化的创造是人类社会发展的表现。人类创造了文化，而文化反过来又时时刻刻在改变人类的生活。人类通过认识文化、传承文化、创造文化等一系列文化活动，使自身及整个人类社会不断向前发展。由此可见，文化无疑具有认知功能。正是由于文化的认知功能，才给予了人类认识自我、利用自然的勇气与力量。

第四，文化的经济功能。首先，文化本身即是经济活动的一部分。经济的发展促进了文化的发展、交流与更新；反过来，文化本身也可以反哺于经济，促进经济的发展，“文化产业”就是试图从文化中获取经济效益的典范。再者，在市场经济高速发展的今天，文化作用于各种市场经济活动——企业经营等,通过推进市场化来促进经济的发展。例如,在现代企业的发展中,文化的作用与地位日益突出,越来越多的企业已经将文化提升到战略高度。优秀的企业文化将成为企业成功发展的助推器,反之,拙劣的企业文化将会削弱企业的发展,以至最终使其灭亡。

(四)文化的起源和创新

1. 文化的起源问题

文化的起源是众多专家学者较为感兴趣,也讨论较为深入的一个问题。西方许多国家中广泛流传着文化起源于各种神学说,而在中国则有文化起源于圣人之说。如《周礼·冬官·考工记》中提到,“百工之事,皆圣人之所作也。烁金以为刃,凝土以为器,作车以行陆,作舟以行水,此皆圣人之所作也”①。近代马克思的文化劳动起源说及文化人类需要起源说更是受到热捧。本书认为,在追溯文化起源问题之前,应对与此相关的“起源”一词作概念分析,以祛除异议,使下文的探讨更具科学性和合理性。

关于“起源”的概念内涵,曹守訸在其研究中做出了详细的阐述,即“起源”一词有三层含义:第一是指“开始发生”;第二是指“事物发生的根本原因”;第三是指“事物的根本的源头”,在一个语言环境中,“起源”一词的含义是清楚的、确定的②。经过比较分析,本文在文化起源问题上选择第三个释义,即事物的根本源头,主张文化的生存论起源观点。普通常识而言,“生存”即“活着”,是生命最基本的维持状态,也即生命的“存在状态”③。但在哲学层面,“生存”不仅仅是人生命的存在,或者说“生物性生存”,更关注的是人生存的意义。马克思指出,“任何人类历史的第一个前提无疑是有生命的个人的生存”④,“人本身是他自己的物质生产的基础,也是他进行的其他各种活动的基础”⑤。可见,“生存”是人类社会发展的前提条件。人类不断追求生存和生存意义的过程锻炼了人类劳动的能力、思考的能力及创造的能力,从而造就了今天灿烂而辉煌的文化。虽然文化起源较早,但是文化从逐渐被人们认识、接受及开始形成一定的理论知识,却经历了较为长久的阶段。曾小华、陈立旭指出,文化学意识的萌芽可追溯到古代,但作为一门正式学科则诞生于19世纪60年代至70年代⑥。

---

① 周礼注疏卷三十九[M]//十三经注疏(上册).中华书局影印本:909.

② 曹守訸.体育起源研究之管见[J].体育文史,1988(01):37-39.

③ 李荣日.体育“生存论”辨思[J].沈阳体育学院学报.2011,30(3):8-10.

④ 马克思恩格斯选集(第1卷).北京:人民出版社,1972:24.

⑤ 马克思恩格斯选集(第1卷).北京:人民出版社,1972:300.

⑥ 曾小华,陈立旭.文化学学科及其理论流派[J].文化学研究,1999(12):1-5.

2. 文化的创新

文化创新是人类社会进步与发展的表现。但是,文化创新并非建立在空洞的想象之中,而是需要一定的基础条件。正所谓质变是建立在量变基础之上,即以量变为前提,只有量变发展到一定程度才会产生质变。因此,文化的发展是文化创新的根基,文化的积累是文化创新的前提,而文化创新就是两者共同作用的结果。但这并不意味着文化创新是静态的。这一过程应该是循环往复的,且文化创新的时间、空间也具有不确定性,因此说,文化的发展是永无止境的(如图 1－1 所示)。

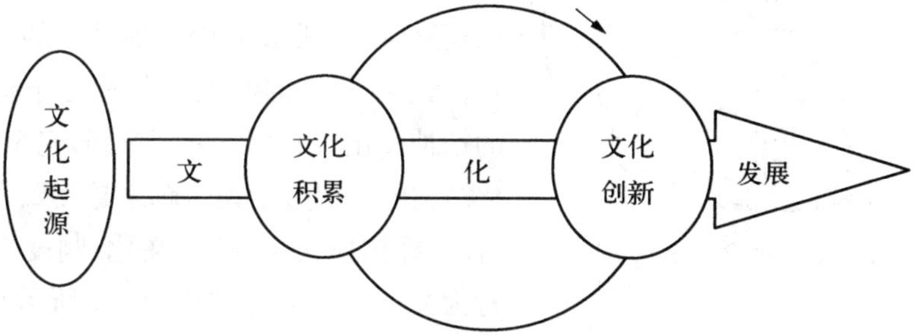

图 1－1　文化积累与文化创新

但在文化的积累和文化的创新过程中,有两点是值得我们探讨学习的。第一,文化的积累并不只是相同文化在数量上的简单叠加,更重要的是文化形态的日益多样性和丰富性。如人类社会最初只是简单地进行生存斗争,在文化方面更多的是生存物质文化形态的变化,而历史发展至今,各种物质形态文化、各种行为形态文化、各种制度形态文化及各种精神形态文化已不仅仅是百花齐放、百家争鸣的局面了。第二,文化创新具有两种形式,即文化发现和文化发明。文化发现主要是指人们通过不断的学习、观察和研究,发现那些原本已经存在于人类社会当中,却不曾被认识的自然现象和社会事物,如天文学家对自然天文现象的不断观测及发现使天文知识不断丰富与充实;所谓的文化发明是指人们在长期的实践过程当中,为了人类自身及人类社会发展的需求,从而不断创造出新的物质产品、行为产品、制度产品或精神产品等,如生产力方面,新的生产工具在被不断地发明创造。而随着人类社会形态的不断变化,新的社会制度、社会规范、社会思想及社会价值观等也在不断被发明。文化的发现和文化的发明是永不停息的,因为它代表着社会的发展。

可见,文化的创新在文化及人类社会发展中占据着重要的地位。因此,从本质上来说,人类进化的历史,就是人类文化创新的历史。文化创新是人类社会生活赖以维持和发展的坚实基础，也是人类社会得以进步的根本保证①。

（五）文化的结构及具体存在的关系

文化的结构及构成要素是指文化系统内部相互联系、相互制约的各个子系统之间形成的相对稳定状态。文化结构是文化学研究中的重要领域。纵观各国学者的研究成果，从宏观方面来看，文化分为内外两个层次——物质文化和精神文化。但随着文化的不断积累与创造及学者对其研究的不断深入，文化结构可以划分为三个层次：处于最外层的物质文化，处于中间层的制度文化和处于核心层的精神文化。文化发展至今，研究至今，文化结构的四要素学说也越来越受到人们的青睐，即物质文化、精神文化、制度文化和行为文化四个层面（如图1－2所示）。

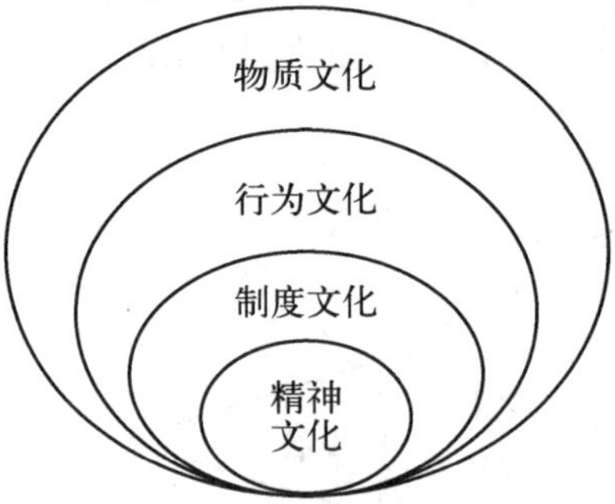

图1－2　文化构成四要素学说

从图1－2中可以看出，物质文化位于文化的最外层。位于这一层次的"物质"指人的各种物质生产活动和物质创造活动，即对象化了的劳动——包括各种产品和服务等。也就是说，物质文化中的物质并非自然物质或物品，它是人类为了满足自身的物质需求，以人类的思想、行为作用于自然物而产出的人类产品②。"文化"体现在这些"物质"——人类各种产品和服务当中，即所谓的物质文化。因此可以说，一般用于满足人类物质层次需求的各种活动，大到房屋桥梁建筑，小到衣服、餐具等等均可称为物质文化。可见，物质文化反映的是人与自然的关系及人类对自然的运用、改造能力，它体现了人类社会生产力的发展。因此，物质文化是其余文化产生的基础与条件。

紧邻物质文化层的是行为文化层面，同样处于文化的较外层。行为文化是精神文化的表达与外显，是内在精神、心理活动的一种表现形式，是指人类言语和非言语的"沟通"的文化，包括各种动作、表情、语言等③④。行

① 陈华文.文化学概论[M].上海：上海文艺出版社，2001：105.
② 易芳，段娟娟，李荣日.基于文化层次理论下的职业体育俱乐部组织再造理论要素研究[J].沈阳体育学院学报，2013，32(3)：16－19.
③ 李荣善.文化学引论[M].西安：西北大学出版社，1996：255.
④ 朱洵韬，段娟娟，李平.基于文化层次理论下的职业体育俱乐部人力资源再造理论要素研究[J].沈阳体育学院学报，2014，33(04)：37－41.

为文化受多种因素的影响——社会综合环境、地位、性别、职业等,因此,行为文化的这种差异性不仅是个人心理特征差异性的表现,并且也很好地反映了人与人之间、群体之间、民族之间的差异特点,是人们展示自我的窗口。

制度文化位于文化的较里层,与精神文化相邻。所谓制度文化,指的是人类为了自身生存与发展而有意识或无意识地创造的一系列约束、规范人类行为的规章制度、组织关系等的总和。具体表现为社会法律制度、社会经济制度、婚姻制度及国家、民族、社团等等。因此,制度文化在规范、协调个人与个人、个人与群体等各种社会关系方面起着不可或缺的显著作用,对保证社会的安定、有序、和谐起到保障作用。

精神文化位于文化的核心部位。精神文化指人类在从事改造和创造自然的物质生产活动和社会活动中所产生的人类特有的意识形态,人们又常称之为观念文化。精神文化具体包括语言文字、完美情趣、风俗习惯、道德情操、价值观念等等。精神文化之所以有足够的理由占据文化的核心位置,是因为物质、行为与制度文化不仅时刻体现着精神文化,而且精神文化对三者有着极其强大的约束、规范与指导力量。因此,核心文化——精神文化的构建与成功将在社会上产生持久而强效的影响作用力。

综合以上分析可见看出,文化的精神层次、制度层次、行为层次和物质层次相互联系、相互适应、相互作用、相互影响,表现为由外及里的、逐次增强的约束、规范力量。在知识经济时代的今天,文化结构各个层次的相互合作在人类社会中将产生更为强大的影响。

二、文化与职业体育俱乐部

文化是人类创造的全部有形物质层面和无形精神层面的集合体,它无时无刻不存在于人类社会的方方面面。而职业体育俱乐部作为人类社会的一种社会组织形态,不可能离开文化而单独存在,其方方面面都与文化有着千丝万缕的联系。

首先,文化对职业体育俱乐部有着不可忽视的影响与作用。职业体育俱乐部作为一种特殊类型的企业,在管理上必然要采取企业化、市场化的模式,需要适应外部的环境从而使自身得以立足和发展。从宏观角度来看,职业体育俱乐部自身的发展会受到许多外部环境的制约,国家的政治、经济、政策及市场等环境因素,中华民族数千年来尊崇的儒家思想、民族传统、价值观等文化要素无不影响着俱乐部的发展。因此,对宏观外部环境文化的及时监测与合理运用,能够有效地激发和驱动职业体育俱乐部的发展,使之有效地提高对外部环境变化的适应力,从而提高职业体育俱乐部的竞争力,实现系统内外资源的最优化配置,形成与社会的和谐发展。

其次,职业体育俱乐部在形成与发展过程中也蕴育着自身独有的文化内涵。从文化角度审视职业体育俱乐部,其本身就是一种文化的载体。职业体育俱乐部文化,简言之,指职业体育俱乐部在经营运作过程当中形成的具有自身特色的物质和精神的总和,既包括所有成员一眼可视的场馆、设施、生活环境,也包括大家必须遵守的行为准则、制度规范和时刻约束每个人的道德、信仰等(关于职业体育俱乐部文化概念内涵的详细讨论,将在第二章中作进一步阐述)。因此,职业体育俱乐部的名称、标识、建筑群落、规章制度、管理体制、运行机制、经营管理行为等诸多方面,无论是从微观到宏观还是从有形到无形,都带有文化的印记①。职业体育俱乐部内在的文化成为俱乐部管理、运行等各方面工作和表现的精神导向和约束,对于规范俱乐部集体和个体成员的行为、凝聚集体的价值共识发挥着核心作用。先进的文化是职业体育俱乐部发展的精神和价值所在,是其核心竞争力的重要组成部分②,有助于实现职业体育俱乐部高效、快速与持久的发展。

第三节 职业体育俱乐部文化再造的必要性和意义

一、职业体育俱乐部文化再造的必要性

“文化再造”的重要性决定了对职业体育俱乐部文化再造进行探讨与研究的必要性。首先,“文化热“的愈演愈烈及文化在一般企业中地位与作用的不断升级,决定了“文化”在职业体育俱乐部中占据着同样不可替代的地位;其次,“再造理论”的日益兴起,为职业体育俱乐部文化的重新整合与塑造提供了可能;再者,对职业体育俱乐部实施文化再造也是未来发展的迫切需要。

(一)文化的重要作用决定了职业体育俱乐部文化建设的必要性

企业文化是企业的竞争力之源,是企业的灵魂。在知识经济时代,随着文化不断传承与发展,人们逐渐认识到文化建设在一般企业中占据着极其

---

① 冯少兵,李荣日.职业足球俱乐部形象研究[J].体育文化导刊,2010(1):62-66.

② 袁雷,王建军.职业体育俱乐部核心竞争力评价指标选取方法及框架解析[J].沈阳体育学院学报,2012,31(06):98-101.

重要的地位。美国哈佛商学院著名教授、世界知名的管理行为和领导科学权威约翰·科特(John P. Kotter)曾大胆预言：企业文化在未来10年内很可能成为决定企业兴衰的关键因素①。目前随着"企业文化热"在世界范围内的持续升温及辐射蔓延，企业文化建设已经被提升到战略高度，企业文化战略管理已经成为当代企业获取核心竞争力的重要管理战略。因此，建设文化核心效力乃是世界现代企业生存发展的基本条件。同样，优秀职业体育俱乐部文化建设也必将在职业体育俱乐部这一特殊企业中发挥着无可估量的作用。

（二）"再造理论"的兴起为职业体育俱乐部文化重塑提供了基础条件

"再造"是一种由来已久的管理哲学。西方的再造理论是当今企业界和管理学界研究的热点。早在19世纪末，管理理论中就出现了"使流程最优"的"再造"思想。然而直到1990年，美国著名企业管理大师、原麻省理工学院教授迈克尔·哈默(Michael Hammer)在《哈佛商业评论》发表了名为《重组：并非自动化，而是重构》的文章，首次提出了系统的流程再造的基本思想②，该理论随即逐渐向其他领域蔓延与渗透。"再造理论"发展至今，其应用范围由最初的"流程再造"扩展到了企业组织再造、企业文化再造等各领域，并掀起了席卷欧美各国管理革命的浪潮。目前，"企业流程再造"、"组织结构再造"、"企业文化再造"等维度的"企业再造"，被誉为继"全面质量管理运动"之后的第二次"工商管理革命"。

由此可见，"再造理论"以"顾客至上、以人为本"为基本指导思想，以"变革"为核心思想，以"彻底改造"为指导方针，并以"企业绩效指标的显著改善"为根本宗旨，极大地吸引着企业的注意力，更为职业体育俱乐部文化的重塑与新生，尤其是职业体育俱乐部核心竞争力的建设提供了理论基础。

（三）职业体育俱乐部文化再造是我国未来发展的需要

随着市场经济的深入发展和竞争机制的持续导入，我国体育管理体制和运行机制正发生着显著变化。职业体育俱乐部内、外环境的深刻变化，使职业体育俱乐部的生存和发展所面临的竞争压力越来越大。在激烈的市场竞争中，职业体育俱乐部文化建设与塑造已日益成为职业体育俱乐部不断获取竞争优势，并进而不断形成核心竞争力的重要依据。从某种意义上说，职业体育俱乐部的独特文化作为职业体育俱乐部的无形的巨大资产，是职业体育俱乐部有效开拓市场、获取市场效益的"魔杖"，是职业体育俱乐部竞

---

① 安慰.股份制民营企业执行力研究[D].上海：同济大学，2005：161.

② 丁建华.A公司流程再造研究[D].上海：上海海事大学，2006：5.

争的制胜武器，更是职业体育俱乐部未来发展的大势所趋。

二、职业体育俱乐部文化再造的意义

探究职业体育俱乐部文化的再造，其重要意义主要体现在理论和实践两个层面。

（一）理论价值

第一，从全新的文化视角审视职业体育俱乐部的发展、改革问题，无疑开拓了职业体育俱乐部研究的新领域，可为研究者提供全新的研究视角。

第二，系统全面地将再造理论、企业文化理论、文化管理理论等引入职业体育俱乐部的研究，不仅可以为后来者奠定扎实的理论基础，同时也有助于为职业体育俱乐部的经营管理者提供理论参考。这些都将有助于不断丰富并充实职业体育俱乐部的相关研究成果。

（二）实践意义

第一，注重职业体育俱乐部文化这一潜力巨大而且无比珍贵的无形资产，全力实施文化战略，将有助于整体快速地提升职业体育俱乐部"文化实力"，进而综合提高其核心竞争力。

第二，实施"文化再造工程"，将有助于规避职业体育俱乐部运营管理中的风险，规范俱乐部经营管理行为。

第三，从职业体育俱乐部文化建设角度研制文化再造内容方案，引入全新的管理理念、管理战略、管理方式，有助于职业体育俱乐部突破当前发展与改革的思维瓶颈，形成俱乐部运营管理的新思维，引发管理方式的全新变革，对职业体育俱乐部发展产生系统、持久、深远的影响，进而从整体上提升其管理层次与经营绩效。

小　　结

职业体育俱乐部作为现代体育职业化、市场化发展的主要载体和组织形式，承载着太多的重担和责任。目前世界上几个较大的职业体育联盟，如职业橄榄球联盟（NFL）、职业棒球联盟（MLB）、职业篮球联盟（NBA）和职业冰球联盟（NHL）等，不仅为其国家带来了巨大的经济效益，同时也为相关产业——旅游、餐饮、酒店等行业带来了蓬勃发展的机会。因此，在如此情形下对职业体育俱乐部进行研究分析，有利于为我国职业体育俱乐部的发展和完善提供理论借鉴和参考。基于此，本研究从历史角度出发，探讨了俱乐部、体育俱乐部、职业体育俱乐部的起源问题，并阐述了职业体育俱乐部的含义、特征和类型等基础理论知识。

人类社会发展的同时也是文化创造的过程，职业体育俱乐部作为其中的一部分，其产生的过程既是文化的诞生又是文化的创造过程。因此，从文化的角度，本章探讨了文化的概念、特征、功能、起源、创新、构成及文化与职业体育俱乐部的关系。并阐述了在这一文化制胜的年代，进行职业体育俱乐部的文化再造，即文化的重新塑造和整合，不仅十分必要，更具有重大理论和现实意义。

主要参考文献

[1] LEVINSON, D. & CHRISTENSEN, K. Encyclopedia of World Sport from Ancient Times to the Present[M]. Oxford University Press, 1996.

[2] MASTERALEXIS, L.P., BARR, C.A., & HUMS, M.A. Principles and Practice of Sports Management[M]. New York: Aspen Publishers, 1998.

[3] RADNEGE. K. The Ultimate Encyclopedia of Soccer[M]. London, UK: Hodder and Stoughton. 1998.

[4] SCULLY, G. W. The Market Structure of Sports [M]. The University of Chicago Press, 1996.

[5] WISE, A.N. & MEYER, B.S. International Sports Law and Business[M]. London, UK: Kluwer Law International, 1997.1680.

[6] 安儒亮.世界发达国家体育俱乐部概况[J].西安体育学院学报，2001，18(4)：25－27.

[7] 安慰.股份制民营企业执行力研究[D].上海：同济大学，2005：161.

[8] 鲍明晓.体育产业[M].北京：人民体育出版社，2000.

[9] 鲍明晓.国外体育产业形成与发展[J].体育科研.2005，26(5)：1－9.

[10] 蔡俊五.体育俱乐部的类型及发展沿革[J].体育文史，1999(1)：21－23.

[11] 陈华文.文化学概论[M].上海：上海文艺出版社，2001：105.

[12] 陈琦，王单琦，黄彩华.浅析体育俱乐部发展历程与现状[J].辽宁体育科技，2005(02)：25－26.

[13] 陈玉林.日本基层大众体育管理体制的研究[R].国家体育总局体育信息研究所，1999.

[14] 戴晨.中国职业足球俱乐部公司化研究[J].中国体育科技，2000(10)：13－14.

[15] 丁建华.A公司流程再造研究[D].上海：上海海事大学，2006：5.

[16] 范达冷.美国的体育[M].北京：人民体育出版社，1995：216.

[17] 冯少兵，李荣日.职业足球俱乐部形象研究[J].体育文化导刊，2010(1)：62－66.

[18] 国家体育总局.德国大众体育管理体制和运行机制初探[R].国家体育总局信息

所,1999.
[19] 胡春兰.对国外体育俱乐部体制的研究[J].体育文化导刊,2003(10):56-57.
[20] 胡利军,刘晶.职业体育发展历史阶段的探讨[J].山东体育学院学报,2010,26(7):1-7.
[21] 黄涌.我国体育产业行业协会研究[J].武汉:武汉体育学院.2006:4.
[22] 孔庆鹏,殷宝林."潮头"思考——关于我国职业体育俱乐部制改革的几点认识[J].体育与科学,2000,21(1):1-6.
[23] 兰彤.中国乒乓球职业化管理体制的探索与研究[D].北京体育大学,2007.
[24] 李海,周全.意大利足球彩票与我国足彩的发展战略[J].体育文化导刊,2003(03):14-16.
[25] 李开元,赵鲁南.我国职业体育俱乐部经费来源及市场开发状况探析[J].中国体育科技,2000,36(10):14-15.
[26] 李荣日.体育"生存论"辨思[J].沈阳体育学院学报.2011,30(3):8-10.
[27] 李荣善.文化学引论[M].西安:西北大学出版社,1996:255.
[28] 凌平,戴敬东.西班牙体育俱乐部的历史渊源和发展现状[J].体育与科学,2007,28(4):62-65.
[29] 刘波.德国体育俱乐部建制探析[J].德国体育俱乐部建制探析,体育与科学,2007,28(3):57-60.
[30] 刘国凤,张天华.马克思主义视域下社会主义文化的先进性[J].人民论,2014(02):194-195.
[31] 刘平江.体育俱乐部的经营与管理[M].北京:北京航天大学出版社,2009:5-7,12.
[32] 刘诗白.主体产权论[M].北京:经济出版社,1998:64-65.
[33] 刘守华.文化学通论[M].北京:高等教育出版社,1992:6.
[34] 刘涛,王荷英,陈群.我国职业体育俱乐部市场竞争力的构建[J].辽宁体育科技,2003,25(6):95.
[35] 罗林,杜丛新.对欧洲体育俱乐部体制的研究[J].北京体育大学学报,2002,25(3):298-300.
[36] 美圻.俱乐部文化[J].IT 经理世界,2006(13):12.
[37] 孟宪菊.试析我国体育俱乐部市场战略取向[J].山东体育科技,2002,24(3):79-80.
[38] 倪晨谨.体育俱乐部的类型划分[J].南京体育学院学报,2004,18(6):185-186.
[39] 倪同云.市场经济条件下的各国体育政策[C].国家体育总局体育信息研究所,1998:157.
[40] 世界体育大事典编委会.世界体育大事典[M].北京:中国致公出版社,1993.
[41] 隋云鹏.体育俱乐部的定义及其应用研究[J].河北体育学院学报,2011,25(5):23-25.
[42] 孙翠琪.中美体育俱乐部的比较研究[J].体育文化导刊,2003(3):16-17.
[43] 苏益华,龚德贵,胡永红.中国排球职业化改革发展与探索[J].北京体育大学学报,2004(04):570-572.
[44] 拖卡列夫.外国民族学史[M].北京:中国社会科学出版社,1983:143-144.

[45] 王贺立,姚望,杜丛新,王培智,闫煜欣,张晓白,李丹阳.中国篮球职业化进程回顾[J].广州体育学院学报,2008(01):18-21.
[46] 王林等.中外体育俱乐部的比较研究[J].上海体育学院学报,1999(1):1.
[47] 王龙飞,金龙.浅析我国体育俱乐部的类型及其发展现状[J].安徽体育科技,2004,25(1):58-60.
[48] 王其慧,李宁.中外体育史[M].武汉:湖北人民出版社,1988.
[49] 威廉·A. 哈维兰.当代人类学,[M].上海:上海人民出版社,1987.
[50] 武恩钧,赵国杰.中国职业足球俱乐部资源的产生原因和利用效果的经济学分析[J].武汉体育学院学报,2006(04):20-23.
[51] 向培科.科威特的体育协会和体育俱乐部[J].阿拉伯世界,1982(3):99-101.
[52] 杨宪邦.对中国传统文化的再评价[M].//张立文等.传统文化与现代化.北京:中国人民大学出版社,1987:5.
[53] 姚春宏,钟勇.我国职业体育俱乐部的融资研究[J].成都体育学院学报,2006,32(2):19-21.
[54] 易芳,段娟娟,李荣日.基于文化层次理论下的职业体育俱乐部组织再造理论要素研究[J].沈阳体育学院学报,2013,32(3):16-19.
[55] 袁雷,王建军.职业体育俱乐部核心竞争力评价指标选取方法及框架解析[J].沈阳体育学院学报,2012,31(06):98-101.
[56] 曾小华,陈立旭.文化学学科及其理论流派[J].文化学研究,1999(12):1-5.
[57] 张宝华,陈革新.试论世界职业体育俱乐部兴起的历史背景[J].北京体育大学学报,2000,23(1):5-6.
[58] 张岱年.文化与哲学[M].北京:教育科学出版社,1988:81-82.
[59] 张军献.论休闲时代体育俱乐部的经营[D].广州:华南师范大学,2005:10.
[60] 张林,戴剑,陈融.我国职业体育俱乐部的形成与发展[J].成都体育学院学报,2001,27(1):1-4.
[61] 张林,黄海燕,王岩.改革开放 30 年我国体育产业发展回顾[J].上海体育学院学报,2008,32(04):1-5.
[62] 张林,李明.职业体育俱乐部发展沿革[J].西安体育学院学报,2001,18(3):6-8.
[63] 张林,徐昌豹.现代职业体育俱乐部的本质与特征[M].上海体育学院学报,2001,25(3):1-6.
[64] 张林.职业体育俱乐部运行机制[M].北京:人民体育出版社,2001:1.
[65] 张仁德、崔洪喜.企业文化概论[M].天津:南开大学出版社,2001.
[66] 张汝伦.文化研究三题议[J].复旦大学学报(社会科学版),1986(3):2.
[67] 张仲宝.论“艺术体育”的成因及共性特征——科学、艺术与人体运动方式的融合[J].体育学刊,2009,16(3):11-14.
[68] 赵豫.我国职业体育俱乐部公司化研究[J].体育文化导刊,2004(5):3-5.
[69] 赵豫.职业体育俱乐部公司化存在的问题与对策研究[J].北京体育大学学报,2005,28(3):314-316.
[70] 钟敬文.话说民间文化[M].北京:人民日报出版社,1990:35.
[71] 钟天朗.体育经营管理理论与实务[M].上海:复旦大学出版社,2010:110.
[72] 周爱光,闫成栋.职业体育俱乐部社会责任的特征与内容[J].北京体育大学学

报.2012(10)：6－9.
[73] 周进强，迟泰棱，隋平等.关于我国体育俱乐部管理制度的研究[M].见：国家体育总局政策法规司、体育软科学研究成果汇编(1999—2000)，北京：2000：81.
[74] 周礼注疏卷三十九[M]//十三经注疏(上册).中华书局影印本：909.
[75] 朱国宏.经济社会学[M]，上海：复旦大学出版社，1999.
[76] 朱洵韬，段娟娟，李平.基于文化层次理论下的职业体育俱乐部人力资源再造理论要素研究[J].沈阳体育学院学报，2014，33(04)：37－41.
[77] 邹统钎，陈序桄.俱乐部的形之于最佳规模研究[J].旅游科学，2008(2)：74－78.
[78] 邹统钎.俱乐部管理[M].天津：南开大学出版社，2008.

第二章　职业体育俱乐部文化再造

第一节　职业体育俱乐部文化再造的定义

一、职业体育俱乐部文化概念

在第一章中我们已经对职业体育俱乐部概念内涵及基础理论知识进行了介绍，并明确界定其性质归属为一类特殊的企业。关于企业文化的定义众说纷纭，几乎每位管理学和企业文化学专家对企业文化都有不同的定义。国内外学者比较有代表性的企业文化定义如下：

约翰·P. 科特、詹姆斯·L. 赫斯克特（1997）指出企业文化"是指一个企业中各个部门，至少是企业中高层管理者们所共同拥有的那些企业价值观念和经营实践"①。

威廉·大内（1984）认为"一个公司的文化由其传统和风气所构成。此外，文化还包含一个公司的价值观，如进取性、守势、灵活性——确定活动、意见和行动模式的价值观"②。

查尔斯·希尔、盖罗斯·琼斯（2001）认为企业文化是企业中人们共同拥有的特有的价值观和行为准则的聚合，这些价值观和行为准则构成企业中人们之间和他们与企业外各利益方之间的交往方式③。

国内有的学者认为企业文化有广义和狭义两种理解：广义的企业文化是指企业所创造的具有自身特点的物质文化和精神文化，狭义的企业文化是企业所形成的具有自身个性的经营宗旨、价值观念和道德行为准则的

---

① 约翰·P. 科特，詹姆斯·L. 赫斯克特. 企业文化与经营业绩［M］. 北京：华夏出版社，1997：29.

② 威廉·大内. Z 理论［M］. 北京：中国社会科学出版社，1984：169.

③ 李桂荣. 创新型企业文化［M］. 北京：经济管理出版社，2002：5.

综合①。

刘光明(2004)进一步扩大了对企业文化内涵的界定,认为企业文化是一种从事经济活动的组织之中形成的组织文化,广义的企业文化是指企业物质文化、行为文化、制度文化、精神文化的综合,狭义的企业文化是指以企业价值观为核心的企业意识形态②。

王成荣、周建波(2007)从内容范畴与形成过程两个角度界定企业文化的内涵,指出企业文化是指在一定的社会大文化环境影响下,经过企业领导者的长期倡导和全体员工的积极认同、实践与创造所形成的整体价值观念、信仰追求、道德规范、行为准则、经营特色、管理风格以及传统和习惯的总和③。

综上所述,国内外的专家学者对企业文化的认知并没有获得统一化的标准定义。李桂荣(2002)对企业文化概念出现差异化的原因进行了系统总结,其认为:“由于语义不同、相关概念的杂糅、研究角度不同等原因,致使产生对同一概念(的认识)有很大不同。”④虽然定义各有不同,但多种描述中也基本反映出企业文化的内涵特征和本质。王成荣(2007)对企业文化的定义反映出企业文化形成过程及特质(整体价值观、信仰追求、道德规范等)。因此本书采用王成荣对企业文化所作的定义,并认为职业体育俱乐部作为一种特殊企业,其文化内涵必然包含一般企业的特征。职业体育俱乐部文化是指在社会文化环境影响下,经过职业体育俱乐部领导者、管理层长期倡导,得到了全体员工的积极认同,经过一段时间的实践、创造、固化所形成的包含价值观念、管理风格、行为规范、环境特征、传统习惯等在内的体现俱乐部精神、制度、行为、物质特点的总和。

二、再造理论

(一)再造理论的基本内容

“再造”是1993年开始在美国出现的关于企业经营管理方式的一种新的理论和方法,它以一种改造和再生的思想重新审视企业。再造理论对传统管理学分工理论提出了质疑,因此被称为管理学发展史上的一次革命⑤。

---

① 姜学敏等.山东企业文化建设[M].北京:人民出版社,1998:3,51.

② 刘光明.企业文化[M].北京:经济管理出版社,2004:7.

③ 王成荣,周建波.企业文化学[M].北京:经济管理出版社,2007:35.

④ 李桂荣.创新型企业文化[M].北京:经济管理出版社,2002:13.

⑤ 刘庆贤,肖洪钧.工商管理领域中的案例研究方法理论建构[J].科学学与科学技术管理,2009,30(10):15-20.

“再造”(reengineering)概念最早出现在计算机软件工程领域,与现代信息技术紧紧联系在一起,主要是针对竞争环境和顾客需要的变化,提出对业务流程进行“根本的重新思考”和“彻底的重新设计”①。可见,再造概念诞生之初,与信息技术保持着密切的关系,再造与技术是相辅相成的共生关系。再造理论的创始人迈克尔·哈默(Michael Hammer)和詹姆斯·钱皮(James Champy)在《再造企业:经营革命宣言》(*Reengineering the Corporation: A Manifesto for Business Revolution*)中认为,没有“再造”,信息技术无法给企业带来盈利,没有信息技术,“再造”也无法取得巨大进展②。针对再造概念出现的历史原因,哈默和钱皮在20世纪80年代就曾经断言“当机械化遭遇混乱不堪的企业,只会使这些企业更加混乱”,因此,企业必须能够对自己的整个经营状况有全面的认识,能够进行重新定义——再造,否则,在旧的管理体制基础上即使是应用最新的技术也于事无补。可见,再造并不是单纯的技术革命,再造是管理的革新。20世纪90年代以来掀起了研究与实践的风潮③。

迈克尔·哈默和詹姆斯·钱皮在总结了其多年研究及大量的美国企业再造案例的基础上,将“再造”定义为“针对企业业务流程的基本问题进行反思,并对它进行彻底的重新设计,以便在成本、质量、服务和速度等当前衡量企业业绩的这些重要的尺度上取得显著的进展④。他们同时指出,这一概念包括了四个至关重要的关键词:第一,基本的(fundamental),即对组织现有状况的全面认识,找出问题,并对再造的必要性、再造内容和再造方法达成共识;第二,彻底的(radical),强调再造不是对组织现有的业务工作进行改良、提高或修修补补,而是要重建全新的业务流程;第三,显著的(dramatic),认为再造应该达成的效果不是在业绩上取得些许进步或点滴提高,而是要取得显著的改进,因此,他们认为,无论是身陷困境的企业、预感到将面临困境的企业还是处于鼎盛发展时期的企业都可能需要实施再造;第四,流程(process),哈默和钱皮认为再造的关键是对业务流程的彻底改造⑤。这种以流程再造为核心的思想到1997年迈克尔·哈默教授所著的

---

① 杨长虹,张亚明.企业流程再造应注重企业文化建设[J].中国管理信息化(综合版),2006,9(6):16－17.

② 迈克尔·哈默,詹姆斯·钱皮.王珊珊等译.企业再造:企业革命的宣言书[M].上海:上海译文出版社,2006:5.

③ 苏燕平.我国企业文化再造的内容、理论和方法研究[D].重庆:西南石油学院,2003:22.

④ 迈克尔·哈默,詹姆斯·钱皮.王珊珊等译.企业再造:企业革命的宣言书[M].上海:上海译文出版社,2006:25.

⑤ 黎永泰.从管理的演进认识企业文化的本质[J].东南大学学报,2008,10(4):46－50.

Beyond Reengineering: How the Process-Centered Organization is Changing Our Work and Our Lives 一书中有所松动，他在第十章谈到“公司不仅仅是流程的集合体，或是一组产品和服务，甚至也不仅仅是在一起工作的人员的一个团体。公司是一个人类社会……有其自己特殊形式的文化——企业文化”①，显示了再造理论的进一步发展，不再仅仅强调流程上的改变，而是开始关注到更多影响企业绩效的方面的革新，其中包括企业的灵魂——企业文化。

总体而言，再造理论的基本思想与系统理论密不可分，即是对组织整体进行的变革，刘正周认为再造理论不同于 20 世纪 70 年代兴起的重构理论（restructure），再造主要围绕三个中心。第一，以业务流程革新为中心。运用现代信息技术，重新分析逻辑上相互关联的业务活动各个环节的内在关系，进行优化组合，使得业务程序变得更加简洁、灵活，对外界变化的适应能力提高，从而更有助于实现组织目标。第二，以人为中心。再造应当渗透到组织成员的价值观和组织文化中去，实际上再造要求组织在形式上进行一场文化的革命。这与起源于 19 世纪晚期的人本主义管理思想颇为吻合。人本主义管理思想被认为以日本企业的管理文化为典型代表，强调要重视员工在工作环境中的需要、行为和秉持的态度②。第三，以效率和效益为中心。对企业而言，效率和效益是决定企业成败的标准，因此再造必须以效率和效益的提升为中心③。

尽管国内外学者对“再造”的内涵理解不尽相同，但对其在继承基础上进行“重新设计、重新创造”的本质认识是一致的。因此，本书认为再造就是指组织为了实现特定的目标，对其旧有的要素内容和结构进行重新分析、审视，在原有基础上，运用一定手段进行改造和创新的实践活动。

（二）再造理论的相关研究

系统梳理自再造理论出现以来的主要文献研究，发现学者的研究关注点基本可以归为四大类。

第一，信息技术在企业业务流程再造（BPR）中的作用研究。李爱民、李非（2006）研究发现迈克尔·哈默将信息技术看作是 BPR 的助推器，Venkatraman（1991）将再造看作是一个平台——信息技术导致的企业再构造④。后来的文章不再使用“导致”一词，更多认为再造是发挥着“使能器”

---

① 迈克尔·哈默.沈志彦等译.超越再造：世界快变下的企业竞争力策略[M].上海：上海译文出版社，2007：155.

② 申永斌.论日本企业“人本主义”管理模式[J].科技视界，2012(34)：110－111.

③ 刘正周.风靡美国和日本的企业再造思潮[J].外国经济与管理，1996(07)：10－11.

④ 李爱民，李非.企业再造思想及其发展路径选择[J].学术研究，2006(12)：52－57.

的功能，比如，达文波特和谢特（Devenport & Short，1990）认为信息技术不仅仅是根本性地改变企业运作方式的一种自动化或机械化力量，信息技术和再造是一种循环关系，它代表了一种新的跨组织的协作观，还是一种很好的满足顾客及其他企业相关实体需求的企业行为①。Yang（2011）研究了工作流技术对业务流程再造的影响，发现其对业务流程再造的各个环节均有积极影响②。总之，多数文献认为信息技术是 BPR 的"使能器"。也就是说，不借助于信息技术，企业业务流程再造是无法实现的③④。

第二，对管理层再造的研究。早期的再造实践和再造理论研究较多聚焦于业务流程再造，并未重视管理层自身或者管理理念及方式的再造。伴随着企业再造实践日益发展，业务流程再造失败的案例开始不断出现，引起学者的关注。学者研究发现，BPR 失败的案例往往伴随着管理层流程再造认识的不足，比如，Thomas Higginson 等（1994）提出高层管理者的广泛支持、积极的公司文化、团队工作和协调、良好的沟通规则和渠道是成功进行业务流程再造的必要条件，N. Sutcliffe（1999）通过分析 30 个业务流程再造项目中再造与领导模式之间的关系，发现自上而下的直接领导模式对业务流程再造具有重要意义⑤。可见，成功的业务流程再造要求管理层必须给予高度支持和配合，使业务流程再造项目融入组织管理活动的具体环节，换言之，管理层及管理行为再造伴随业务流程再造进行，是业务流程再造的必要保障。

第三，对人的再造的研究。Willmott 和 Wray-Bliss 认为 BPR 涉及员工工作方式的改变，员工的理念、认识、行为等的改变对业务流程成功再造有着不可忽视的影响⑥。李爱民、李非等学者认为之所以需要辅以人的再造主要出于两方面的原因。第一，BPR 通常将很多项工作合并成一项工作，改

---

① 李爱民，李非.企业再造中的信息技术作用机理及其相互关系研究[J].科技管理研究，2007（02）：200－206.

② YANG H. CH. Business Process Reengineering: Based on Workflow Technology [J]. Key Engineering Materials, 2011, 1244(474): 1500－1506.

③ 李爱民.企业再造中 IT 模型研究[J].科技管理研究，2007，（01）：212－215.

④ 李爱民，李非.企业再造中的信息技术作用机理及其相互关系研究[J].科技管理研究，2007（02）：200－206.

⑤ SUTCLIFFE N. Leadership Behavior and business process reengineering (BPR) Outcomes [J]. Information and Management, 1999, 36(5): 273－286.

⑥ WILLMOTT H., WRAY-BLISS E. (1996) Process Reengineering, Information Technology and the Transformation of Accountability: The Remaindering of the Human Resource?. In: Orlikowski W.J., Walsham G., Jones M.R., Degross J.I. (eds) Information Technology and Changes in Organizational Work. IFIP Advances in Information and Communication Technology. Springer, Boston, MA.

变了员工的工作内容或方式,对员工的工作能力提出了新的要求,现有员工需要配合再造需求提升能力和技术,新员工招募中对其知识、能力、技术的要求也需要作出相应的改变。第二,正是由于对员工工作内容和要求的改变使得现有员工可能会对再造产生抵触、焦虑等负面情绪,需要通过一定的沟通来加以缓和,在理念上达成一致,建立其应对再造的信心和统一目标。聚焦于人的因素对 BPR 的影响的研究不多,大多是融合在对多种再造要素的综合性研究之中。但作为组织管理的核心要素,人,尤其是一线员工的认识、理念、技术、知识等的改变是再造成功的保证。

第四,再造要素的综合性研究。国内外部分学者分析 BPR 框架模型中的再造要素,提出了各自不同的观点。Kettinger 和 Grover(1995)认为再造的效果应当以成本、质量、顾客满意度或股东红利来衡量,他们提出了五要素 BPR 框架模型,即流程、管理、人员、信息技术、组织,并指出再造的核心是流程,包括组织间、组织内部跨部门、职能部门内部三种流程①。从再造具体内容来看,涉及四个子系统的变革:管理子系统(模式、系统、措施、风险偏好)、人员子系统(工作、技能、文化、价值观)、信息技术与技术子系统(数据与信息、信息技术、决策、模拟和建模工具)、组织子系统(正式与非正式组织、团队、协调与控制机制)②。俞东慧(2004)认为,业务流程再造实施过程中必须考虑呈现“金字塔”关系的战略、流程、人员、组织结构、信息技术等五个关键因素③。Omidi A.和 Khoshtinat(2016)以伊朗航空为对象进行案例研究,发现人的因素、信息技术对再造有重要影响,组织文化则在人的因素和再造效果之间起调节作用④。目前,Kettinger 和 Grover 提出的框架模型呈现了一个比较完善的再造要素体系。但是,相对而言,目前的文献以针对制造业企业再造的研究为主,对服务业企业或组织研究相对欠缺,尚未提出较完善的再造要素模型,学者认为这是今后课题研究的一个重要方向⑤。

可见,再造的本质是要求以再生的思想重新审视企业的经营、运作与管理方式,对原来的工作流程进行改造,同时,需要关注包括成员、管理、信息

---

① KETTINGER W. J., GROVER V. Toward a Theory of Business Process Change. Journal of Management Information Systems[J]. 1995, 12(1): 9 - 30.

② 李爱民,李非.企业再造思想及其发展路径选择[J].学术研究,2006,(12): 52 - 57.

③ 俞东慧.企业流程变革管理影响因素及其动态机制研究[D].上海: 复旦大学.2005.

④ OMIDI A., KHOSHTINAT B. Factors Affecting the Implementation of Business Process Reengineering: Taking into Account the Moderating Role of Organizational Culture (Case Study: Iran Air)[J]. Procedia Economics and Finance, 2016(36): 425 - 432.

⑤ 李爱民,李非.企业再造思想及其发展路径选择[J].学术研究,2006(12): 52 - 57.

技术、组织等相关因素的影响，以使企业更加适应变化中的环境。对再造的研究和认识起源于对业务流程的重新设计和革新，随着研究的深入和实践的拓展，日益渗透到管理的更多领域。

三、职业体育俱乐部文化再造

（一）职业体育俱乐部文化再造内涵

综合以上对“职业体育俱乐部文化”及“再造”理论的分析，可对“职业体育俱乐部文化再造”作如下释义：为适应环境变化及发展要求，提高职业体育俱乐部的竞争力，应用再造理论，对影响职业体育俱乐部文化的相关要素（价值观念、管理风格、行为规范、环境特征、传统习惯等）进行重新审视和思考，不断进行改造和革新的创造性实践活动。

（二）职业体育俱乐部文化再造的内容

关于职业体育俱乐部文化再造的内容要素构成，我们同样可以从企业文化相关理论中寻找到一般规律。我们将通过分析企业文化构成要素和企业文化基本思想梳理分析职业体育俱乐部文化再造的主要内容。

首先，企业文化构成要素。目前，中外学者对企业文化构成要素及结构的划分没有获得标准化的认知，对企业文化要素及结构层次的划分存在较大差异。

西方学者关于企业文化构成要素及结构层次的划分，可以归纳为如下几种有代表性的观点：特伦斯·迪尔（Terrence E. Deal）、艾伦·肯尼迪（Allan A. Kennedy）认为：企业文化包含五个要素：价值观、英雄人物、习俗仪式、文化网络、企业环境①。沙因（Edgar Schein）则从一个企业组织表象到内层的角度把企业文化的要素分为三层：（1）表象和创造；（2）价值观；（3）基本信念②③。英国人艾伦·威廉（Allan Williams）、鲍·德布森（Paul Dobson）和麦克·沃德斯（Mike Walters）用“睡莲图”形象描述了企业文化构成要素：具体行为（可以观察的）、态度和价值观（可以描述的）、信念（潜在的）④。美国人帕米拉·路易斯（Pamela S. Lewis）、斯蒂芬·古德曼（Stephen H. Goodman）和波特利西亚·范德特（Patricia M. Fandt）用“冰山

① 特伦斯·迪尔，阿伦·肯尼迪.企业文化[M].上海：上海科学技术文献出版社，1989：12-14.

② 赵常林.企业竞争优势理论新认识：基于演化理论（ET）视角[J].湖北社会科学，2008（9）：96-98.

③ 沙因.公司文化导论[M].北京：科学技术出版社，1989.

④ WILLIAMS A，DOBSON P. WALTERS M. Changing Culture [J]. Institute of Personnel Management，1989（5）：43-57.

图”将企业文化要素简单分为外显的具体行为和内隐的观念、行为标准及共有价值观和宗旨①。加拿大人伯歌·纽豪热(Peg. G. Neuhauser)、佩·本德(Pay Bender)和特哥·斯特姆斯堡(Kirk L. Stromberg)用“同心圆结构”把企业文化结构分为三层(具体见图 2-1)②。

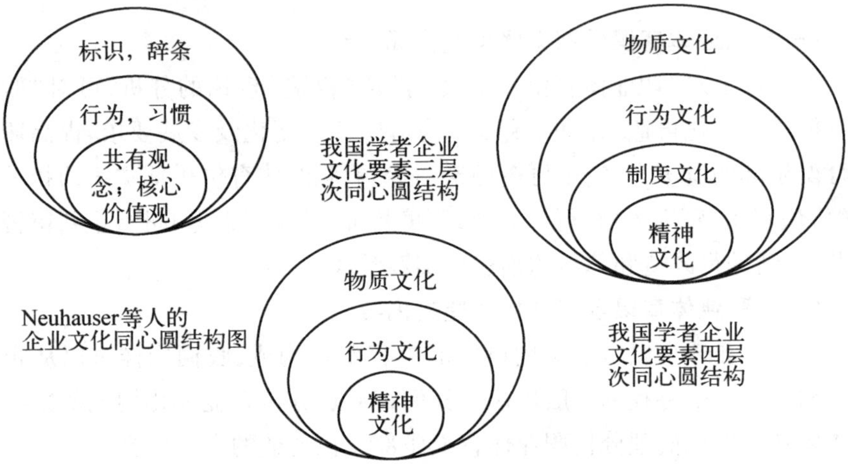

图 2-1　中西方学者企业文化要素同心圆结构层次学说示意图

虽然国外学者对企业文化要素及结构的认知存在较大差异，但是国内学者对企业文化“三层次”和“四层次”的划分得到普遍接受。三层次划分法将企业文化划分为物质文化、行为文化和精神文化，四层次划分法则包括物质文化层、行为文化层、制度文化层、精神文化层(具体见图 2-1)③。

虽然学者们将企业文化的结构及要素划分为不同的层级，但依然异中存同。“四层次”结构划分中涵盖了“三层次”结构的所有要素，并加入“制度文化层”而使企业文化结构趋于完善和缜密。“四层次”结构认为，物质文化由组织的产品、容貌、环境等构成，属于企业文化的最外层；行为文化包括组织的生产行为、营销行为、管理行为、员工行为、企业家行为等要素，属于企业文化的次外层；制度文化包括组织的管理体制、规章制度、组织结构等内容，隶属于企业文化的中间层；精神文化包括组织哲学、企业精神、企业道德、组织目标、企业价值观等内容，属于企业文化的核心层。

不难看出，上述学者对企业文化要素构成的探讨依然遵循着文化结构

---

① LEWIS P. S., GOODMAN S. H. FANDT P. M. Management: Challenges in the 21st Century [M]. OH, US: South-Western College Pub, 1998: 372.

② 水常青，许庆瑞.企业创新文化理论研究述评[J].科学学与科学技术管理，2005，26(3)：138-142.

③ 刘光明.企业文化[M].北京：经济管理出版社，2004：166.

要素的划分标准、内容与特点，却忽视了企业这一特殊载体，忽视了将文化结构要素与企业完整、协调地融合为一体这一核心。王成荣、周建波在2007年提出的企业文化"四要素"——企业价值观、企业精神、企业伦理道德、企业形象（如图2－2所示），尝试将文化与企业进行更密切的整合，契合了企业文化的核心内容与本质精髓，同时也为划分职业体育俱乐部文化结构提供了很好的启示。

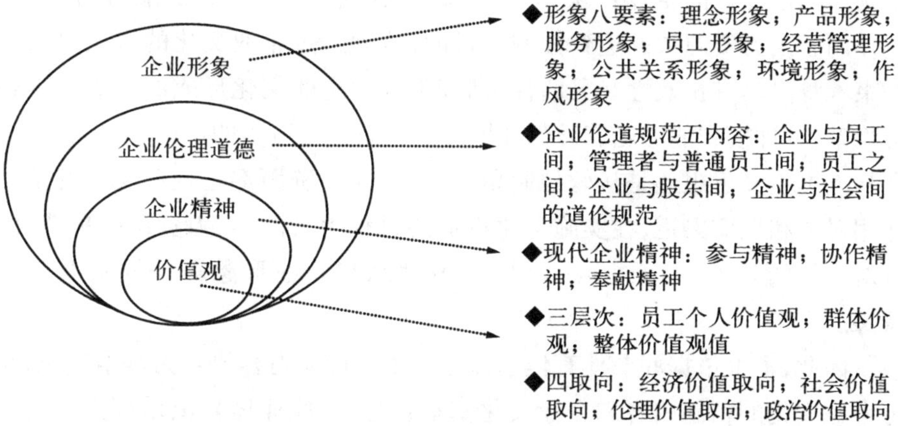

图2－2　王成荣企业文化体系结构示意图

总体而言，职业体育俱乐部最内在的价值观、道德等理念系统，与之相适应的制度体系和组织结构，以及呈现出来的外在形象都是我们在实施文化再造过程中的重要落脚点。

其次，企业文化基本思想。第一，人本主义思想。学者对企业文化的关注兴起于20世纪80年代，正是日本经济飞速发展、大量企业在市场上斩获巨大成就的年代，学者们开始纷纷探寻日本企业"成功的秘诀"。企业文化研究学者认为日本民族的"和"文化被管理者充分运用于企业管理中，注重人际关系、勤俭、严谨、礼仪等传统和文化再工作场所得到充分反应和运用，形成了独特的人本主义的企业文化。可以说，人本主义管理思想奠定了日本企业文化的基础，而独特的企业文化对日本企业的成功无疑起到了重要的助推作用。在人本主义企业文化中，企业重视所有员工，将他们视为宝贵的人力资源，管理者与员工之间保持较为紧密的沟通关系；主张稳定的雇佣关系，调动员工的积极性；强调集体主义精神；注重员工之间的互相信任、尊重等等①。可见，人本主义管理思想倡导以人为本的企业文化，从管理理

① 申永斌.论日本企业"人本主义"管理模式[J].科技视界，2012(34)：110－111.

念、管理制度设计、人力资源管理等诸多角度践行实施,并且也映射在员工士气、行为等外在表现特征中。企业文化管理中另一个重要思想是软控制理论。软控制是相对于制度、标准、规范等硬控制手段而言的,包括企业文化、管理哲学、管理风格等,其主要特点是"无形",关注重点在人的行为。企业文化是落实软控制的重要途径,优秀的企业文化能够提高员工的凝聚力,能够发挥激励作用,能够调节企业内部以及衔接企业内外的人际关系,有助于构建积极良好的企业形象①。基于软控制理论,以无形的精神层面的影响作用于人力资源从而达到控制的目的,这种透过企业文化的影响比制度约束本身更具有长效性和灵活性,围绕积极的企业文化形成的组织氛围相对稳定,管理模式能够随着外部环境的变化而进行适当的调整。可见,无论是从人本主义思想还是从软控制角度来看,人力资源都是企业文化的重要作用对象和反应渠道,在实施文化再造的过程中,针对人力资源的再造,同针对组织的基本架构、制度设计、价值理念和外在形象等一样具有重要意义。

因此,本书依据职业体育俱乐部这一主体特征内容要素为基本参照,充分考虑文化的精髓内容和企业文化基本思想,将职业体育俱乐部文化再造内容划分为以下五部分:第一,职业体育俱乐部组织再造;第二,职业体育俱乐部制度再造;第三,职业体育俱乐部人力资源再造;第四,职业体育俱乐部理念系统再造;第五,职业体育俱乐部形象再造(具体见图 2-3)。这五

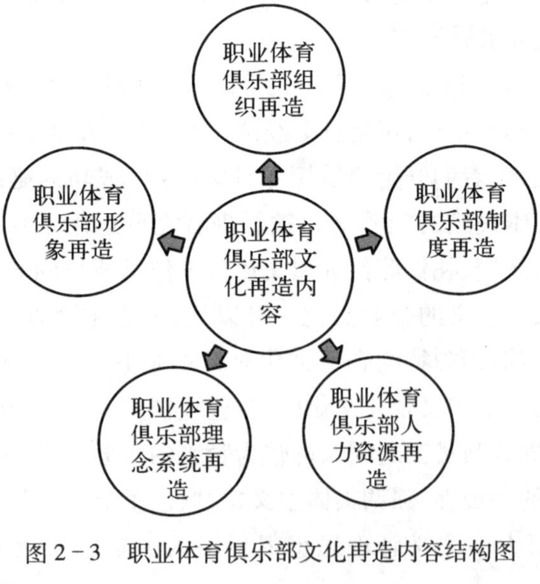

图 2-3 职业体育俱乐部文化再造内容结构图

① 张姝越.浅议内部控制中的"软控制"[J].企业技术开发,2011,30(8):69-70.

项内容不仅紧紧围绕职业体育俱乐部结构框架展开，体现了职业体育俱乐部的主体地位，同时也注重进一步深刻领悟文化的内涵蕴意，彰显文化魅力与作用。两方面相互对应、相互映射，可以较好地反映职业体育俱乐部的概念内涵。关于各部分内容要素的详细论述，本书将分别在第三章、第四章、第五章、第六章和第七章作详细介绍。

（三）职业体育俱乐部文化再造特征

第一，职业体育俱乐部文化再造具有静态性。从横向角度来看，职业体育俱乐部文化再造是由诸多要素构成的整体。静态性，指对职业体育俱乐部文化各内容要素的再造。虽然目前学者们对职业体育俱乐部文化内容要素的构成持不同意见，但是总体来说，这些内容要素均是对原有构成基础的细分与改进，且职业体育俱乐部在进行其文化再整合过程中，其文化内涵及构成要保持一致性、统一性与协调性。因此，职业体育俱乐部文化再造具有相对稳定性，即静态性的特点。

第二，职业体育俱乐部文化再造具有动态性。首先，职业体育俱乐部文化再造的动态性，指职业体育俱乐部文化的“再造过程”是对职业体育俱乐部文化进行重新审视、整合、修正及改善的、具有一定过程性的创造性实践活动；其次，从纵向角度来说，职业体育俱乐部文化再造是一个长期的历史的动态过程，也就是说，对职业体育俱乐部文化再造的一次成功并非意味着永远成功，其内涵要素会随着时间的演进而发生变化，因此，对职业体育俱乐部文化的再造将不断进行。

第三，职业体育俱乐部文化再造具有时代性。任何文化都是由一定时间内的一定人群所创造的，它必然要与时代保持同步性——反映时代的风貌，体现时代的要求。职业体育俱乐部文化作为市场经济中以需求为刺激因素的产物，就必须遵循市场经济的发展规律，否则就会因落伍而遭淘汰。例如，美国的四大职业体育联盟——美国职业棒球联盟（MLB）、美国职业篮球联盟（NBA）、全美职业橄榄球联盟（NFL）、全美冰球联合会（NHL）能够取得世界范围内的巨大成功，一个很重要的原因就是迎合了世界观众的需求，契合了时代的要求。

第四，职业体育俱乐部文化再造具有民族性。职业体育俱乐部文化再造的民族性与文化的民族性息息相关。民族是世界的基本组成单位，在长期的历史发展过程中，各个民族、国家形成了各自的特点。这些特点包括物质的、制度的、行为的及精神的所有社会事物和现象，如社会风俗习惯、生活方式、道德礼仪、宗教信仰、语言及建筑风格等等。而职业体育俱乐部要想成功重塑自己的文化，就要充分考虑自身所具备的民族性，既给内部员工创造良好的工作生活环境，又能充分适合外界环境的发展及需求，从而给自身搭建良好的发展平台。

（四）职业体育俱乐部文化再造的目标任务

职业体育俱乐部文化再造的目标任务涉及两方面，即总体目标任务和阶段性目标任务。

第一，职业体育俱乐部文化再造的总体目标任务。职业体育俱乐部作为一类特殊企业，具有一般企业的经营特征与最终目的——具备强大的竞争力，以实现赢利。而在知识经济时代，文化作为一种具有强大规范、约束、凝聚、激励力量的生产要素，是所有企业竞相追逐的对象与目标。由此可知，职业体育俱乐部文化再造的总体目标任务，也就是最终目标是在市场竞争中获得竞争优势并形成核心竞争力，使职业体育俱乐部立于不败之地，从而为实现赢利及创造世界一流品牌而服务。

第二，职业体育俱乐部文化再造的阶段性目标任务。职业体育俱乐部文化再造的阶段性目标任务也称直接目标任务。首先，从文化层面理解，其阶段性目标包括四个方面：第一，物质层面——建设优美、舒适的工作和生活环境，创造一流的服务条件设施；第二，行为层面——重整、规范全体员工行为，尽最大限度挖掘员工潜力；第三，制度层面——建立健全、合理的规章制度，发挥其强有力的约束、激励作用；第四，精神层面——建立具有高度认同感的职业体育俱乐部精神，培育强大竞争力市场；其次，从职业体育俱乐部文化再造角度来看，阶段性目标包括以下五个内容：第一，进一步完善职业体育俱乐部组织文化，为职业体育俱乐部发展打下良好而坚实的结构框架；第二，进一步完善职业体育俱乐部人力资源文化，不断提高职业体育俱乐部员工的生产效率；第三，进一步健全职业体育俱乐部的制度文化，加强职业体育俱乐部制度体系的约束、激励作用；第四，进一步改善职业体育俱乐部形象文化，不断提高职业体育俱乐部在内部员工和社会各界的认可度；第五，进一步提升职业体育俱乐部理念文化，使职业体育俱乐部向更高目标迈进。

值得注意的是，职业体育俱乐部文化再造的总体目标任务和阶段性目标任务并不是完全分隔开来的两个独立系统。两者相辅相成、相互联系、相互作用。总体目标任务是阶段性目标任务的前提和条件，起指挥和引领作用，而阶段性目标任务则是实现总体目标的基本保障，起到为总体目标服务的作用。此外，职业体育俱乐部文化层次的目标和文化再造层次目标可以相互比较、相互对照、相互映射，共同为职业体育俱乐部文化再造总目标的实现产生辅助作用。

（五）职业体育俱乐部文化再造基本原则

职业体育俱乐部文化再造包含的内涵纷繁复杂——既有物质层次，也有精神层次的。可见，职业体育俱乐部文化再造是一项比较复杂、繁琐的工程。然而职业体育俱乐部文化不仅遵循文化的发展规律，同样也具有职业体育俱乐部自身的特征因素。因此，进行职业体育俱乐部文化再造，要从整体上确定其应该遵循的基本原则，确保职业体育俱乐部文化再造的顺利进行。

第一，系统性原则。系统性原则是进行职业体育俱乐部文化再造要坚持、遵循的首要原则。职业体育俱乐部文化作为一个整体、一个系统，其内容要素缺一不可。因此，进行职业体育俱乐部文化再造不能顾此失彼，既要充分考虑职业体育俱乐部文化内容的整体性、系统性——即物质文化、行为文化、制度文化和精神文化之间的整体性和联系性，又要充分考虑单个因素的的整体性和独特性。只有这样才能重塑完整的文化体系，并充分发挥其效用。

第二，以人为本原则。首先，从宏观视角来看，文化是人类创造的，并且文化最终还是要服务于人类。因此，人在文化中处于核心地位。纵观世界文化的发展，其继承和发展也是建立在有利于人的存在和发展的基础之上。其次，从企业文化的视角，职业体育俱乐部作为一种特殊类型的企业，其管理必然要实行企业化的管理模式，自20世纪80年代以来，西方学者中兴起的企业文化管理思潮对企业管理模式的创新与发展起到了重要的推动作用。尤其是美国学者在研究和总结日本诸多企业的迅速崛起和繁荣兴盛之后发现，日本“和”文化被企业管理者在工作场所与管理实践中的充分运用是一个重要的积极的影响因素，强调要重视员工在工作环境下的行为、态度，关注他们的切实需要，成为了“人本主义”管理思想的典型代表。再次，从员工、顾客的微观视角来看，作为一种服务型企业，职业体育俱乐部产品的生产、销售同步进行，员工与顾客的关系更为紧密，因此人本主义思想所关注的人际关系、行为特点等就显得尤为重要。可见，在职业体育俱乐部文化再造过程中坚持以人为本原则无论从宏观、中观、微观视角来看都是必须的。

第三，继承性原则。要实现文化的重新整合、重新塑造及改善，就必须先进行文化的积累、继承。文化继承性指继承职业体育俱乐部中早已存在的文化精髓——包括优良的传统、作风、文化氛围及价值观等等。当然坚持文化的继承性原则不仅是对职业体育俱乐部自身文化精髓的继承，还包括学习和借鉴其他经营较为成功的优秀职业体育俱乐部的长处及优势，如美国的四大职业体育联盟俱乐部、欧洲的诸多足球俱乐部等等。

第四，创新性原则。首先，文化的魅力恰恰在于其不断的创新和再造，如果没有创新，文化也就失去了生命力，文化的发展也将逐渐走向萎缩；其次，坚持职业体育俱乐部文化再造的创新性原则体现了其目的性，即在继承的基础上，不断给予完善、不断丰富、不断充实和发展，建立属于职业体育俱乐部自己的、独具特色的职业体育俱乐部文化，从而最终建立具有强大生命力的核心竞争力，为实现其效益服务。

第二节　职业体育俱乐部文化再造的动因

文化的创造主体是人，创造客体是自然，文化乃是人类与自然共同作用的总和。因此，职业体育俱乐部作为其中一个组成部分，就必然要受到整个外部大环境的影响与作用。此外，职业体育俱乐部本身作为一个文化体，其内部也遵循着一定的规律，因此它同时也受内部因素的控制与作用。由此看来，进行职业体育俱乐部文化再造是外部动因和内部动因所致。

一、职业体育俱乐部文化再造的外部动因

不可否认，我国职业体育俱乐部各方面的建设也取得了部分阶段性成果，但是我国职业体育俱乐部所面临的问题及整体宏观发展环境是不容乐观的。与国外百余年的职业体育俱乐部发展历程相比，无论在职业体育俱乐部管理体制与组织建设方面，还是在市场经营与商业开发、人力资源建设等方面，我国二十余年来职业体育俱乐部的发展历程都与之存在巨大差距。以我国职业足球俱乐部为例。我国职业足球俱乐部是我国职业体育俱乐部进行转型与改革的首次尝试，其发展历程大致可归纳如下：1992—1993 年的酝酿初探期、1994—1995 年的起步期、1996—1999 年的矛盾凸显期、2000—2003 年困难发展期和 2004 年至今的矛盾爆发期。2009 年国家体育总局局长刘鹏在“新中国成立 60 年体育事业发展新闻发布会”上曾经严肃指出中国足球发展水平太低，如同“无本之木”，前景堪忧。中国足球爆出的一系列丑闻令职业足球的发展一度陷入停滞与迷茫，由内及外的全面改革已是迫在眉睫。在 2014 年 12 月举行的全国体育局长会议上，足球项目管理体制改革被排在了第一位。2015 年 3 月，国务院办公厅印发《中国足球改革总体方案》，标志着我国职业足球俱乐部及联赛体制改革大幕正式开启。再以我国职业篮球俱乐部为例。我国篮球运动职业化进程始于 20 世纪 90 年代中期。发展至今，

CBA联赛已成为目前国内颇具影响力的职业体育赛事之一,拥有广泛的球迷,深受大众喜爱。然而,与国外职业篮球俱乐部的发展状况相比,我国职业篮球俱乐部在品牌知名度及社会支持度和关注度等方面存在严重不足,致使美国NBA在中国的影响力大大超越了本土CBA联赛①。可见,我国职业篮球俱乐部所面临的外部环境压力很大。同样,其他职业体育俱乐部的发展也面临着外部环境问题的考验与挑战。通过整理分析不难发现,宏观外环境对我国职业体育俱乐部的影响主要表现在以下几个方面。正是这几个方面构成了我国职业体育俱乐部进行文化再造的外部动因。

第一,我国的职业体育俱乐部是由计划经济向市场经济转化过程中的产物,社会转型对职业体育俱乐部的发展产生不小的冲击。再造理论的相关学者姜继忱②、宋云③等认为外部环境的变化,包括经济运行模式、组织发展定位的改变等都可能触发对组织实施文化或流程再造的需要。从中华人民共和国成立到改革开放,我国体育运动事业的发展一直完全处于计划经济体制控制之下,因此,各类体育项目在其职业化进程中自然要面对我国经济体制、法律体制等大环境的转型,受到或大或小的影响与作用,其中一些不利因素也表露出来。轻则影响其经营效益,重则导致其破产。目前,我国职业体育俱乐部普遍面临着较多不利因素。例如,职业体育俱乐部受计划经济体制的影响,难以在转型期内寻找到适合市场化道路的有效方法,从而致使我国职业体育俱乐部的市场开发不力,缺乏市场竞争意识,投入大于产出,以至于最后陷入恶性循环的发展环境。另外,我国相关体育法制建设尚不健全,给不法人员以可乘之机,贿赂事件层出不穷,给职业体育俱乐部的发展蒙上了又一层阴影。可见,当前我国职业俱乐部的发展正经历着社会转型及其自身发展的瓶颈。这不仅给职业体育俱乐部本身的发展带来了巨大挑战,也使职业体育俱乐部在发展过程当中呈现出诸多突出问题。

第二,职业体育运动后备人才培育体制不健全,造成职业体育俱乐部供给系统“产出量”不足,“产出水平”较低。后备人才既是职业体育俱乐部的产品,又是保障俱乐部持续竞争力的重要因素,按照姜继忱、邱泽国等学者的观点,再造有助于寻找组织新的利润增长点和可持续发展的要素。调查发现,目前我国职业体育俱乐部后备运动员的来源主要有三种:一是通过经纪人推荐;二是俱乐部发布招聘信息,运动员自主报名,然后通

---

① 张成云.职业篮球俱乐部经营战略分析[J].体育文化导刊,2009(3):74－44.

② 姜继忱,邱泽国.业务流程再造企业动因研究[J].佳木斯大学社会科学学报.2013,(6):55.

③ 宋云.解析企业文化再造的动因[J].科学学与科学技术管理.2001(12):43－46.

过测试进行选拔;三是俱乐部教练员通过观摩青少年比赛或根据比赛成绩进行选拔①。可见,随着市场经济的不断深入及职业体育俱乐部改革的持续进行,我国原有的计划经济体制下的职业体育后备人才培养和选拔模式已被逐渐打破。但到目前为止,新的适应市场经济需求的培养机制仍未建立。这不仅使各类职业体育俱乐部后备人才严重匮乏,而且也连带产生了阻碍职业体育俱乐部市场化发展的诸多不利因素。如优秀运动员的不足不可能提供高质量、高水平的比赛,从而难以形成竞争,阻碍其市场化等。此外,运动员转会章程的不完备及运动员流动渠道的阻塞,使运动员转会难以真正进入市场,也同样成为阻碍职业体育俱乐部市场化发展的重要因素。

第三,社会各界(观众、赞助商和合作伙伴)对职业体育俱乐部出现的联赛丑闻感到一次次震惊与失望,进而造成需求市场的缩小,甚至萎靡。因此,日益恶化的需求市场是职业体育俱乐部文化再造的又一外因。体育社会问题的存在是一种必然的社会现象,世界各国体育比赛中均摆脱不了种种社会问题的困扰,如球迷骚乱、服用兴奋剂、运动员资格舞弊、性别歧视等等。然而,除了以上在国际上较为普遍的体育社会问题外,我国还出现了一些更为严重的,甚至将职业体育推向死亡的社会问题,引起社会各界的震惊与叹息!"假球"、"黑哨"等问题曾经一度成为我国职业体育尤其是职业足球毁灭的催化剂。"假球"指运用金钱使某队在不可能赢的比赛中获胜或肯定能取得胜利的比赛中失利。例如,足球界中"1998 年 8 月的隋波事件"、"2001 年的'甲 B 五鼠'事件"等,不仅降低了足球的魅力,阻碍了足球事业自身的发展,更严重影响了社会大众的利益。"黑哨"是在裁判员中"流行"的又一种体育社会问题。裁判员是职业足球联赛产品的生产者、参与者,并对产品的结果具有可操控性。因此,裁判员吹"黑哨"无疑具有严重的道德文化危害性。而一些裁判员却无法抵制金钱的"魅力"和社会不良风气的干扰,丧失了职业操守。由此可见,各种利益的诱惑、体制的不完善,特别是社会不良风气及环境的影响等因素,是造成中国体育界"假球"、"黑哨"等不良现象日益猖獗的重要因素,也是我国职业体育俱乐部进行文化再造的又一外部动因。

第四,体育传播的不断商业化日渐形成对体育比赛反客为主的倾向,违背了体育运动的本质,同时也侵犯了消费者的利益。体育比赛的竞争性、精彩性和比赛结果的不确定性使体育新闻成为各大媒体争夺吸引力的一项重

---

① 米战,任海龙.我国职业篮球俱乐部后备队伍现状调查研究[J].西安体育学院学报,2007,24(4):17-19.

要内容。但体育传播媒体犹如一把“双刃剑”,不仅可以促进体育的社会化、市场化,为体育的发展做出贡献,同时,为了自身的价值利益,媒体也可能在一定程度上影响着职业体育俱乐部的发展。体育传播媒体本来是为体育事业服务的,但目前体育传播往往将商业利益摆放在第一位,或为了迎合观众,提高收视率,或为了插入更多广告、获取更多利益等等,某些体育传播媒体经常不惜以扭曲体育运动规律或本质为代价,随意更改比赛规则、延迟竞赛时间等,以至于在某些国际赛场上出现体育传播媒体干预体育比赛日程安排、影响体育项目的竞赛规则,甚至干预运动员比赛的行为。典型的案例就是 1988 年汉城奥运会,由于时差关系,许多运动项目的比赛时间恰好是美国时间的深夜及凌晨,为了不影响电视实况转播在美国的收视率及广告收入,购得转播权的美国电视商(NBC)提出改变赛程,把开幕式和部分项目的决赛安排在美国电视播出的黄金时间举行①。萨马兰奇的一席话一针见血地道出了当时媒体对体育的过分干涉:“将来的体育运动会简单地归为两类:一类是适合电视的口味,另一类则不适合,体育项目只有在属于第一类的情况下才有机会发展,否则要么衰落,要么踏步不前。”②此外,体育传播媒体为了收视率,不断追逐、播报并放大各种体育社会问题——如球迷暴乱现象、兴奋剂问题、假球、黑哨及赌球问题,给职业体育和俱乐部的发展造成巨大负面效应,同时也给社会带来诸多不安定因素。

总之,虽然我国职业体育俱乐部发展进程已经取得了令人可喜的成绩,但社会上仍然存在着诸多不利因素,阻碍着我国体育俱乐部的职业化进程,成为其顺利发展的绊脚石。由此可见,我国职业体育俱乐部发展的外环境存在诸多问题,势必影响其获得社会各界——观众、各级各类媒体、赞助企业的持续支持,势必影响俱乐部对外经营、市场开发等方面的绩效。因此,我国职业体育俱乐部唯有不断提高联赛竞技能力,提高俱乐部的美誉度,才能不断获取社会各界人士的支持,获取持续的竞争优势。所以,外部环境问题是我国职业体育俱乐部进行文化再造的外部动因。

二、职业体育俱乐部文化再造的内部动因

除了职业体育俱乐部文化再造的外部动因之外,其内部问题也是职业体育俱乐部文化再造的重要因素。从 80 年代商业化首次冲击中国体育运

---

① 邓星华.现代体育传播研究[J].体育科学,2005,25(10):23-31.

② 王庆军,杨万友.媒介全球化下我国媒体体育传播的自觉与发展对策[J].体育学刊,2008(01):62-66.

动比赛开始，到 1992 年足球率先引领职业化，90 年代后期其他项目如篮球、乒乓球、排球等也纷纷开启俱乐部职业化之路，到今天，我国职业体育俱乐部体制改革已经历了二十多年。然而，作为发展的初期阶段，其职业化进程并不顺利，存在诸多问题：政企不分、产权不清、经营管理体制不健全、专业人才匮乏等。再造理论认为，无论是发展中的组织还是面临经营困难的组织，当发现组织自身运行模式与环境不再适应，或者组织绩效已经开始走下坡路，或者可预测到将要出现绩效下降的情况时，表明有必要对组织实施某种程度的再造①。产权、管理体制等问题是严重影响组织发展的重要问题②，再造的必要性十分明显。这些因素成为我国职业体育俱乐部进行文化再造的内部动因。

第一，产权不清、政企不分是导致我国职业体育俱乐部发展陷入尴尬境地的重要内部因素。纵观国外职业体育俱乐部的成功案例，不难发现，其发展完全依照市场化的商业运营模式，产权清晰、架构合理、分工明确、各司其职，是符合现代产权制度的企业。例如，美国职业篮球联赛（NBA），其 30 家俱乐部的所有权构成基本可以分为四种类型（如表 2－1 所示）。

表 2－1　NBA 各俱乐部所有权的形式③

序号	类　型	数量（家）	产权形式	俱乐部名称
1	公众公司	2	股份制	凯尔特人、雄鹿
2	家庭或合伙	9	股份制	太阳、纽约尼克斯等
3	子公司	4	股份制	猛龙、老鹰和火箭等
4	私人公司	15	独　资	湖人、公牛等

在我国，职业体育俱乐部产权不清、政企不分现象却十分严重。主要表现有以下几种形式。一是内部产权不清。虽然大部分职业体育俱乐部在建立之初都签订了相关权责协议，但是在实际运作过程中，各方为了拥有更多的支配权和收益权，无形中并未严格遵守协议内容，从而导致职业体育俱乐部最终的恶性循环以致破产。二是政府干预行为过多。受计划经济体制的影响，政府仍然没有完全放开对职业体育俱乐部的参与和管制，从而出现政府对职业体育俱乐部干预过多的现象。政府依然扮演"官"、"民"、"商"三

① 迈克尔·哈默，詹姆斯·钱皮．王珊珊等译．企业再造：企业革命的宣言书［M］．上海：上海译文出版社，2006：5．

② 姜继忱，邱泽国．业务流程再造企业动因研究［J］．佳木斯大学社会科学学报．2013（6）：55．

③ 张成云．我国职业篮球俱乐部的产权现状及对策［J］．体育成人教育学刊，2006，22（6）：51－52．

种角色，为职业体育俱乐部的发展带来诸多不便，使其发展十分缓慢和艰难。三是职业体育俱乐部产权频繁交易，导致出现只重视眼前利益的“短期行为”，为职业体育俱乐部的长期、持续发展埋下了祸根。

第二，经营组织管理体制不健全。目前我国对职业体育俱乐部的运营管理还不习惯以市场方式配置资源，存在依赖于行政手段的状况，“等、靠、要”等思想依然严重。经营管理体育不完善体现在以下几个方面：一是管理模式方面，我国职业体育俱乐部大部分是总经理领导下的主教练负责制；二是组建形式方面，在我国职业体育俱乐部组建形式可分为两类——省、市体育行政部门（部队）与企业合作创办或企业独资创办；三是经营管理方面，一部分是体育行政（部队）自己负责，而另一部分则是两者共同管理；四是机构设置方面，我国职业体育俱乐部机构部门设置较为简单，分工比较混乱；五是转会制方面，目前我国大环境下并没有形成完善的球员转会市场。即使在职业体育俱乐部内部，球员也未必都是合同期满的自由人，球员的自由度较小；六是合同制方面，我国职业体育俱乐部合同制的实施较晚，基本处于起步阶段，极不利于自身发展。表2－2呈现了中美职业篮球俱乐部组织管理状况比较，反映出在经营管理体制方面，我国与国外职业体育俱乐部相比存在的弱势与不足①。由此可见，经营管理体制的不健全已成为影响我国职业体育俱乐部发展的内部阻力。

表2－2　中美职业篮球俱乐部组织管理状况比较

	美国职业篮球俱乐部	中国职业篮球俱乐部
管理模式	董事会领导下的总经理和总教练各负责制。权责清晰、互不干涉。	总经理领导下的主教练负责制，大多数体企合作，企业出资、体育局出人。
组建形式	一个或几个投资者，球员为商品，可以自由买卖；全面商品化的独立经济实体。	省市体育局、部队与企业合办或企业独资创办；企业出资，体育局出人、场馆；经营上或共同参与，或体育局负责。
机构设置	部门设置合理，分工明确、相互配合。	部门设置简单粗放，近3成俱乐部无机构设置。
转会制	球员转会市场完善，自由选择去向，市场机制调节。	转会机制不完善，球员自由度极小，大多无能力正常转会，存在转会壁垒。
合同制	俱乐部与球员、教练员、各级工作人员合同完善详尽，具有极强法律效力。	合同不合理或根本没有合同，大多无法正常实施合同。

注：来源于林裕开.中美职业篮球俱乐部比较研究[J].惠州学院学报（自然科学版），2006，26(6)：70－74.

① 林裕开.中美职业篮球俱乐部比较研究[J].惠州学院学报（自然科学版），2006，26(6)：70－74.

第三，自身“造血”功能不足，融资渠道不完善。职业体育俱乐部经营具有耗资量大、回报周期长等特点，因此，资金是职业体育俱乐部长久、持续发展的基本条件和根本保障。职业体育俱乐部作为企业，应该具备自给自足的盈利能力。而我国的实际情况却十分尴尬——16 支中超足球俱乐部通过门票销售、广告赞助、球员转会等市场化手段获取的收入大约占到其总支出的 10%，CBA 俱乐部的市场融资水平大约占到其总支出的 1/3①。绝大多数俱乐部处于亏损状态。造成我国职业体育俱乐部自身“造血”功能严重不足的原因很多，除了宏观环境状态不佳、产权不清、经营管理体制不健全等因素外，融资渠道不完善及融资动机不单纯等，也是导致这一现象的诱因之一。当前，我国职业体育俱乐部资金来源主要有三种形式：一是由体育局和赞助企业共同负责；二是由赞助企业全额投入；三是由体育俱乐部（企业）自己负责。无论在哪种方式下，俱乐部的门票收入、冠名权收入、广告收入等开发能力较弱，远远不能满足职业体育俱乐部对资金的需求。此外，融资动机不单纯表现在，我国企业投资职业体育俱乐部的目的往往只是将其作为企业广告宣传的载体，并未考虑职业体育俱乐部的长期运作与开发，严重影响和制约了我国职业体育俱乐部的发展。

第四，专业经营管理人才匮乏。我国职业体育俱乐部管理运行体制落后，观念陈旧，很大原因在于专业经营管理人才匮乏。人是生产力中最活跃、最能动的因素，因此，经营管理者的专业能力、管理水平等综合素质，对职业体育俱乐部的发展起到决定生死的效应。纵观美国 NBA 的建立、成长到成功，都离不开出色的领导人才，如第一任总裁普多洛夫、第四任总裁大卫·斯特恩等，均以出色的管理才能和超人一等的战略眼光，为打造 NBA 这一世界知名品牌立下了汗马功劳。而我国职业联赛及职业体育俱乐部从建立之初到现在，鲜有专业化精英管理人才实施运作，从而使其一次次陷入困境。可见，专业经营管理人才匮乏是我国职业体育俱乐部文化再造的又一内因。

总之，我国职业体育俱乐部政企不分、产权不清、经营管理体制不完善、专业人才缺失及急功近利的“短期行为”，不仅给自身发展带来诸多不利因素——球场腐败滋生蔓延，联赛质量下降，俱乐部的知名度、美誉度、信誉度衰弱，而且使俱乐部出现入不敷出的财政危机，连年亏损。联赛的公平与效益的缺失，更引发了外部环境的进一步恶化，降低了其在社会各界中的公信力和支持度，引发社会各界的信任危机，致使职业体育联赛的观众上座率不

① 刘慧.我国职业体育俱乐部融资方式研究[D].北京：北京体育大学，2013：18.

高,赞助商和合作伙伴频频更换等,使职业俱乐部的发展陷入十分尴尬的境地。因此,我国职业体育俱乐部应审时度势,以挑战危机为契机,重新审视管理方式与经营战略,持续推进内部发展与改革,加强内部文化再造。由此可见,职业体育俱乐部自身发展及内部改革的需求,是其文化再造的内部动因。

第三节　职业体育俱乐部文化再造的类型

目前我国众多职业体育俱乐部在发展水平上表现为参差不齐、悬差较大,但总体来说,我国职业体育俱乐部均处于发展的初级阶段,某些职业体育俱乐部还具有共同的发展特征。因此,根据当前我国职业体育俱乐部的整体状态及表现形式,可将职业体育俱乐部文化再造划分为四个类型,即正常发展中的职业体育俱乐部文化再造、更改名称后的职业体育俱乐部的文化再造、面临困境发展中的职业体育俱乐部文化再造和面临破产中的职业体育俱乐部文化再造。根据再造理论鼻祖哈默和钱皮的观点,再造并非只适用于陷入困境的组织,而是组织追求更高绩效的手段和方法①。

一、正常发展中的职业体育俱乐部文化再造

正常发展中的职业体育俱乐部,是指其当前职业体育俱乐部的整体文化与职业体育俱乐部的发展基本吻合或略有偏差,具体表现有:职业体育俱乐部的发展能够适应市场的变化规律、其运行机制较为正常、经营状况较为良好、竞赛产品质量较好等等。但是这并非意味着这类职业体育俱乐部可以高枕无忧。因为在当前知识、科技、信息等瞬息万变的时代,职业体育俱乐部需要随时应对内外环境的变化与趋势,并不断对其文化做出调整和完善。因此,需要充分坚守职业体育俱乐部文化再造的时代性特征,促使正常发展中的职业体育俱乐部向世界一流品牌发展。

(一)正常发展中的职业体育俱乐部文化再造的目标

处于正常发展中的职业体育俱乐部进行文化再造有两个主要目的。首先,对正常发展的职业体育俱乐部存在的各种小问题进行持续不断的文化结构调整,使其适应内外环境的不断变化,维持职业体育俱乐部的原有发展

---

①　迈克尔·哈默,詹姆斯·钱皮.企业再造:企业革命的宣言书[M].上海:上海译文出版社,2006:25.

速度;其次,在保持其正常发展的基础之上,要坚持文化再造的创新性原则,对职业体育俱乐部文化进行持续的补充、拓展和创新,全面提升综合实力和竞争力,以达到职业体育俱乐部超越自身并保持持续、健康发展的目的。

(二)正常发展中的职业体育俱乐部文化再造的条件

第一,要对正常发展中的职业体育俱乐部所进行的文化再造有正确的认识。长期受中国儒家思想的影响,大部分国人形成了随遇而安、避免竞争的处事态度及方式。因此在正常发展的职业体育俱乐部中,各机构设置合理,各方面运转正常,人们相安无事,“一贯的惰性”使职业体育俱乐部员工认为,在职业体育俱乐部正常发展的情况下进行职业体育俱乐部的文化再造是没有必要的,甚至会是一种浪费。那么,如果职业体育俱乐部中从领导层到下层员工对正常发展中的职业体育俱乐部所进行的文化再造没有正确认识,必然导致职业体育俱乐部文化再造的失败或根本不可能进行。因此,职业体育俱乐部各机构领导层必须首先认识到职业体育俱乐部文化再造的重要性,时刻具有忧患意识,随时洞察职业体育内外环境的变化,及时调整发展战略及目标;其次,要做好各部门员工的相关工作,提高员工的革新意识,宣传文化再造的意义及作用,提高员工对职业体育俱乐部文化再造的重视程度。只有职业体育俱乐部全体员工对正常发展中的职业体育俱乐部所进行的文化再造产生足够正确的认识,才能具备文化再造的初步基本条件——领导层的宏观决策和员工的具体实施。这些都为文化再造的成功及职业体育俱乐部向更高目标前行奠定了良好的基础。

第二,把握正常发展中的职业体育俱乐部实施文化再造的目标及影响。首先,对于正常职业体育俱乐部实施文化再造,其目标既不可能像更改名称、处于困境或面临破产的职业体育俱乐部实施文化再造所具有的目标那样清楚、明显、易懂,也不会使职业体育俱乐部取得突飞猛进的效果,甚至有时所进行的文化再造反而会产生一定的负作用;其次,职业体育俱乐部长期的稳定性和惰性可能会使其文化再造目标蒙上一层阴影,对文化的更新和创新产生阻碍作用,以至于使职业体育俱乐部在发展过程中逐渐出现文化不能适应其发展需求的现象。因此,对正常发展中的职业体育俱乐部实施文化再造,一定要确立清晰的目标,要对全体员工进行文化再造目标的教育与宣传,引起员工对长期进行文化再造作用的足够认识。除此之外,还要进行目标效果的通告和宣传——目标的实现将对职业体育俱乐部的发展产生何种程度的影响和作用。职业体育俱乐部只有保持永不自满的态度,不断坚持文化的微调和创新,才能获得兴旺不衰的发展历程。

二、更改名称后的职业体育俱乐部文化再造

一个职业体育俱乐部的名称和一个人的名字一样，具有专有性和独特性。一个好听的、独具特色的、耳熟能详的名称，能够为职业体育俱乐部的发展注入长久而鲜活的生命力。我国职业体育俱乐部的发展过程中，其命名也包含有一定的渊源，但是受各种因素的干扰，我国许多职业体育俱乐部没能在其命名中渗透出深刻的文化蕴味，而是出现频繁更改名称的现象。刘凤婷、张四清①的研究显示，我国职业体育俱乐部的命名大致表现出以下几种规律，从一开始的“地名+企业冠名”到现在的“地名+企业+商业冠名”，商业味十足。鉴于此，我们认为进行文化再造是职业体育俱乐部能否成功的一个重要原因。

（一）更改名称后的职业体育俱乐部文化再造的目标

我国职业体育俱乐部名称从一开始就被赋予很强、很浓的商业色彩，而忽略了其长期发展的目标及对品牌效应形成的影响与作用。因此，进行更改名称的职业体育俱乐部文化再造的目标，首先是效仿和借鉴国外成功职业体育俱乐部名称命名的经验，以塑造优质品牌战略为目的，选用易记、中性且具有一定意义的名称；其次，要在继承职业体育俱乐部、地方、商业赞助商等各方优秀文化内涵的基础上，实施文化的调整与创新，逐步实现促进各方共同发展、共同受益的目的。

（二）更改名称后的职业体育俱乐部文化再造的条件

第一，不仅要清楚地把握地方、职业体育俱乐部和赞助商等各方的优秀文化，更要以职业体育俱乐部长期发展为目标，把握重点文化。名称作为社会大众认知、熟悉某个职业体育俱乐部最为快捷的窗口，每更换一次都将给社会大众带来认识的误区，同时也会给职业体育俱乐部的发展造成重大损失。因此，在我国这样具有特殊国情的市场经济中，要想对这类职业体育俱乐部成功实施文化再造，其首要条件就是要充分考虑地方、职业体育俱乐部、赞助商等各方利益，为职业体育俱乐部发展赢得机遇；其次，要以职业体育俱乐部的长期发展和成功塑造品牌效应为目标，在充分考虑地方、职业体育俱乐部、赞助商等各方文化的基础上，把握重点文化。纵观国外职业体育俱乐部名称命名，大多数是以地名为主、一定修饰语为辅的中性称谓，如纽约扬基队、洛杉矶湖人队、芝加哥公牛队。我国的职业体育俱乐部命名虽然

---

① 刘凤婷，张四清.职业体育俱乐部名称与品牌塑造关系研究[J].体育与科学，2005，26(6)：45－47.

从中汲取了一定的经验，但在具体运用过程中却忽视了重点文化的价值与作用。“地名+企业+商业冠名”的命名模式极不利于职业体育俱乐部长期、稳定的发展。眉毛胡子一把抓，必然导致失去重心，失去平衡。因此，我国职业体育俱乐部命名要以国外成功职业体育俱乐部名称命名经验为借鉴，打造响亮的职业体育俱乐部名称。

第二，要及时排除影响或制约更改名称后职业体育俱乐部文化的矛盾与冲突。要将众多的文化重新融合为一个新的、具有较强活力的整体，不仅需要长期的过程，更需要耐心的经营与打理，以避免文化相互矛盾和冲突对其融合过程造成不必要的浪费和麻烦。例如，受我国计划经济体制的影响，我国职业体育俱乐部在发展过程中曾经受政府部门的管控，商业化运行以后，赞助商为了达到更好的宣传效果及获取更多的利益，看中“职业体育俱乐部名称招牌”这块肥肉，而强行加入自己的文化。由此可见，如果不能排除这些冲突与矛盾，不仅会影响职业体育俱乐部的发展，严重者还会产生负作用，导致职业体育俱乐部走入困境或面临新一轮的名称更迭。除此之外，还要严防强势文化的不良攻击。目前各方文化中最强势的仍然是我国地方政府文化，这在一定程度上阻碍了职业体育俱乐部进程。因此，领导层应该对此形成明确的认识，要以职业体育俱乐部自身文化为主，以其他文化为辅，建设职业体育俱乐部所独有的优秀文化。

三、面临困境发展中的职业体育俱乐部文化再造

面临困境发展中的职业体育俱乐部，是指在某一时期，由于受到内外环境及其他因素的影响，职业体育的经营管理效率逐渐下降，运行机制不能适应当前的发展状况，员工工作效率及士气出现低落，等等，从而造成职业体育俱乐部竞争力减弱，难以维持原有的发展速度。如果不及时进行维护、修整，就有可能使面临困境的职业体育俱乐部向更为糟糕的状况——破产转变。因此，我们认为有必要对面临困境发展中的职业体育俱乐部进行部分层面的文化再造。这样不仅有利于及时摆脱困境，恢复正常运营，甚至有可能走上实现超常规发展之路，为造就辉煌明天铺垫道路。

（一）面临困境发展中的职业体育俱乐部文化再造目标

面临困境的职业体育俱乐部虽然遇到了一些棘手问题，但是只是出现在局部，表现为职业体育俱乐部的部分结构遭遇挫折，不能适应其发展的需求，从而影响其整个进程。如果能及时发现并实行补救，就能够在很大程度上帮助职业体育俱乐部解决问题。因此，面临困境发展中的职业体育俱乐部文化再造的目的，主要是调查发现阻碍职业体育俱乐部发展的影响因素，

通过改造和完善职业体育俱乐部中消极与滞后的文化,使其重新适应职业体育俱乐部的发展,从而最终使职业体育俱乐部摆脱当前困境,恢复正常发展。

(二)面临困境发展中的职业体育俱乐部文化再造条件

第一,要准确判断当前职业体育俱乐部文化中的阻碍因素。通过以上分析,我们知道,面临困境的职业体育俱乐部实施文化的重新整合、重新完善和创新,是帮助职业体育俱乐部解决问题、摆脱困境、恢复生机的重要举措与方案。因此,对于面临困境的职业体育俱乐部而言,首要问题是要准确、高效地查找当前职业体育俱乐部文化中出现的问题——即阻碍职业体育俱乐部发展或导致其陷入困境的影响诱因,这是最为基本的条件,如果在查找过程中出现任何疏忽、错误或遗漏,都将会导致职业体育俱乐部文化再造出现不必要的麻烦,甚至是失败;其次,制定相应的文化再造方案及实施举措,以消除职业体育俱乐部中消极和滞后的文化部分,达到解决问题的目的。

第二,要正确把握面临困境中的职业体育俱乐部文化再造的时机。与其他类型的职业体育俱乐部实施文化再造的某些基本条件一致,面临困境的职业体育俱乐部实施文化再造能否取得成功的一个重要条件,就是要正确把握文化再造的时机。如果没有及时把握时机或时机不成熟,都将导致职业体育俱乐部在发展中不能应对面临的困境而致使情况进一步恶化。一般来说,职业体育俱乐部作为一个营利性的、以比赛为产品的特殊企业,在其部分出现较严重的问题时——竞赛产品质量下降而引起整个产业链脱节,如门票销售不理想、赞助商退出等,就应该开始逐渐展开职业体育俱乐部文化再造。因此,对这些即将为职业体育俱乐部的发展造成持续重创的问题,要时刻提高警惕,积极主动备战,将其扼杀在萌芽状态。

四、面临破产中的职业体育俱乐部文化再造

经济意义上的破产是指债务人的一种特殊经济状态,即指债务人的全部资产已无力支付到期债务,而不得不通过一定法律程序倾其全部资产以偿其债务,从而使债务人免除不能清偿的其他债务。破产或停止经营是职业体育俱乐部发展面临的最糟糕状况。从文化角度来看,是指职业体育俱乐部文化不仅不能适应或促进职业体育俱乐部发展,相反在很大程度上成为职业体育俱乐部发展的障碍或威胁。因此,面临破产的职业体育俱乐部不能因此而消极怠慢或一蹶不振,反而应该勇敢面对,重整职业体育俱乐部优秀文化,尤其是核心价值观文化,团结员工,提高士气,凝聚战斗力,带领

职业体育俱乐部摆脱困境，恢复发展活力。

（一）面临破产中的职业体育俱乐部文化再造的目标

当职业体育俱乐部在发展过程中面临破产状况时，其中的不利因素不仅仅停留在文化的表层，应该已经深入到核心领域——精神价值观层面。因此，对面临破产中的职业体育俱乐部实施文化再造，要以全面、彻底地挖掘和根除职业体育俱乐部文化最深层矛盾为最终目的，从物质层次、行为层次、制度层次和精神层次实施层层突破、层层改善，使面临破产的职业体育俱乐部逐渐走出困境，渡过难关，步入正常发展轨道。

（二）面临破产中的职业体育俱乐部文化再造的条件

第一，认清面临破产的职业体育俱乐部文化再造的必要性，提高全体员工的认可度、支持度。人是生产经营中最活跃、最积极，同时也是最为重要的因素。对于面临破产的职业体育俱乐部，全体员工几乎会一致默认职业体育俱乐部已被贴上死亡标签，因此会出现士气低下、心灰意冷，甚至做好跳槽的准备。这对职业体育俱乐部文化再造工作的进行是一种极大的阻力和障碍。因此，要想成功实施职业体育俱乐部文化再造，带领职业体育俱乐部走出困境，就必须取得全体员工的积极支持和配合，坚定信念，意识到职业体育俱乐部进行文化再造的迫切性与重要性。需要重点注意以下几点：一、要大力宣扬职业体育俱乐部进行文化再造的目标，指出职业体育俱乐部文化再造的重要意义，重新点燃员工的工作热情和信心；二、要强调职业体育俱乐部目前所面临的窘困，引起员工的危机意识，坚定参与职业体育俱乐部文化再造的信念；三、要周密布置职业体育俱乐部文化再造全过程，对员工实施相关原则、内容、流程等培训工作，使员工切实感受到文化再造工作的重要性和科学性，使员工更加坚信，实施文化再造必定能带领职业体育俱乐部走出当前困境，重新步入正轨。

第二，深究职业体育俱乐部文化再造深层次问题，把握文化再造的最佳时机。对面临破产的职业体育俱乐部实施的文化再造，与其他类型的职业体育俱乐部进行的文化再造有本质区别。当职业体育俱乐部因为种种原因而面临破产时，职业体育俱乐部所出现的问题不再是小问题或局部问题，而是大范围、深层次的问题与矛盾。因此，在职业体育俱乐部面临破产之际，要想恢复活力，就首先要全面、详细地调查和分析导致职业体育俱乐部陷入困境的关键性与致命性影响因素，并对其展开深入探讨；再者，要及时把握进行职业体育俱乐部文化再造的时机，要在危机突然出现时，抓紧时间修整。这对保证职业体育俱乐部文化再造取得成功是一个至关重要的环节。

第四节　职业体育俱乐部文化再造的模式

我们从第三节的分析可以清楚地知道,根据职业体育俱乐部的发展阶段及水平,可以将职业体育俱乐部文化再造划分为不同类型,而不同类型的职业体育俱乐部文化再造则需要不同的模式。下面我们将职业体育俱乐部文化再造模式的划分、选择及应用作分别介绍。

一、职业体育俱乐部文化再造模式的划分

虽然所有职业体育俱乐部的发展水平总体呈参差不齐,且各具有独特的发展特征,即使是同一个职业体育俱乐部在其不同发展阶段也表现出不同特点,但是从整体角度来看,某些职业体育俱乐部在发展过程中又会呈现出基本相同的发展状态及趋势。因此,职业体育俱乐部在进行文化再造时有必要选择与自身相对应的文化再造模式。在职业体育俱乐部文化再造模式划分方面,我们主要依据第三节中提到的——所有职业体育俱乐部在发展过程中表现的相似特征和各个职业体育俱乐部的自身发展状态,将职业体育俱乐部文化再造模式划分为四类,即渐进式职业体育俱乐部文化再造、融合式职业体育俱乐部文化再造、修补式职业体育俱乐部文化再造和突变式职业体育俱乐部文化再造。这四类职业体育俱乐部文化再造模式与职业体育俱乐部文化再造类型一一对应。

(一)渐进式职业体育俱乐部文化再造模式

渐进式职业体育俱乐部文化再造模式指的是在职业体育俱乐部的正常发展过程中,其领导者为了形成更强劲的市场竞争力,以促使其更好地发展,而采取的一系列拓展和创新措施。它的提出主要针对正常发展的职业体育俱乐部文化再造类型,是一种最为主动、积极的文化再造模式。渐进式文化再造的原因有二:其一,职业体育俱乐部文化再造时刻受到外环境和内部因素不断变化的影响,如果不及时做出调整以应对变化,职业体育俱乐部就有可能遭受大的变故;其二,处于正常发展的职业体育俱乐部同样需要拓宽规模,提升目标。因此,渐进式职业体育俱乐部文化再造模式针对此类问题,在职业体育俱乐部整个正常发展阶段,致力于不断进行预期目标、规章制度、人员配备等各个结构的微调。其目的是在保证职业体育俱乐部正常发展的基础上,对其文化进行不断的检查和修整,促进其向更高的目标前行。

（二）融合式职业体育俱乐部文化再造模式

融合式职业体育俱乐部文化再造模式的提出，主要针对更改名称后的职业体育俱乐部文化再造类型，是一种相对较为主动的文化再造模式。频繁的名称更迭是我国职业体育俱乐部发展过程中一种较为特殊的表现形式，并且大部分职业体育俱乐部的每次名称更换均掺杂着赞助商的变换，因此，这同时意味着相关营销方式、营销目的不断变化，这极不利于职业体育俱乐部的长期发展。而融合式职业体育俱乐部文化再造模式正是针对此类问题，着重于从职业体育俱乐部和赞助商，直至合作开始一段时间内制定和实施文化的重新整合和调整，旨在继承各方优秀传统文化的基础上，逐步实现促进各方共同发展、共同受益的目的。

（三）修补式职业体育俱乐部文化再造模式

针对面临困境的职业体育俱乐部文化再造类型，我们提出了修补式职业体育俱乐部文化再造模式，指的是当职业体育俱乐部文化与职业体育俱乐部的发展不相适应，甚至成为职业体育俱乐部发展的阻碍因素时，职业体育俱乐部所实施的对这些不利因素或弊端进行修复的行为，是一种相对较为被动的文化再造模式。需要提醒的是，这些行为往往发生在困境刚刚开始或即将出现之际，不会对职业体育俱乐部的发展造成致命性的打击。修补式职业体育俱乐部文化再造模式的目的，是通过整合和改造职业体育俱乐部中消极的和滞后的文化，使职业体育俱乐部摆脱阴影，重新步入正轨。

（四）突变式职业体育俱乐部文化再造模式

针对面临破产的职业体育俱乐部文化再造类型，我们提出了突变式职业体育俱乐部文化再造模式，指的是职业体育俱乐部发展过程中出现与其发展严重不相符，甚至可能将职业体育俱乐部推向死亡边缘的职业体育俱乐部文化时所采取的一系列抢救措施，是最为被动、最为消极的职业体育俱乐部文化再造模式，也是一种应急式的文化再造模式。职业体育俱乐部发展到濒临破产，原因众多。从文化角度来看，可能由于文化长期不适应的积淀或者突如其来的变故和灾难对职业体育俱乐部造成了重创，而最终导致职业体育俱乐部酿成悲剧。由此，需要进行突变式职业体育俱乐部文化再造模式的职业体育俱乐部的文化，已由浅至深、由里至外出现严重危机，不仅包括物质层面，更涉及制度层面及核心价值观层面。因此，进行突变式职业体育俱乐部文化再造，就要从挖掘其文化症结着手，彻底改造、层层突破。只有这样，才能使面临破产的职业体育俱乐部彻底解决问题，逐渐走出困境，渡过难关。

二、职业体育俱乐部文化再造模式的选择

（一）选择职业体育俱乐部文化再造模式的目的

第一，选择职业体育俱乐部文化再造模式是文化再造的重要基础，有利于职业体育俱乐部制定和建立属于自己的、最合适的文化再造模式和方案。职业体育俱乐部文化再造模式的划分建立在对职业体育俱乐部所处宏观环境和自身发展状态全面了解的基础之上，因此成功选择职业体育俱乐部文化再造模式，就等于正确分析职业体育俱乐部的自身发展状态和面临的外部环境，是对职业体育俱乐部当前整体文化状态的准确把握。由此可见，职业体育俱乐部文化再造模式的选择是职业体育俱乐部文化再造能否取得成功的关键因素，也是基本前提。

第二，正确选择职业体育俱乐部文化再造模式是文化再造的重要保障，有利于职业体育俱乐部进一步完善和顺利实现预期目标。首先，选择职业体育俱乐部文化再造模式有助于职业体育俱乐部把握文化再造的最佳时机，为职业体育俱乐部文化的成功再造起到进一步保障作用；其次，在文化再造之前，预先掌握职业体育俱乐部所面临的各种困境或问题，这样也就在很大程度上让职业体育俱乐部清楚地认识到文化再造的目标任务。职业体育俱乐部文化再造模式的选择是职业体育俱乐部文化再造目标能否顺利实现的重要保障。

（二）选择职业体育俱乐部文化再造模式的标准

在进行职业体育俱乐部文化再造模式划分时，我们主要考虑所有职业体育俱乐部的大致表现状况。然而，每个职业体育俱乐部在自身发展过程中也具有一定的生命周期性——创业期、成长期、成熟期和衰退期四个阶段①。因此，我们认为在选择职业体育俱乐部文化再造模式时，应主要考虑以下两个标准：

第一，选择职业体育俱乐部文化再造模式必须能够准确无误地判别当前职业体育俱乐部所处的整体发展状态。在第三节中，我们依据目前我国职业体育俱乐部发展的整体表现形式，将职业体育俱乐部文化再造划分为正常发展中的职业体育俱乐部文化再造、更改名称后的职业体育俱乐部的文化再造、面临困境发展中的职业体育俱乐部文化再造和面临破产中的职业体育俱乐部文化再造四个类型，并详细阐述了各个类型的表现特征与特点。因此，我们认为首先有必要进行职业体育俱乐文化再造类型的判断，这

---

① 李彬.从 BSC 看企业生命周期各阶段的特点[J].商场现代化，2010(5)：21.

是对正确判断职业体育俱乐部当前所处整体发展状况和选择职业体育俱乐部文化再造模式时的重要依据和条件。

第二,选择职业体育俱乐部文化再造模式必须能够准确无误地判别当前职业体育俱乐部自身所处的发展阶段。依据李彬的企业生命周期理论,职业体育俱乐部的生命周期可以分为创业期、成长期、成熟期和衰退期四个阶段。而在每个时段,职业体育俱乐部都具有各自的发展特征和特点。处于创业期的职业体育俱乐部代表其从无到有,特征一般表现为规模和实力比较小,经营管理体制等方面存在不足,产值、利润及市场竞争力较弱等;成长期的职业体育俱乐部则处于由小到大、由弱到强的过渡时期,其规模、实力发展速度较快,经营管理体制不断完善,产值、利润等不断提高,并具备了初步的市场竞争力;成熟期的职业体育俱乐部,在各个方面均已取得一定的成效,经营管理体制日臻成熟与完备,能够最大限度地实现盈利目标,具备较大的规模和市场占有率,建立了较为良好的品牌效应,但这一时期的发展速度较为缓慢;衰退期的职业体育俱乐部,由于各种原因,其各种要素均出现低效率状态,市场竞争力不断减弱,员工工作效率不断下滑,等等。正所谓知己知彼,百战不殆。可见,能够准确无误地判别当前职业体育俱乐部的自身发展阶段,是选择职业体育俱乐部文化再造模式的重要依据之一。

三、职业体育俱乐部文化再造模式的应用

职业体育俱乐部文化再造模式的正确划分和选择,可以为职业体育俱乐部长期、稳定、持续的发展提供实践指导性意见。然而一套系统完整的职业体育俱乐部文化再造应用模式,并不仅仅停留在对其划分和选择的简单认识层面,具体包括如下步骤:职业体育俱乐部文化再造前的诊断、职业体育俱乐部文化再造方案的制定与实施、职业体育俱乐部文化再造的效果评价及反馈(如图 2-4)。

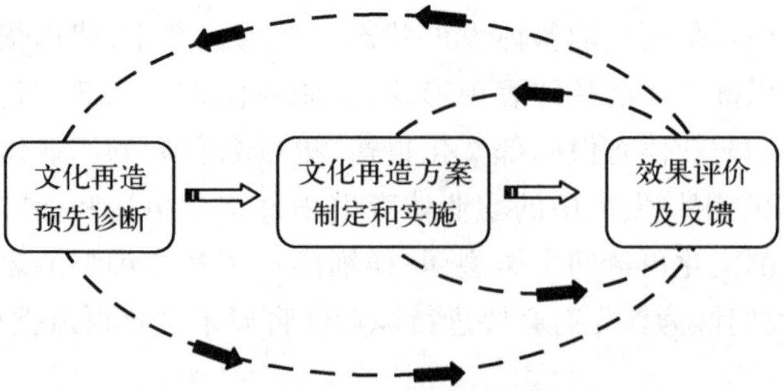

图 2-4 职业体育俱乐部文化再造模式应用

（一）职业体育俱乐部文化再造前的诊断

职业体育俱乐部文化诊断，就是首先要对职业体育俱乐部文化的现状进行全面深入的了解，寻找存在的问题及根源。预先诊断是选择职业体育俱乐部文化再造模式的重要前提和依据，是顺利应用职业体育俱乐部文化再造模式的首要条件。职业体育俱乐部文化再造前的诊断主要包括：一、对职业体育俱乐部所处当前宏观环境状况的全面诊断——即外部环境诊断；二、对职业体育俱乐部整体发展阶段及自身状况的诊断——即内部情况诊断。

第一，对职业体育俱乐部外部环境的诊断。在本章第二节中我们已经提到，职业体育俱乐部所处的宏观外环境是其进行文化再造的外部动因。关于综合外环境的各种因素，首先是国家在社会转型期制定与出台的相关政策在很大程度上影响着我国职业体育俱乐部的发展方向与规模；其次，同行业的竞争亦是其发展的重要对照依据；再者，市场的相关需求是其发展的动力；另外，体育相关传播媒体对其发展产生着至关重要的影响作用。因此，正确进行宏观外环境的诊断，首先要及时了解、掌握国家相关政策的动向、趋势及同行业的市场竞争力；其次要全面调查相关市场的需求水平及相关体育传播媒体的作用影响力。只有这样，才能准确判断职业体育俱乐部所处的宏观外部环境对其发展起推动作用还是阻碍作用或是平衡作用，才能为职业体育俱乐部文化再造方案的制定打下良好基础。

第二，对职业体育俱乐部内部情况的诊断。职业体育俱乐部整体发展阶段及自身状况是职业体育俱乐部进行文化再造的内部动因。依据第二节中所提到的文化再造内部影响因素——产权不清与政企不分、经营组织管理体制不健全、“自身造血”功能不足、融资渠道不通畅及专业经营管理人才匮乏等等，可以看出，对职业体育俱乐部整体发展阶段及自身状况的诊断具体包括：一、目前职业体育俱乐部的所有制形式及企业和政府各自所占比例或份额及对职业体育俱乐部的影响力大小；二、判断当前职业体育俱乐部的经营管理现状及相关规章制度的健全程度；三、评估当前职业体育俱乐部的亏损或盈余状况，深入分析当前的所有融资方式；四、调查职业体育俱乐部专业经营管理人才所占比例及发挥的作用等。只有这样，才能大致确定当前职业体育俱乐部自身所处的发展阶段，才能确立职业体育俱乐部文化再造的模式类型。

（二）职业体育俱乐部文化再造方案的制定与实施

在对职业体育俱乐部文化环境作出全面综合分析和判断的基础上，才能进一步确定职业体育俱乐部文化再造的内容，制定方案及实施路径。这是进行文化再造的重要内容,亦是关键环节。

第一,职业体育俱乐部文化再造内容的确定。虽然我们在本章第二节中明确提到,职业体育俱乐部文化再造内容包括五个部分,即职业体育俱乐部组织再造、制度再造、人力资源再造、理念系统再造和形象再造。但在具体实践当中,由于各个职业体育俱乐部所面临的现实情况各有差别,即使是同一职业体育俱乐部在其不同时期也面临不同的发展状况,因此,各职业体育俱乐部应该在文化再造诊断的基础上选取并确定自身的文化再造内容,为下一步及整个目标的实现做好充分准备。

第二,职业体育俱乐部文化再造方案的制定。职业体育俱乐部文化再造方案的制定,是指在全面调查和了解职业体育俱乐部文化状况,确定其存在的问题及确定文化再造内容的基础上,研制文化再造的具体步骤,主要包括拟定要达到的预期目标,预算相关经费问题,相关材料及数据的收集及对数据的统计、整理和分析等。应当特别注意的是相关材料与数据的收集、整理和分析,因为其中的每一步骤都涉及文化再造能否成功。

第三,职业体育俱乐部文化再造方案的实施。职业体育俱乐部文化再造方案的顺利实施,首先需要设置合理、完善的组织机构,实行人岗匹配,工作人员执行高效。这是职业体育俱乐部文化再造方案得以顺利实施的最基本条件;其次,制定完善且具有权威性的管理规章与条例,使其成为职业体育俱乐部文化再造的制度保障;再者,实施前还要进行全体工作人员的培训工作,告知其当前职业体育俱乐部面临的状况或困境及实施文化再造的动因,明确要达到的目标任务,以及实施文化再造方案的大概程序和实施过程中应该注意的事项等等,以保证文化再造方案顺利、有效地实施;最后,依照原计划方案,展开职业体育俱乐部文化再造方案的实施工作。

(三)职业体育俱乐部文化再造的效果评价及反馈

在职业体育俱乐部文化再造结束之后,需要对其效果进行详细评价和及时反馈。职业体育俱乐部文化再造的评估与反馈,就是以先前确定的再造的计划和目标为标准,判断当前职业体育俱乐部文化再造的结果是否与预期目标相吻合,是否能够解决并改善当前的职业体育俱乐部面临的困难和问题等。

值得注意的是,进行职业体育俱乐部文化再造效果的评价与反馈,不仅仅是在文化再造过程结束之后,而应该贯穿于整个过程,且是一个循环往复的过程。因为效果评价与反馈的结果,在保持职业体育俱乐部文化再造方案正确制定与合理实施的过程中,担当着调节剂、指挥棒的作用,如果反馈不及时就可能造成失误或不必要的浪费和损失。

小 结

职业体育俱乐部文化再造不仅是一个实践的过程,同时也需要坚实雄厚的理论作为指导。本章首先探讨职业体育俱乐部文化再造的基础理论,包括对职业体育俱乐部文化再造的相关概念内涵、特征、目标任务和基本原则及职业体育俱乐部文化再造的内容要素等的梳理,以便为进一步的探究作好铺垫。其次,在第二节探讨了职业体育俱乐部文化再造的两个动因即内部动因和外部动因。另外,我们认为,虽然从总体来说当前我国职业体育俱乐部的发展处于初级阶段,但是各个职业体育俱乐部也呈现各自独特的外貌特征。基于此,本章阐述了职业体育俱乐部文化再造的类型——正常发展中的职业体育俱乐部文化再造、更改名称后的职业体育俱乐部的文化再造、面临困境发展中的职业体育俱乐部文化再造和面临破产中的职业体育俱乐部文化再造,并探讨了与这四个类型相对应的职业体育俱乐部文化再造模式,包括模式的划分、模式的选择和模式的应用,为不同类型职业体育俱乐部的文化再造提供了理论指导。

主要参考文献

[1] KETTINGER W. J., GROVER V. Toward a Theory of Business Process Change. Journal of Management Information Systems[J]. 1995, 12(1): 9 - 30.

[2] LEWIS P. S., GOODMAN S. H. FANDT P. M. Management: Challenges in the 21st century[M]. OH, US: South-Western College Pub, 1998: 372.

[3] OMIDI A., KHOSHTINAT B. Factors Affecting the Implementation of Business Process Reengineering: Taking into Account the Moderating Role of Organizational Culture (Case Study: Iran Air)[J]. Procedia Economics and Finance, 2016(36): 425 - 432.

[4] SUTCLIFFE N. Leadership Behavior and Business Process Reengineering (BPR) Outcomes[J]. Information and Management, 1999, 36(5): 273 - 286.

[5] WILLIAMS A, DOBSON P. WALTERS M. Changing culture[J]. Institute of Personnel Management, 1989(5): 43 - 57.

[6] WILLMOTT H., WRAY-BLISS E. (1996) Process Reengineering, Information Technology and the Transformation of Accountability: The Remaindering of the Human Resource?. In: Orlikowski W. J., Walsham G., Jones M. R., Degross J. I. (eds) Information Technology and Changes in Organizational Work. IFIP Advances in

Information and Communication Technology. Springer, Boston, MA.
[7] YANG H. CH. Business Process Reengineering Based on Workflow Technology[J]. Key Engineering Materials, 2011, 1244(474): 1500 - 1506.
[8] 邓星华.现代体育传播研究[J].体育科学,2005,25(10): 23 - 31.
[9] 董佳华,尤龙,段娟娟,冯少兵.职业篮球俱乐部形象再造若干问题的探讨[J].沈阳体育学院学报,2010,29(4): 39 - 42.
[10] 姜学敏等.山东企业文化建设[M].北京: 人民出版社,1998: 3,51.
[11] 黎永泰.从管理的演进认识企业文化的本质[J].东南大学学报,2008,10(4): 46 - 50.
[12] 李爱民,李非.企业再造思想及其发展路径选择[J].学术研究,2006,(12): 52 - 57.
[13] 李爱民,李非.企业再造中的信息技术作用机理及其相互关系研究[J].科技管理研究,2007(02): 200 - 206.
[14] 李爱民.企业再造中 IT 模型研究[J].科技管理研究,2007(01): 212 - 215.
[15] 李彬.从 BSC 看企业生命周期各阶段的特点[J].商场现代化,2010(5): 21.
[16] 李桂荣.创新型企业文化[M].北京: 经济管理出版社,2002.
[17] 林裕开.中美职业篮球俱乐部比较研究[J].惠州学院学报(自然科学版),2006,26(6): 70 - 74.
[18] 刘凤婷,张四清.职业体育俱乐部名称与品牌塑造关系研究[J].体育与科学,2005,26(6): 45 - 47.
[19] 刘光明.企业文化[M].北京: 经济管理出版社,2004.
[20] 刘慧.我国职业体育俱乐部融资方式研究[D].北京: 北京体育大学,2013: 18.
[21] 刘庆贤,肖洪钧.工商管理领域中的案例研究方法理论建构[J].科学学与科学技术管理,2009,30(10): 15 - 20.
[22] 刘正周.风靡美国和日本的企业再造思潮[J].外国经济与管理,1996(07): 10 - 11.
[23] 迈克尔 · 哈默,詹姆斯 · 钱皮.企业再造: 企业革命的宣言书[M].上海: 上海译文出版社,2006: 25.
[24] 米战,任海龙.我国职业篮球俱乐部后备队伍现状调查研究[J].西安体育学院学报,2007,24(4): 17 - 19.
[25] 沙因.公司文化导论[M].北京: 科学技术出版社,1989.
[26] 水常青,许庆瑞.企业创新文化理论研究述评[J].科学学与科学技术管理,2005,26(3): 138 - 142.
[27] 苏燕平.我国企业文化再造的内容、理论和方法研究[D].重庆: 西南石油学院,2003: 22.
[28] 特伦斯 · 迪尔,阿伦 · 肯尼迪.企业文化[M].上海: 上海科学技术文献出版社,1989: 12 - 14.
[29] 王成荣,周建波.企业文化学[M].北京: 经济管理出版社,2007: 35.
[30] 威廉 · 大内.Z 理论[M].北京: 中国社会科学出版社,1984: 169.
[31] 杨长虹,张亚明.企业流程再造应注重企业文化建设[J].中国管理信息化(综合版),2006,9(6): 16 - 17.
[32] 俞东慧.企业流程变革管理影响因素及其动态机制研究[D].上海: 复旦大学.2005.
[33] 约翰 · P. 科特,詹姆斯 · L. 赫斯克特.企业文化与经营业绩[M].北京: 华夏出版

社,1997：29.
[34] 张成云.我国职业篮球俱乐部的产权现状及对策[J].体育成人教育学刊,2006,22(6)：51－52.
[35] 张成云.职业篮球俱乐部经营战略分析[J].体育文化导刊,2009(3)：74－44.
[36] 赵常林.企业竞争优势理论新认识：基于演化理论(ET)视角[J].湖北社会科学,2008(9)：96－98.

第三章　职业体育俱乐部组织再造

第一节　职业体育俱乐部组织再造的内涵

一、职业体育俱乐部组织再造内涵

（一）企业组织的内涵

针对不同的群体对象，“组织”这一概念的内涵在其演变过程中有所差异。在人类社会中，“组织”是随着人类活动的分工与合作而产生的，大致经历了由“自由组织”向“正式组织”变化发展的漫长历史时期。截至今日，随着人类政治、经济、文化、军事、宗教等各种社会活动的深入开展，“组织”也相应地变得越来越广泛化、复杂化和多样化。但是，“组织”作为一种理论、一门科学而引起人类的重视和研究是与管理科学的发展分不开的。随着管理科学的日渐繁荣，组织理论逐渐获得大量学者的钟爱和关注。这些学者在阐述和分析“组织”的概念内涵时，从更完善、更多元化的角度着手，力求使“组织”内涵更加完善和完美——不仅仅注重“组织”的基本特性，同时也更加关注“组织”内人们的行为特征以及人与人之间的关系作用。符绍珊在其著作中将不同学者对“组织”内涵的描述分为以下几类，即职能结构组织观、系统论组织观、决策论组织观、综合的组织观和文化组织观①。其中，具有代表性的“组织”概念分别如下。

被誉为“组织理论之父”的著名学者马克斯·韦伯将“组织”定义为“一种通过规则对外来者的进入既封闭而又限制的社会关系”②。

切斯特·巴纳德从系统论视角对“组织”进行定义，即“组织”是“将两

---

① 符绍珊.企业组织结构模式创新研究[M].北京：中国经济出版社，2008：2－7.

② WEBER M. The Theory of Social and Economic Organizations[M]. New York：The Free Press，1947：145.

个或两个以上人的活动或力量加以有意识地协调的系统”①。

赫伯特·西蒙指出,“组织”一词指的是“一个类群体当中的信息沟通与相互关系的复杂模式,它向每个成员提供一些稳定的、可以理解的预见,使他们能够料到其他成员将会做哪些事,其他人对自己的言行将会做出什么反应”②。

罗宾斯综合众多学者观点,认为“组织”是“人们为了一定目标的实现而进行合理的组织和协调,并具有一个相对可识别的边界的社会实体”③。

美国著名组织理论学家理查德·豪尔认为,“组织”是“一个有着相当可辨识边界的团体,它有一个规范的秩序、一定的职权层阶、一个沟通系统和一个成员协调系统,该团体以相对持续的环境为基础而生存,从事着与一系列目标相联系的某些活动,为组织成员、组织本身和社会做出贡献”④。

综合以上学者的观点可见,由于时代变迁、社会发展以及不同背景下学者研究视角的差异,对“组织”概念的认识经历了由片面到全面的过程。在内涵界定上基本遵循了两条发展变化规律:一是词性上的变化,即由最初侧重名词使用——一种组织形式,到后来注重名词和动词的联合使用——不仅考虑组织形式,同时也考虑其协调、配合,二是“组织”内涵特征要素具体包含以下几点⑤:

第一,共同的目标。共同的目标是组织存在的前提条件和基础。任何组织都有其各自基本的目标和任务,如球队是为了获得某一比赛的胜利,企业是为了获取更多利润等。

第二,多人群体。组织形成的最基本的条件之一,就是组织内成员必须由两人或两人以上组合而成。组织内的各种资源配置和任务都是通过人来完成的。因此多人群体是组织生存的基本条件和要素。

第三,内部结构。组织内部成员并不是散乱地组织在一起,而是通过一定结构关系相互联系和制约,以充分发挥组织的高效率性,如领导结构层、被领导结构层等。井然有序、合理科学的组织结构是维持和保证组织有效运转的重要特征条件。

---

① BARNARD C.I. The Function of the Executive[M]. Boston: Harvard University Press, 1938: 73.

② 西蒙.管理行为[M],杨砾等译.北京:北京经济学院出版社,1991:9.

③ ROBBINS S. Managing Organizational Conflict: A Nontraditional Approach. Englewood Cliffs, NJ: Prentice Hall, 1974: 3.

④ HALL R. Organizations: Structures, Processes, and Outcomes. New Jersey: Prentice Hall. 1991: 32.

⑤ 李荣日,王志玲,杨敏.全民健身公共服务组织管理体系研究述评[J].沈阳体育学院学报,2013,32(1):42-45,49.

第四,系统性。组织是一个完整的系统,具有动态性和相对静态性的特点,其动态性主要体现在整个组织活动的过程当中,即将工作任务进行分解,职责到人,并使之相互协调的过程;而其相对静态性,是指组织内部结构和关系具有相对稳定性的特点,但是这种相对静态性并不是长期的,更非永久的,它可能随着目标等的改变而变化。

关于“企业组织”的理论探讨最早始于 18 世纪。从 1776 年亚当 · 斯密提出分工理论开始,有效的企业组织形式一直都是管理学界和经济学界的关注对象。20 世纪 90 年代初,迈克尔 · 哈默与詹姆斯 · 钱皮对企业再造理论的提出,使企业组织再造真正成为各学科领域的研究重点,并逐渐被运用到实践当中。对于“企业组织”的概念内涵,国内外众多专家学者从自己的研究角度给出了操作性定义。

马克斯 · 韦伯在《社会经济组织理论》中将“企业组织”定义为,一种通过规则对外来者的加入既封闭又限制的社会关系,就其秩序而言,为特定个体的行动所支配,这个特定个体的功能通常是作为一个领导或“头领”,有时也可以是一个管理团体①。

齐振宏(2002)认为“企业组织”是实现组织目标的系统性安排,它是由战略、结构、文化等基本子系统构成的动态复杂系统,它在尽力适应外部环境中保持着自身动态平衡②。

郑海航(2004)将“企业组织”定义为一个以企业全体人员为主体,由人和物按照一定关系组成的有机组合体,企业全体人员围绕企业的共同目标,建立组织结构,确定职位,划分职责,交流信息,沟通协调,并形成独自的规范和文化,以团结全员在实现企业目标中获得最大效率③。

江绍伦(1995)更侧重于概念中对于“企业”这一限定词的阐释,认为“企业组织”是指一类通过生产、流通商品或提供服务,以获取利润为主要目标的组织④。

赵慧英(2003)指出“企业组织”是众多组织中的一个重要类型,它是由两个或更多的个人在相互影响和相互作用的情况下,为完成企业共同的目的而组合起来的一个从事经营活动的单位⑤。

---

① WEBER M. The Theory of Social and Economic Organizations[M]. New York: The Free Press, 1947: 145 - 146.

② 齐振宏.企业组织变革研究[D].武汉:华中农业大学,2002:17.

③ 郑海航.企业组织论[M].北京:经济管理出版社,2004:112.

④ 江绍伦.企业组织与效率[M].上海:复旦大学出版社,1995.

⑤ 赵慧英.组织设计与人力资源战略管理[M].广州:广东经济出版社,2003.

总体而言,企业是经济领域中最活跃的因素,是经济组织领域中的一种形态,同时也是“组织”在经济领域延伸最成功的典型案例。“组织”的概念特征是广义的、普遍适用的,它为企业的形成提供了最基本的形式参考。而企业作为经济领域的一类特殊组织,虽然蕴含“组织”的一般特征,但是更多遵循和彰显着企业的个性特征,是对“组织”理解、运用的不断升华。因此,结合上述“组织”概念内涵的分析和企业自身的个性特点,我们认为,“企业组织”应该具有以下内涵:

第一,企业是经济领域最活跃的单位因素,企业组织是一种经济组织。从组织定义可以看出,一个组织的产生是以一定的目的为根本前提的,而企业作为一种经济组织,通过提高生产效率、综合竞争力,以获得最大的利润或经济利益是企业组织的共同目标。

第二,企业组织既包含多人群体,也包含除人因素之外的其他各种物的因素,即企业组织是人和物共同构成的。不同的人和物构成不同的企业组织,而不同的企业组织对人和物的需求也有很大的差异。如生产型企业和娱乐服务型企业对人员构成、厂房建设、技术设备等的要求均不同。

第三,企业组织具有极其庞大、复杂且又整齐、有序的内部结构和关系。这是维系企业组织正常运转的重要条件,也是企业组织赖以生存的基本构架。

第四,企业组织与一般意义上的组织一样,是一个动态、开放的系统。需要指出的是,这里的“组织”是广义上的组织,也就是说企业作为一个组织,是由全部子要素按照一定结构和方式相互联系起来的一个完整系统。另外,企业组织不仅内部要随时保持动态平衡,而且还要不时与外界进行物质、信息的交流,以适应外部的变化。

通过以上综合分析,我们认为,企业组织是指以获取经济利益为目的,由人、财、物等资源遵循一定的结构关系组合而成的动态、开放的经济系统。企业组织再造,则指为了建立一个结构完善、竞争力强的企业组织,以最终实现企业组织的共同目标,对企业组织结构要素进行重新分析、审视,在原有基础上,运用一定手段进行改造和创新的实践活动。

(二)职业体育俱乐部组织再造的内涵

职业体育俱乐部是一种具体的企业形式和表现形态,具有一般企业组织的内涵释义和特征要素。因此,通过以上对“组织”和“企业组织”概念内涵的分析与阐述,我们认为,职业体育俱乐部组织指的是,由众多的人员(管理人员、工作服务人员、教练员、球员等)和各种实物(比赛场地、各种器械器材等)通过一定的结构设置和关系组合而成的,以提供各类体育竞赛及相关产品或服务为内容,以获取商业利润为最终目的的动态、开放的经济经营组织系统(具体如图 3 - 1 所示)。但有几点需要引起我们的特别注意。首先,职业体育俱乐部既包含名词词性的含义,也包含动词词性的含义,也就是说,实施组织再造即包含对其基本架构等静态的再造,同时也包含对其管理活动等活动过程的再造。其基本内涵具体包括以下几点。

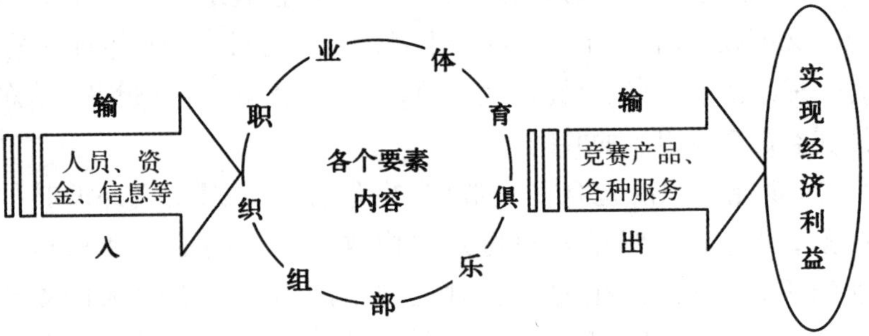

图 3 - 1　职业体育俱乐部组织内涵

第一,共同目标是职业体育俱乐部生存的前提。具有共同目标是任何一类组织产生和发展的前提。著名企业家王永庆曾说过:“不赚钱的企业是罪恶。”职业体育俱乐部作为一类企业、一个以市场为导向的产物,通过提供各种竞赛产品和相关服务,获取经济利益或商业利润,是其存在的最终目的和共同目标。

第二,职业体育俱乐部组织是一个由人和物组合而成的生命有机体。人是构成职业体育俱乐部组织最基本,也是最主要的因素,具体包括领导人员、管理人员、工作服务人员、教练员、球员等;此外职业体育俱乐部组织的运行也离不开各种物的支撑和辅助,如比赛场地、各种器械器材等。人和物组成的职业体育俱乐部组织如同人一样,是一个生命有机体,管理、运营不善也会“生病”,甚至“休克”、“死亡”。

第三,职业体育俱乐部组织是由一定的结构设置和关系组合而成的。系统论认为,结构是系统内各组成要素之间相互联系、相互作用的方式,也是各要素之间在时间或空间上排列组合的具体形式①。科学合理、严密有序的结构设置(机构、部门和岗位设置)和各种关系(管理流程、业务流程等)构成了整个职业体育俱乐部组织。这种组织可以充分体现和发挥组织

① 蒋志青.企业组织结构设计与管理[M].北京:电子工业出版社,2004:52 - 53.

的基本职能——高效率性，是职业体育俱乐部生存的基本架构，同时也为其发展提供有效的支撑和保障。

第四，职业体育俱乐部是一个动态、开放的组织系统。职业体育俱乐部组织与一般意义上的企业组织一样，不但要时刻调整内部结构和关系，以保持职业体育俱乐部内部组织的正常运行；另一方面，职业体育俱乐部处于社会这一大系统当中，更要时刻警惕外部环境——如国家相关经济、法律、政策及市场的动向，以便尽快调整步伐，适应外环境的变化，为其生存和发展奠定良好基础。

结合前文对"再造概念"的探讨和以上综合分析，我们认为，职业体育俱乐部组织再造是指为了进一步优化和整合职业体育俱乐部组织，提高职业体育俱乐部组织的运行效率、综合实力和整体竞争力，使其尽可能获取更大的商业利润，应用相关理论，运用一定的方法和手段，从文化角度出发，对职业体育俱乐部组织的诸要素结构（组织架构、管理流程等）进行重新审视和优化整合，不断进行改造、革新、优化的创造性实践活动①。

二、职业体育俱乐部组织理论

"组织"是人类社会赖以生存和得以发展的基本单位和生命体，它为人类社会的不断进步提供足够的力量支撑，创造无限可能。"职业体育俱乐部组织"作为"组织"的一份子，必然有其存在的价值和应尽的义务。因此，我们将对职业体育俱乐部组织的一些基础理念知识作简要探析，以期为职业体育俱乐部组织的发展提供理论参考和实践指导。

（一）职业体育俱乐部组织特征

第一，职业体育俱乐部组织目标一致性特点。具有共同利益是职业体育俱乐部组织生存和发展的前提，也是动力。在开展职业体育俱乐部组织再造的准备工作阶段，不仅要考虑职业体育俱乐部组织所面临的问题和危机，同时也应该以职业体育俱乐部组织的共同目标（最终目标）和各个时期的不同目标为基准，坚持目标一致性原则。

第二，职业体育俱乐部组织系统性特点。职业体育俱乐部组织虽然由多个要素构成，但仍是一个完整的动态系统，且科学合理、严密有序的结构设置和关系是职业体育俱乐部能够获得长期发展的重要条件。

---

① 易芳，段娟娟，李荣日.基于文化层次理论下的职业体育俱乐部组织再造理论要素研究[J].沈阳体育学院学报，2013，32(3)：16－19.

第三,职业体育俱乐部组织协调性特点。职业体育俱乐部组织要想获得长期、持续、有效的发展,组织内部各要素必须相互配合、相互支撑、相互制约,要在动态环境中寻求到一个平衡点。

第四,职业体育俱乐部组织环境适应性特点。职业体育俱乐部组织是在与外部宏观环境不断进行物质、资源、信息、能量等的互换过程中求得生存和发展的。外部环境的变化虽然给职业体育俱乐部组织再造带来极大压力,但如果运用得当,它也会起到巨大的推动和促进作用。

(二)职业体育俱乐部组织再造功能作用

职业体育俱乐部组织再造的功能不仅源于“再造”的强大功能和作用,同时更体现在再造的组织结果方面。美国著名的心理学家、1979 年诺贝尔经济学奖获得者赫伯特 · 西蒙(H. A. Simon)曾经说过:“有效地开发社会资源的第一个条件是有效的组织结构。”①因此,对职业体育俱乐部实施组织再造,即对职业体育俱乐部组织的诸要素进行重新审视和优化整合,具有极其重要的社会实践意义和价值。具体来说,实施组织再造主要有以下几个方面的功能和作用。

第一,促进职业体育俱乐部组织功能的实现。职业体育俱乐部组织的功能是通过向社会提供各种服务和竞赛产品,最终实现盈利。因此,职业体育俱乐部组织必须具有强大的筹资、研发、管理、营销、市场开拓等功能。其中任何一项功能不完善、不健全,如职业体育俱乐部的竞赛表演质量较低、电视转播等营销能力欠佳等,都会导致职业体育俱乐部组织整个经营活动难以顺利开展。而实施组织再造的目的便是使组织各要素实现其资源、功能的最优化组合和应用。因此,职业体育俱乐部组织再造能够有助于职业体育俱乐部组织目标的实现。

第二,促进职业体育俱乐部效率的提高。职业体育俱乐部效率与组织之间有着直接、密切的关系。虽然职业体育俱乐部的生存与发展要依靠组织内部必要的功能机构,但同时更需要各功能机构的配合、协调,即组织的高效率来完成。职业体育俱乐部工作各方面效率的提高,主要得益于组织内部各要素在时空排列上的不断优化,得益于职业体育俱乐部整个活动过程和各种关系的相互协调、激励与启发。而这些正好符合职业体育俱乐部组织再造的本质与初衷。因此,进行职业体育俱乐部组织再造能够很好地促进职业体育俱乐部效率的提高。

第三,促进职业体育俱乐部组织文化的形成。通过前两章的介绍可

---

① 杨洪兰,张晓蓉.现代组织学[M].上海:复旦大学出版社,1997:7.

知,文化在职业体育俱乐部的生存与发展中占有极其重要的地位,组织文化作为文化的一个组成部分,对组织的稳定和发展至关重要,是组织的"调和剂"和"润滑剂"。本研究正是从文化的角度探求职业体育俱乐部组织再造的一系列相关理论。因此,职业体育俱乐部组织再造的开展能够促进职业体育俱乐部组织文化的形成,进而提高职业体育俱乐部组织对环境的适应能力和整体竞争力,对职业体育俱乐部的长期发展具有十分重要的意义。

三、职业体育俱乐部组织生命周期理论

现代组织理论认为,"组织"如同所有有机体,具备萌芽、发展、兴盛、衰亡的过程。在每一个成长阶段,"组织"都会表现出不同的特点,可能产生不同的危机。"组织"这种成长过程和阶段即为"组织"的生命周期(Enterprise Life Cycle)。职业体育俱乐部作为组织的一种类型自然也不例外,因此,我们有必要先了解一下职业体育俱乐部成长的生命周期理论,这对于我们进一步深入认识职业体育俱乐部组织、开展职业体育俱乐部组织再造,并取得组织再造的成功具有极其重要的作用。

"组织生命周期"概念最早由耶鲁大学 John Kimberly 和 Robert H. Miles 两位教授提出。1972 年,美国哈佛大学 Larry Greiner 教授在《组织成长的演变和变革》一文中,首次提出"企业生命周期"的概念,并将其划分为五个阶段①。随后,这一理论很快被引用到各个组织类型。

其他较具有代表性的"企业生命周期"划分理论主要有以下几种:

第一,四阶段划分标准。1999 年,美国组织理论专家 Richard L. Daft 认为企业组织发展大致经历四个阶段,即创业阶段、集体化阶段、规范化阶段和精细化阶段②。

第二,三阶段划分标准。1989 年,美国学者 Ichak Adizes 博士将企业生命周期划分为三个阶段、十个时期,即孕育阶段(孕育期)、成长阶段(婴儿期、学步期、青春期、盛年期)和老化阶段(稳定期、贵族期、官僚期和死亡期)。同时他还分析和阐述了企业在各个阶段时期所具有的行为特征(如表 3-1 所示)③。

---

① GREINER, L. Evolution and Revolution as Organizations Grow[J]. Harvard Business Review, 1998, 76(3): 55-67 (modified reprint from July-August 1972).

② DAFT R. L. Organizational Theory and Design[M]. Boston: Cengage Learning. 2013.

③ ADIZES, I. Managing Corporate Life Cycles[M]. Santa Barbara, CA: The Adizes Institute Publishing, 2004: 10.

表 3-1 Adizes 对企业生命周期的划分及行为特征分析①

阶 段	行 为 特 征	阶 段	行 为 特 征
孕育期	创业意图,确立义务	稳定期	沉湎辉煌,丧失灵活
婴儿期	行为导向,机会驱动	贵族期	注重形式,拘泥传统
学步期	机会优先,销售导向	官僚早期	内讧不穷,轻视客户
青春期	充满矛盾,缺乏连续	官僚期	制度繁多,与世隔绝
盛年期	表现超群,组织规范	死 亡	无人承担义务

第三,六阶段划分标准。我国学者陈佳贵认为,企业生命周期是指企业诞生、成长、壮大、衰退直至死亡的过程,可以划分为孕育期、求生存期、高速成长期、成熟期、衰退期和蜕变期六个阶段②。

虽然各位学者对企业生命周期的划分标准有所不同,但是总体而言,他们都遵循了企业由诞生到死亡的发展和成长过程。在总结以上学者划分特点和角度的基础上,我们结合本研究的特点和实际需要,以及职业体育俱乐部在整个成长阶段所具有的显著特征,将职业体育俱乐部组织生命周期大致划分为以下几个阶段,即创业阶段、成长阶段、成熟阶段、衰退或再发展阶段。以下,我们将着重探讨职业体育俱乐部在各阶段的发展特征和可能面临的危机。

第一阶段——创业阶段,即诞生阶段。在职业体育俱乐部组织创业阶段的初期,创建者的主要精力和重点在于对相关市场需求的考察、对相关竞赛产品与服务的初步生产和初步运营等。这一时期的职业体育俱乐部组织虽然充满朝气与活力,具有较强的凝聚力和冒险精神。但存在生存能力较弱,运营成本不足、竞赛产品质量不高、规模较小、市场地位较不稳定等问题,稍有不慎就可能导致职业体育俱乐部组织的夭折。因此,生存问题是职业体育俱乐部创建初期所面临的主要问题和首要问题。

第二阶段——成长阶段,即青年阶段。成长阶段是指职业体育俱乐部组织由小到大、由弱到强的时期。随着生存问题及面临困境的逐步消除,职业体育俱乐部组织逐渐步入市场经济正轨,并确定和提出了职业体育俱乐部组织目标和发展方向。在这一发展阶段,职业体育俱乐部所生产的核心产品(各种竞赛产品)得到进一步的肯定、提升和挖掘,进而职业体育俱乐部

---

① 刘文静.基于企业生命周期理论的企业组织结构选择研究[M].青岛:中国海洋大学,2006:5.

② 陈佳贵.关于企业生命周期与企业蜕变的探讨[J].中国工业经济,1995(11):5-13.

组织也开始重视衍生产品(电视转播权、商业冠名权等)的开发和深入扩展工作。因此,职业体育俱乐部组织逐步实现盈利,具体表现有总体实力逐渐增强、市场占有率不断提高等。但是,面对职业体育俱乐部组织自身的各种弊端和社会外部环境的变幻莫测,职业体育俱乐部应该时刻保持警惕心理,以免断送自身前程。

第三阶段——成熟阶段,即中年阶段。经过漫长的成长阶段,职业体育俱乐部组织即将迎来成长速度较为缓慢,但利润率急速增长的成熟阶段。这时的职业体育俱乐部在组织结构、管理流程、职责分工等方面日臻完善,组织规模、市场占有率、市场竞争力均较高,利润获得率更是达到最高水平。但是,在这一阶段尤其是成熟阶段后期,职业体育俱乐部组织的惰性、保守思想开始滋生,组织的创新能力和冒险精神逐渐降低。因此,此时应该注重两点,一方面,如何在原有基础上维持原有竞争实力和利润获取率是职业体育俱乐部组织的工作重点;另一方面,职业体育俱乐部组织应当利用原有的各种优势来拓展和投资新的业务领域,扩大经营范围来保持和促进职业体育俱乐部组织的继续成长。

第四阶段——衰退或再发展阶段,即老年阶段。职业体育俱乐部组织在成熟期的末期很可能面临各种突发状况,但并非会像真正的生命有机体一样,注定要走向死亡。一方面,职业体育俱乐部组织在这一阶段通过成功的组织再造可以获得职业体育俱乐部的再发展;反之,职业体育俱乐部组织可能由于承受不了各方的压力而最终走向衰亡。因为这一时期的职业体育俱乐部组织虽然拥有一定资本、较大生产规模等,但同时更要承受巨额负债、内部组织要素的不协调、外部环境的巨大变化等各种压力的困扰。

以上,我们分析了职业体育俱乐部组织从诞生到成长的大致发展过程,并揭示了职业体育俱乐部组织在各个发展阶段的目标任务、面临的问题和需要采用的组织结构、业务扩展、管理方式等均有所差异。因此,一个健康、完善、有活力的职业体育俱乐部组织应该掌握和了解组织的发展规律,时刻保持警惕,不断总结、评估组织的效能状况,关注外部环境的变化,有计划、主动地运用组织再造,使职业体育俱乐部实现长期、稳定、健康地发展。

第二节 职业体育俱乐部组织再造的动因

职业体育俱乐部组织所面临的内外部环境变化是组织再造的根本原因。通常,职业体育俱乐部组织内外环境的一些早期变化得不到职业体育俱乐部管理者、领导者和工作人员的足够重视,进而忽视职业体育俱乐部实施组织再造的必要性和重要意义。而等到职业体育俱乐部组织无法正常运转时再进行组织再造,则可能已经耽误了组织再造的最佳时机,从而导致组织再造的失败,引起职业体育俱乐部将面临更危险的困境。因此,进行职业体育俱乐部组织再造动因的分析,不仅可以提高职业体育俱乐部的忧患意识,同时也可以为职业体育俱乐部组织再造提供最基本的依据。

一、职业体育俱乐部组织再造的内部动因

职业体育俱乐部组织内部各要素通过一定结构和关系相互联系在一起,但是这种结构和关系并非处于静止状态,也非一成不变,而应始终在动态变化中求得生存和发展。因此,如何使职业体育俱乐部组织内部达到最佳动态平衡,对职业体育俱乐部组织发展至关重要。职业体育俱乐部组织内部环境指职业体育俱乐部组织内部自身条件与能力,主要包括职业体育俱乐部组织自身弊端、职业体育俱乐部组织经营绩效、职业体育俱乐部组织惯性因素等。应该注意,对于不同的职业体育俱乐部组织而言,其内部环境可能呈现出显著差异。

第一,职业体育俱乐部组织自身弊端。职业体育俱乐部组织工作的任务是,通过有目的地选择、使用、组合和优化各种资源要素,使它们有机结合,形成个体要素简单相加所无法比拟的强大生产系统。从客观实际角度来看,我国职业体育俱乐部组织运行时间最长的也仅有二十多年的时间。虽然这些职业体育俱乐部组织早已步入职业化道路,采用公司制形式,但事实上,我国职业体育俱乐部在自身组织、各资源要素的组合、配置等方面存在诸多问题和缺陷。目前,我国大部分职业体育俱乐部并不具备公司制结构中完整的“三会”,即董事会、监事会和股东大会,且在总体部门设置上也较为简单,从而导致各个部门权限不分、职能不清、管理混乱等不良状况。例如,董事会自身职责不清,以至于在球队的比赛中也要亲自督阵,从而混淆了与经理和教练的职责,影响职业体育俱乐部的发展方向和重大事项的决策,不利于自身的长期发展①。

第二,职业体育俱乐部组织经营绩效。就当前我国职业体育俱乐部的总体发展情况而言,各个职业体育俱乐部(职业足球俱乐部、职业篮球俱乐部)的经营现状并不十分乐观,市场占有率、竞赛产品质量均较低。例如,拿

---

① 丁林梅.对我国职业体育俱乐部公司治理结构的探讨[J].沈阳体育学院学报,2004,23(6):753-755.

目前在我国运营和发展较为成功的CBA来说,其在中国国内所占有的市场份额仍远远低于美国NBA在其本土的市场占有率,相应的,观众和球迷人数也相差悬殊。再以职业体育俱乐部组织竞赛产品来说,竞赛产品是职业体育俱乐部组织的核心产品,其竞赛质量的高低不仅直接关系着职业体育俱乐部外部环境的某些变化,而且在很大程度上决定着职业体育俱乐部组织的兴衰。但是,我国职业体育俱乐部目前所提供的竞赛产品,不仅在看点、观赏性、竞赛质量等方面无法与美国四大职业联盟、足球世界杯、网球公开赛等所提供的各个比赛情况相比拟,而且职业体育俱乐部组织在提供竞赛产品时已触及自身的诚信等道德问题,“假球”、“黑哨”问题日益猖狂。这对职业体育俱乐部组织经营绩效的提高,无疑是雪上加霜。

第三,职业体育俱乐部组织惯性因素。组织惯性是组织现存的思维方式、组织结构、利益关系和制度相互联系形成的维护组织现状及其发展态势的一种自发性动力①。职业体育俱乐部组织经过一定时间的发展,其部门设置结构、员工(管理者、领导者、教练员、球员等)的工作态度等就会形成某种默契或某种思维定式,这也就是职业体育俱乐部组织所表现出来的稳定性和惰性特征。而职业体育俱乐部组织所面临的整个外部环境无时无刻不在发生变化,对职业体育俱乐部组织的生存和发展有着极其重要的影响和作用(即下面我们将会介绍的职业体育俱乐部组织再造的外部动因)。每当面临这种状况时,职业体育俱乐部组织的稳定性和惰性因素往往会产生阻碍组织随时进行调整或变动的不利因素,而且,原有组织优势越大,所产生的不利因素也就越大越多。例如,一个经常失利的球队在比赛中遭遇强劲对手时,很容易在比赛开始之前便产生消极、低落的情绪。但是,如果能及时克服这种惰性因素的影响,积极备战,将很有可能扭转战局,反败为胜。2009年小牛对湖人的两场NBA比赛中,不管是客场还是主场,小牛队面对如此强势的NBA总冠军获得者并没有表现出消极、低落的情绪,而是通过积极的赛前准备和不服输的态度赢得了比赛的胜利,向观众交上一份满意的答卷。由此可见,能否成功再造职业体育俱乐部组织这种不利的惯性因素,将会对职业体育俱乐部的长期发展和对环境的适应性产生深刻而长远的影响和作用。

二、职业体育俱乐部组织再造的外部动因

从宏观角度来看,职业体育俱乐部组织这一动态、开放系统,也只是人

---

① 孙永正.企业组织与制度[M].北京:中国财政经济出版社,2004:158.

类社会大系统中的子系统。其所处的外部环境是职业体育俱乐部组织无法操控的因素,其变化不以职业体育俱乐部组织的意志为转移,但对职业体育俱乐部又有着广泛而深刻的影响和作用。可见,共同获取商业利润是职业体育俱乐部存在的前提条件,但能否适应外部环境、迎合环境的需要,是职业体育俱乐部长期生存和发展的基本保障条件。因此,广泛了解职业体育俱乐部的外部环境,确定其面临的威胁和机遇,不仅是职业体育俱乐部组织再造的起点,也是职业体育俱乐部组织再造的外部动力。

职业体育俱乐部组织再造的外部环境是世界政治、经济、文化、市场、信息和技术等多种因素的综合,而这些因素大致可以归结为两类——直接环境和一般环境。直接环境指的是,与职业体育俱乐部组织关系较为密切的,能够对职业体育俱乐部组织产生直接影响的环境因素,如市场竞争环境,人力资源、资金、供应商、赞助商输入环境等;一般环境指的是,对职业体育俱乐部产生间接、广泛影响的经济环境、政治和法律环境、社会文化环境、科技环境与全球化环境等。

第一,资源输入环境的变化。人力资源、资金、供应商、赞助商等因素是职业体育俱乐部组织的输入资源环境,也是与职业体育俱乐部组织关系最为直接、最为亲密的外部环境要素。前文分析职业体育俱乐部组织内部动因时,我们曾提到,我国职业体育俱乐部组织提供的竞赛产品已不仅仅是自身的问题,作为一个核心产品,其负面的辐射效应已经对与组织较为密切的某些外部环境因素产生诸多不利影响。如对商业合作伙伴——供应商、赞助商的合作态度、合作意愿等具有十分消极的影响。据相关资料显示,目前我国各职业体育俱乐部组织与供应商、赞助商的合作并不十分稳定,而商业合作伙伴的频繁变动,又重新引发职业体育俱乐部组织经营困难和危机——名称的改动、资金的短缺等等。因此,职业体育俱乐部十分有必要为改变这一现状而开展职业体育俱乐部组织再造工作。

第二,市场竞争环境的变化。在市场经济条件下,职业体育俱乐部是一个自主经营、自负盈亏的商品生产者和销售者,其各类生产要素和产品都是通过市场获得和实现的。因此,市场竞争环境的变化是与职业体育俱乐部组织再造关系较为密切、较为直接的影响因素。目前,市场竞争环境的变化主要表现在两个方面:一是国际竞争环境的日益增强和激烈。通过第一章“职业体育俱乐部的历史发展情况”可知,职业体育俱乐部在国外早已有一百多年的发展历史。我国职业体育俱乐部却只经历了从上世纪90年代至今二十几年的短暂发展历程。因此,两者间的差距与悬殊可想而知。在职业体育市场早已国际化、透明化的今天,市场竞争环境日益激烈,且变化十分迅速。海尔集团第一任总裁张瑞敏认为“市场唯一不变的法则就是永远在变”。因此,面对如此强劲且变幻莫测的市场竞争环境,进行组织的不断调整和优化整合,可以帮助职业体育俱乐部组织不断提高自身的整体竞争力,提高自身的适应性,进而为实现组织目标服务。

第三,社会大环境(一般环境)的变化。首先,一个国家的政治、经济、法律政策等会对新事物的产生和发展产生极其深刻的影响。目前,我国依然处于由计划经济向市场经济的转型时期,国家对相关政策的完善和实施同样也在不断的摸索和实践之中。因此,政策措施的不断变化,体育相关的法律制度不尽完善等,这些因素都非常不利于职业体育俱乐部组织的持续健康发展。由此可见,社会外部大环境变化是职业体育俱乐部进行组织再造的重要外部动因,其意义在于刺激职业体育俱乐部进行组织再造,使职业体育俱乐部组织具有更强的环境适应能力和预知能力、应变能力。

第三节　职业体育俱乐部组织再造理论

一、文化层次理论下的职业体育俱乐部组织再造系统

职业体育俱乐部组织作为社会文化的组成部分,一种亚文化,与职业体育俱乐部组织文化有着密不可分的联系。在探讨两者关系前,我们先来看一下组织文化或企业组织文化的一些相关基础理论知识。

美国组织行为学家达恩·黑尔里格尔(Don Hellriegel)等认为,组织文化代表着组织成员所共同拥有的信仰、期待、思想、价值观、态度和行为的一种复合形式①。国内诸多学者也对组织文化提出了各自的界定:组织文化是指组织在长期的实践活动中所形成的,并为组织成员普遍认可和遵循的具有本组织特色的价值观念、团体意识、行为规范和思维模式的总和②;组织文化作为一种软管理手段,像一只无形的手对企业管理和发展具有十分独特的作用③;企业组织文化作为一种与社会文化既相区别又相联系的亚文化,它是企业组织在长期的生产经营活动中形成并为企业成员普遍遵守

① 黑尔里格尔等.组织行为学(下)[M].社会科学出版社,2000:615.
② 相征.浅谈对于组织文化的多层次认识[J].北方经贸,2011(1):105-106.
③ 齐振宏.企业组织变革研究[D].武汉:华中农业大学,2002:111-112.

和奉行的共同的价值观、宗旨、行为准则、历史传统、道德规范等①;企业组织文化是企业在长期经营过程中形成的,为全体(或大多数)员工认同并遵循的精神理念的总和,包括企业价值观、企业精神、企业道德、企业作风等基本文化要素②。

综观以上学者的观点可见,学者们较为注重文化的深层次内容——即精神层次文化,相对而言,对表层文化——即物质层次文化的关注较少,而本书所指的文化是广义的文化,即文化是指人类所创造的物质财富和精神财富的总和;另外,在探讨职业体育俱乐部组织文化内涵时,也应该考虑到职业体育俱乐部组织这一要素特征。因此,本书所研究的组织是广义的组织,包含物质要素和精神要素。

根据"组织文化层次要素"划分理论,目前职业体育俱乐部组织文化层次有"两层次说"——外显文化和内隐文化,"三层次说"——物质文化、制度文化和观念文化,"四层次说"——物质文化、制度文化、精神文化和行为文化③。可见,职业体育俱乐部组织文化的划分依旧遵循了文化层次的划分标准和理念。在这里,我们目前普遍认可"四层次划分理论"。精神层次是文化的核心,又叫观念文化,反映的是人的意识形态、价值观、道德情操等等影响和规范人行为的核心文化;制度层次是在精神层次文化影响下自觉或不自觉地建立的一系列约束、规范人类行为的规章制度、组织关系等的总和;行为层次文化是精神文化的展示,是人类使用语言或不使用语言的"沟通"文化;物质层次居于最外层,是满足人类需求的物质产品,是文化要素的物质表现。另外,职业体育俱乐部组织文化虽然是文化的组织部分,其划分层次可以与广义的文化形成一一对应关系,但其作为一个独立的整体或一个完整的系统,两者所包含的具体内容有很大的区别。(职业体育俱乐部所包含的组织再造要素将在本节的第二个问题进行阐述。)图 3-2 是文化与职业体育俱乐部组织文化层次对照关系图。

二、国内外对企业组织再造理论要素的主要观点

企业组织理论要素内容的研究整理,可以为职业体育俱乐部组织再造提供主要参考依据。我们认为,在这一过程中,不仅要梳理企业组织要素内容的各种观点,同时也要分析借鉴与之最为接近的组织理论要素观点、组织

① 高宏德.现代企业组织管理原理[M].四川:成都科学大学出版社,1993:171.

② 孙伟.基于组织文化的企业再造研究[D].济南:山东师范大学,2009:17.

③ 易芳,段娟娟,李荣日.基于文化层次理论下的职业体育俱乐部组织再造理论要素研究[J].沈阳体育学院学报,2013,32(3):16-19.

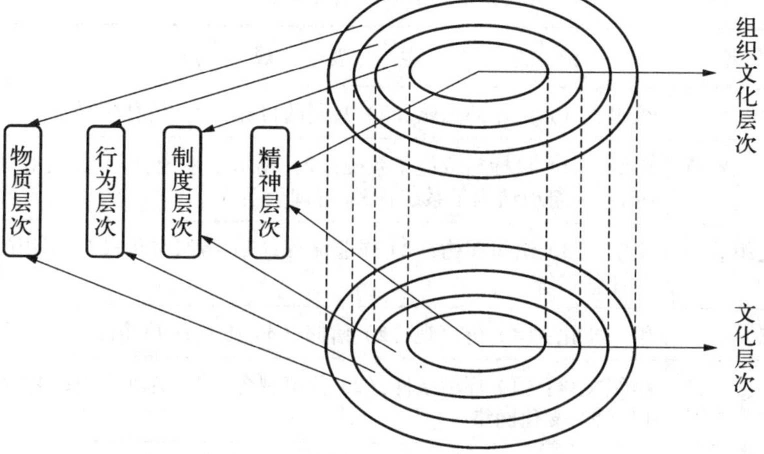

图 3-2　文化与组织文化的结构层级对照图

文化要素观点等理论。这对完善和充实本研究具有重要意义。通过相关文献资料的查阅发现，国内外对组织、组织文化、企业组织内容要素的划分大多从管理角度入手，认为组织与管理是不可分隔的①②③；而刘玉锋则以企业任务为研究视角，认为企业组织是由价值链上的若干"任务系统"集成的组织系统，即每一任务系统功能是实现市场价值的一部分④。企业的主要任务系统包括：营销系统、开发系统、生产系统、物流系统等。郜江军从组织的内容和形式两方面分析了企业组织构成：组织环境、组织目标和组织架构⑤。另外，其他诸多学者（如郑海航 2004⑥ 等）也从各自角度对此进行了分析和阐述。

综合国内外各位学者的讨论，我们将具有代表性的观点进行统计与梳理，具体所包含的要素归纳如表 3-2 所示。通过归纳与分析发现，由于学者们研究背景、研究目的、研究视角的不同，其所得结果也会有很大差异，但是这些丰富的研究成果为我们提供了扎实的理论支撑，且关于组织架构、组织目标体系、组织管理和组织岗位等的理论已经得到诸多学者的普遍认可。

---

① 郭朝晖.关于学习型组织与企业组织再造的思考[J].企业经济，2002(12)：36-37.
② 切斯特巴纳德.经理人员的职能[M].北京：机械工业出版社，2007.
③ 弗里蒙特 · 卡斯特，詹姆斯 · 罗森茨韦克.组织与管理：系统方法与权变方法[M].北京：中国社会科学出版社，2000.
④ 刘玉锋.谈网络环境下的企业组织再造[J].商业时代，2008(35)：80-81.
⑤ 郜江军.企业组织要素分析与组织优化方法研究[D].武汉：武汉科技大学，2005：27-28.
⑥ 郑海航.企业组织论[M].北京：经济管理出版社，2004：8.

表 3-2 国内外学者对组织、组织文化及企业组织构成要素的基本观点汇总表

学 者	主 要 观 点
巴纳德	组织：(1) 协作的意愿；(2) 共同的目标；(3) 信息联系
卡斯特和罗森茨韦克	组织：(1) 目标与价值子系统；(2) 技术子系统；(3) 社会心理子系统；(4) 组织结构子系统；(5) 管理子系统
现代组织管理理论	组织：(1) 组织架构；(2) 作业流程；(3) 组织文化；(4) 组织的管理与评估系统
德鲁克	组织文化：(1) 价值观；(2) 信仰；(3) 工具；(4) 语言
肯尼迪和迪尔	组织文化：(1) 环境条件；(2) 价值观念；(3) 英雄人物；(4) 习俗礼仪；(5) 文化网络
帕斯卡尔和阿索斯	组织文化：(1) 经营战略；(2) 组织结构；(3) 管理风格；(4) 工作制度；(5) 工作人员；(6) 技术能力；(7) 共同价值观
魏文斌(2006)	组织文化：(1) 组织精神；(2) 组织理念；(3) 组织价值观；(4) 组织道德；(5) 组织素质；(6) 组织行为；(7) 组织制度；(8) 组织形象
卡尔·佩格尔斯(1984)	组织文化：(1) 信息联系；(2) 观念；(3) 关心；(4) 竞争；(5) 协作；(6) 协商一致；(7) 结合；(8) 集中；(9) 控制；(10) 小组；(11) 文化
郭朝晖(2002)	企业组织：(1) 组织架构；(2) 作业流程；(3) 组织文化；(4) 组织的管理与评估系统；(5) 企业战略
郑海航(2004)	企业组织：(1) 目标；(2) 协同；(3) 人员；(4) 职位；(5) 职责；(6) 相互关系；(7) 信息
郜江军(2005)	企业组织：(1) 组织环境；(2) 组织目标；(3) 组织架构
刘玉锋(2008)	企业组织：(1) 营销系统；(2) 开发系统；(3) 生产系统；(4) 物流系统

三、职业体育俱乐部组织再造理论要素

通过本章第一节关于职业体育俱乐部组织再造概念内涵的分析和阐述可知，职业体育俱乐部组织再造主要是对组织构成的诸要素进行重新审视、选择和优化整合，以进一步提高和发挥组织的最大效能，为实现职业体育俱乐部组织的目标而服务。这里的“组织”具有名词和动词的双重含义。由此可见，在探讨、分析和确定职业体育俱乐部组织的理论要素时，不仅要参考和借鉴国内外对组织、组织文化和企业组织再造理论要素的主要理论观点，更要结合职业体育俱乐部这一特殊企业的组织特点。因此，我们结合以上总体分析特征和

要素，认为职业体育俱乐部组织再造应该包含针对以下三个要素的再造：职业体育俱乐部组织架构、业务流程和管理流程（具体如表3－3所示）。

表3－3 职业体育俱乐部组织要素构成一览表

	分级指标		操作化定义
职业体育俱乐部组织系统要素构成学说	组织架构	宏观组织结构体系	职业体育俱乐部组织结构设计（组织结构设计的任务、要求、价值意义）；职业体育俱乐部组织结构形式（直线式、职能式、直线职能式、事业部式、矩阵式）；职业体育俱乐部组织结构之间的协调与调整
		岗位职责体系	岗位体系需求描述；岗位结构设计与调整；岗位名称设计与任职资格说明；岗位体系方案设计与调整
		决策机构	决策机构部门设置的完善度、健全度；决策机构制定决策时采用的方法、风格、原理；决策机构对职业体育俱乐部发展方向及远景的把握及贡献程度
		监督机构	监督机构的科学合理度；监督机构的监督实施力度和有效度（体育竞赛兴奋剂、假球等违规情况）
		执行机构	执行机构部门、人员配备科学度、合理度；执行机构的执行效度与效率（体育竞赛举办执行情况与效果）
	业务流程	门票销售业务流程	门票价格体系制定；门票销售策略与方式的选择（广告宣传、网络销售、与企业合作、旅行社代售等）
		赞助销售业务流程	赞助销售体系的设计与规划；赞助商的等级、优先权划分（主要赞助商、一般赞助商、供应商等）；赞助商的选择与确定
		电视转播权开发业务流程	电视转播权市场价值评估；电视转播权营销策略与方案设计；电视转播权收入的分配；电视转播技术的提升
	管理流程	财务管理流程	职业体育俱乐部资金吸取管理流程（资金的来源、方式、渠道）；职业体育俱乐部资金支出管理流程（资金预算）；职业体育俱乐部资金监督管理流程（资金核算、资金使用执行情况）；职业体育俱乐部员工薪酬管理流程；职业体育俱乐部员工社会福利管理流程
		物质管理流程	职业体育俱乐部办公楼、员工公寓楼、体育竞赛场馆等建筑群落及综合配套设施（各类体育仪器器材、设施等）的管理流程
		训练竞赛管理流程	运动员训练体系管理流程；竞赛行政管理流程（办公、会议、津贴、服装、培训等）；竞赛服务接待管理流程（食宿、交通、通讯、礼品等）；竞赛直接管理流程（计划、药检、安保、医疗、礼仪等等）
		人力资源管理流程	职业体育俱乐部员工（运动员、教练员、裁判员、服务人员）招聘、选拔、培训、雇佣管理流程；运动员的休假、退役管理流程
		体育信息管理流程	体育信息管理体系内容（体育科技信息、体育训练与竞赛信息、体育市场信息）；体育信息搜集、整理、分析的准确度、科学度、有效度

第一,职业体育俱乐部组织架构是职业体育俱乐部组织设计的结果,它就像人体由骨骼确定体形一样,是为了有效实现职业体育俱乐部长期目标而进行的组织框架体系和组织关系的安排,反映了职业体育俱乐部组织内部各个管理层次、各个业务和各个职责及人与人之间之间的综合关系,其优劣直接关系到职业体育俱乐部的管理效率、发展速度和持久力。其内容要素具体包括宏观组织结构体系再造、岗位职责体系再造(岗位体系需求描述、岗位结构设计与调整和岗位名称设计、岗位体系方案设计与调整)、决策机构再造、监督机构再造和执行机构再造五个子要素。第二,职业体育俱乐部业务流程再造。职业体育俱乐部作为以竞赛表演为主的特殊企业,其主要业务包括竞赛表演活动运作与推广、运动人才培养等,衍生产品开发和利用也是其生存和发展的主要辅助工具。职业体育俱乐部业务流程具体包括门票销售业务流程再造、赞助业务流程再造和电视转播权开发业务流程再造三个子要素。第三,职业体育俱乐部管理流程再造。所谓"管理流程再造",简单地说,就是为了改善管理成本、质量、服务等,对职业体育俱乐部的管理及运作方式等进行重新思考、重新设计和重新整合的一系列活动过程。另外,职业体育俱乐部作为一个完整的系统,其管理活动也应该涉及组织的方方面面。因此,从职业体育俱乐部自身特点及管理执行角度来看,我们认为,其组织再造主要包括财务管理流程再造、物质管理流程再造、训练竞赛管理流程再造、人力资源管理流程再造和体育信息管理流程再造五个子要素。

综合以上分析可知,从文化角度来看,职业体育俱乐部组织再造理论要素基本涵盖了职业体育俱乐部组织架构、流程的全部内容,并充分体现了职业体育俱乐部这一特殊类型企业的独特要素内容①。

第四节　职业体育俱乐部组织再造方法

了解职业体育俱乐部组织再造方法,建立组织再造的诊断、评估与反馈体系,对于降低职业体育俱乐部组织再造风险和再造成本、提高职业体育俱乐部组织各要素的配置效率有着极其重要的现实意义。

一、职业体育俱乐部组织再造程序1——诊断

职业体育俱乐部组织诊断的目的,是发现职业体育俱乐部组织内各要

---

① 易芳,段娟娟,李荣日.基于文化层次理论下的职业体育俱乐部组织再造理论要素研究[J].沈阳体育学院学报,2013,32(3):16-19.

素配置中潜在和已经存在的问题和原因,具体包括对组织再造相关信息的采集、对数据的分析和对结论及建议的提出。这里的组织再造诊断主要包括职业体育俱乐部组织内各要素的协调程度、组合配置效率的高低和对外界环境的适应能力等内容。诊断过程可以分为诊断前期准备工作和报告的撰写确定两个阶段。在分析诊断之前,我们有必要了解职业体育俱乐部组织再造诊断的原则。

(一)职业体育俱乐部组织再造诊断的原则

第一,整体性和系统性原则。我们应该清楚,职业体育俱乐部组织不仅是一个完整的整体,同时也是一个开放的系统。因此,在职业体育俱乐部组织再造诊断过程中不能单单就事论事,只注重决策机构设置或只重视管理流程等部分问题,而首先要从全面的、系统的、整体的角度出发,对职业体育俱乐部组织进行全面调查和诊断。

第二,积极审慎原则。积极审慎原则主要包括两方面的含义。一是强调积极、主动的组织再造态度。因为组织再造不仅可能改变员工先前的价值观、思维方式,也可能打破原有的利益格局,必然可能遇到组织、员工等各方面的阻力。因此,推动组织再造需要有足够的信心和勇气,也需要足够的热情作支撑。二是实事求是、尊重科学。它要求相关工作人员在进行职业体育俱乐部组织再造诊断的过程中,要以一颗平常心来面对当前职业体育俱乐部所面临的各种组织问题,要不骄不躁不气馁,既不过分夸大,也不刻意缩小,这样才能为工作的顺利进行打下良好的基础。

(二)职业体育俱乐部组织再造程序——前期准备

前期的准备是整个组织再造的铺垫性工作,也是基础性工作。工作内容主要包括对相关工作人员和其工作任务的具体制定与安排,详细计划、具体方案、时间的制定等。

由前文分析可知,从文化角度来说,组织文化是全体员工长期形成的价值观、宗旨、行为准则、道德规范等的综合,是不易改变的精神层面的内容。因此,在前期准备阶段,除了要有详细、周密的计划之外,还要激发全体和相关工作人员的工作热情,使之了解组织再造的注意事项。因为工作人员的确定和安排不仅是保证和促进职业体育俱乐部组织诊断工作顺利完成的很重要的人力资源要素,同时对职业体育俱乐部组织再造的成败起着十分关键的作用。在这一环节中要注意两点。一是管理层面的高级人员组成要具备领导者的气魄和威望,能够很好地统领全局工作。管理人员的结构既要包括职业体育俱乐部内部的相关方面的管理者,也要包括外聘来的相关专家学者,同时也应该包括体育行政主管部门的相关领导。另一方面实际操作层面的被管理人员——如数据收集者,对于这部分工作人员,最重要的一点就是必须要开展职业体育俱乐部组织内容诊断前的培训工作,提醒员工应该注意的事项,着重提高员工开展职业体育俱乐部组织内容诊断的积极性,以便顺利完成工作。

(三)职业体育俱乐部组织再造程序——资料收集

根据设计的研究方案与时间进度收集资料。相关数据的搜集包括对相关文献资料的收集和相关调查数据的收集。相关调查数据的搜集工作主要是指工作人员在所预定好的时间内,将前一环节中所制作好的问卷,分发给调查对象并进行回收。需要注意的是,不管前期基础性预备工作——人员、调查问卷等做得如何充分和完备,对所需相关资料和数据的收集工作都是一项相对较大,也比较耗费时间、人力和财力的工程。此外,如何保证调查问卷的真实性、有效性,数据的可靠性、广泛性、全面性是这一过程应该最应重视和注意的,因为数据的结果直接关系到职业体育俱乐部组织再造方案的制定,关系到组织再造是否能取得初步的成功。

(四)职业体育俱乐部组织再造程序——报告撰写

第一,根据调查结果,撰写诊断报告。职业体育俱乐部组织诊断报告的撰写,主要是对整个组织诊断过程理论性、文字性的总结。具体内容主要包括以下几个模块:前期相关文献资料整理、研究方法及方案的文字描述,数据的统计结果及对统计结果的分析——职业体育俱乐部组织中存在的问题及产生问题的原因探讨,研究结论,等等。

第二,提出具有可操作性的,且有实践意义的再造方案。职业体育俱乐部组织再造方案的提出与制定,是职业体育俱乐部组织诊断最为核心的模块,它直接关系到职业体育俱乐部组织再造的下一个步骤——具体的改造与实施。因此,相关领导及专家在职业体育俱乐部组织再造方案这一环节,要充分考虑以下两点:要充分结合前边探讨的职业体育俱乐部组织中存在的问题及产生问题的原因,更要考虑到职业体育俱乐部组织再造方案的实际可操作性,例如实际开展难度、周期长短、资金耗费大小等。

二、职业体育俱乐部组织再造程序2——改造

可以说,职业体育俱乐部组织再造程序1——诊断,侧重于从理论与实践两个层面探求职业体育俱乐部组织存在的问题、原因及改造方案,是对后期工作的铺垫。而职业体育俱乐部组织再造程序2——改造,则着重从实际操作和运用层面展开具体再造工作,是整个职业体育俱乐部形象再造的核心环节。具体开展过程中要注意以下两点。

第一,增强全体员工的危机意识,激发员工的工作热情。相关管理者、领导者不仅要使职业体育俱乐部的员工认识到当前组织内所存在的问题,同时也应该鼓励员工勇于承担和面对这些问题,使员工有决心和信心与职业体育俱乐部共同渡过各种难关。

第二,尽可能排除不利的干扰因素。组织内各要素的更换和变革可能涉及部分员工的利益——如裁员、调动等,从而引起员工的抵触、不满或争端。因此,在这一过程中,相关领导、专家或工作人员要采取一切尽可能的措施,如材料宣传、教育、交流、说服、奖励甚至是惩罚等,排除不利因素,确保职业体育俱乐部形象再造的顺利执行。

第三,组织再造的过程涉及业务、管理等诸多流程的梳理、整顿或创造性的变革,改造的过程中要不断对这些流程加以细化、整理,最终成为指导文化再造后组织运营的流程指导。

三、职业体育俱乐部组织再造程序3——评估与反馈

(一)职业体育俱乐部组织再造的评估工作

职业体育俱乐部组织再造的评估工作是整个组织再造过程中较为重要的环节。因为,职业体育俱乐部组织再造过程并不是在真空环境中进行的,它可能受到外界环境的不断干扰,也可能在一定程度上偏离原计划轨道。评估工作的开展正是基于这一情况,对职业体育俱乐部组织再造的结果和整个过程发挥监督、矫正的重要作用,以保证组织再造工作的高效率性和成功机率。

(二)职业体育俱乐部组织再造的反馈工作

职业体育俱乐部组织再造的反馈工作,是完成职业体育俱乐部组织再造的最后一个环节,但同时也预示着下一次组织再造工作的开展。对职业体育俱乐部组织实施再造效果的信息反馈,不仅有助于职业体育俱乐部组织保持预定的发展方向,也可以帮助职业体育俱乐部提高组织效率、适应不断变化的竞争环境。其实,反馈工作并不只是帮助矫正和监督职业体育俱乐部组织再造工作,使其按原计划依序执行,更重要的是让相关负责人员学习到更多的经验,为整个职业体育俱乐部组织的长期发展和实现最终目标而服务。

四、职业体育俱乐部组织再造的类型

以上我们分析了职业体育俱乐部组织再造的概念内涵、原则、内容、方法等基础理论知识,了解了开展职业体育俱乐部组织再造的大致流程。然

而，我国职业体育俱乐部所处的发展阶段、各自所面临的发展情况均会有所不同。因此，在具体实施职业体育俱乐部组织再造时，必须考虑三个问题。首先，职业体育俱乐部的发展时期。就目前我国职业体育俱乐部的总体情况而言，大多数已经经历了创业阶段，逐步步入成长阶段。因此，其面临的问题依然很严重，需要通过极大的努力才能逐渐走向成熟。其次，职业体育俱乐部的各个发展状况及表现特征问题。汇总我国职业体育俱乐部所面临的各种问题及表现特征，可以将我国职业体育俱乐部组织分类四个类型，即正常发展中的职业体育俱乐部组织、更改名称后的职业体育俱乐部组织、面临困境发展中的职业体育俱乐部组织和面临破产中的职业体育俱乐部组织。第三，根据职业体育俱乐部自身所属类型，选择职业体育俱乐部组织再造涉及的范围，把握职业体育俱乐部组织再造的最佳时机。

（一）正常发展中的职业体育俱乐部组织再造方法

1. 正常发展中的职业体育俱乐部组织再造特点

处于正常发展中的职业体育俱乐部组织是指，职业体育俱乐部组织内部各要素各司其职、综合效率、利润率均较高，并且能够很好地适应当前市场的发展规律及社会外部宏观环境的发展要求。但是任何一个组织并不会永远以完美的状态存在，因为无论是组织内部还是组织外部环境的变化，都有可能成为其走向没落或衰亡的导火线。因此，这一时期的职业体育俱乐部同样需要组织再造，但是一定要依据情况选择合适的组织再造模式。

2. 正常发展中的职业体育俱乐部组织再造条件

对正常发展中的职业体育俱乐部开展成功的组织再造，需要一定的条件作为保证。那就是，要敏锐洞察正常发展中的职业体育俱乐部组织内外环境的变化。职业体育俱乐部组织再造的目的是要提高综合效能，并与外部环境达到动态平衡。本章第二节我们也同样谈到，内外环境的变化是实施职业体育俱乐部开展组织再造工作的动因。因此，职业体育俱乐部要有敏锐的嗅觉，以市场变化为向导，以相关政策为依托，充分分析社会大环境及所具备的资源优势，为职业体育俱乐部组织再造顺利开展提供最强的基础保障。

（二）更改名称后的职业体育俱乐部的组织再造方法

1. 更改名称后的职业体育俱乐部组织再造特点

名称作为职业体育俱乐部的招牌性标志和对外展示的重要窗口，不到万不得已不宜变更。在我国，职业体育俱乐部组织名称的更改虽然受到各方面因素的共同作用和影响，但是相关资料显示，职业体育俱乐部组织资金重要来源的商业合作伙伴（供应商、赞助商）的频繁变动，是造成这一现象的主要原因。因此，这类职业体育俱乐部并非一定会遭遇严重的财务困境或危险,却很有可能是由商业合作或局部问题引起的。所以,合理、科学地实施职业体育俱乐部组织再造工作,一定程度上有助于巩固俱乐部的商业合作关系,能够使这一时期的职业体育俱乐部走向更辉煌的明天。

2. 更改名称后的职业体育俱乐部组织再造条件

更改名称后的职业体育俱乐部实施组织再造时应该注意两点。第一,确定更改名称后的职业体育俱乐部组织再造所涉及的范围。正如前文所述,我国职业体育俱乐部所面临的名称更迭现象有其特殊性——与商业合作伙伴关系的不稳定性有很大关系。鉴于此,职业体育俱乐部应该充分考虑双方的合作利益,尽可能给对方创造优势条件,同时也为自身生存和发展创造机会。第二,把握更改名称后职业体育俱乐部组织再造的最佳时机。一般这类组织再造的最佳时机应该为确定更换名称的整个思考过程。如果没有很好把握时机,将很可能会重蹈覆辙,使组织再造的效果无法体现。

(三)面临困境发展中的职业体育俱乐部组织再造方法

1. 面临困境发展中的职业体育俱乐部组织再造特点

面临困境发展中的职业体育俱乐部组织是指,由于各方面因素的影响,使职业体育俱乐部组织各要素之间出现较大的不协调性,与市场等外部环境变化表现出较大落差,从而使其综合效率下降,难以维持原有发展速度,并时刻会面临更糟状况的威胁。造成职业体育俱乐部组织走向困境的因素很多,但如果处理得当,改造及时,将会对职业体育俱乐部组织重新步入正轨有极大的帮助作用。

2. 面临困境发展中的职业体育俱乐部组织再造条件

对于面临困境发展中的职业体育俱乐部,在开展组织再造工作时需要具备一些较为重要的条件,即正确评估面临困境发展中的职业体育俱乐部组织再造牵涉的范围,正如哈默教授所言,再造虽然应该是彻底的,但同时必须是符合组织现实状况的,不能盲目地实施彻底改造。造成职业体育俱乐部组织陷入困境的因素很多,所表现的症状也迥然不同。因此,在进行组织再造之前,诊断和评估组织再造所涉及的范围非常重要,不仅可以节约成本和时间,而且更是组织再造取得成功的基础条件。第二,正确把握面临困境发展中的职业体育俱乐部组织再造良好时机。了解组织再造牵涉范围后,还要把握时机,千万不能犹犹豫豫、左顾右盼,否则可能会提高再造成本,并增加再造失败的风险。

(四)面临破产中的职业体育俱乐部组织再造方法

1. 面临破产中的职业体育俱乐部组织再造特点

面临破产中的职业体育俱乐部组织是指,如果职业体育俱乐部不能很好地实施危机逆转，将很有可能走向死亡的边缘，遭受真正破产的沉重打击。这种状况的形成可能源于两种情况影响：一种情况是，组织在应对外界环境的突发状况时，由于某一环节操作不当，而使职业体育俱乐部一时陷入极大的困境或危机，走向破产的边缘；另一种情况是，由于职业体育俱乐部组织连年亏损，并长期积累的结果。当然，也可能是两种情形共同作用的结果，俱乐部本已经营困难，某个危机事件的发生成了"压垮骆驼的最后一根稻草"。

2. 面临破产中的职业体育俱乐部组织再造条件

要想成功再造面临破产中的职业体育俱乐部组织，必须具备以下条件。第一，对面临破产中的职业体育俱乐部实施组织再造有一个客观、正确的认识。当职业体育俱乐部陷入破产危机时，对组织再造工作造成最大影响的就是内部员工的态度和社会公众的评论。因此，如何激发员工的信心和热情，改变社会公众的看法是促进组织再造成功的重要因素。第二，紧抓面临破产中的职业体育俱乐部组织再造时间。对这类职业体育俱乐部开展组织再造，时间是很重要的影响因素。尽可能地缩短时间，争分夺秒是促进组织再造成功的又一重要条件。

五、职业体育俱乐部组织再造的模式

著名的组织变革专家弗里蒙特·卡斯特(Fremont E. Kast)等认为，在组织初建、急速成长和衰亡等阶段，适应和革新对于组织的生存是至关重要的，但是对于已经达到成熟期的组织来说，稳定性和持续性更为重要①。而不同类型的职业体育俱乐部组织，在再造模式的选择方面也应有所差别。因此，职业体育俱乐部再造模式的划分不仅具备职业体育俱乐部组织生命周期的发展特点，同时也会呈现上述所分析的职业体育俱乐部组织再造某一类型的属性特征。下面我们将综合以上分析结果，对职业体育俱乐部组织再造的模式划分、选择等内容作简要介绍。

(一) 职业体育俱乐部组织再造模式的划分

总体而言，依据上述分析标准，我们将职业体育俱乐部组织再造模式划分为四个方面，即渐进型职业体育俱乐部组织再造模式、创新型职业体育俱乐部组织再造模式、激进型职业体育俱乐部组织再造模式和紧缩型职业体育俱乐部组织再造模式。

1. 渐进型职业体育俱乐部组织再造模式

针对正常发展的、处于各个阶段的职业体育俱乐部的组织，我们制定了

---

① 肖旭，赵宏，梁莉丹.现代企业组织管理创新[M].广州：中山大学出版社，2007：194.

渐进型职业体育俱乐部组织再造模式。这种组织再造模式的观点认为，对职业体育俱乐部开展组织再造必须要循序渐进，依据实际情况而定，切勿操之过急。相对于下面提到的创新型组织再造模式而言，这种模式在思维意识层面较为被动，但在具体操作过程中较容易掌握主动权。一方面，处于正常发展的职业体育俱乐部，其组织内必定形成一定的“惰性”，如果前期的宣传工作不当，会引起员工的不满情绪，进而影响组织再造工作的开展；而另一方面，渐进型组织再造力求通过一个渐进的过程，通过对组织进行小幅度的局部调整和修补，解决局部问题，实现整体组织模式的转化。因此，这种模式极易操作和展开实施，并且也比较容易实现职业体育俱乐部组织文化的建设目标。

2. 创新型职业体育俱乐部组织再造模式

针对更改名称后的职业体育俱乐部组织，我们提出了创新型职业体育俱乐部组织再造模式。这是一种在思维意识层面和具体实践操作层面均最为积极、最为主动的再造模式。组织创新过程可以简单归纳为三个方面，即现实状况的评估、未来状态的确定和过渡状态的管理。但是，组织创新并不是一个完整、有序的转化过程，它要求管理者同时关注未来状态、初始任务的确定和现实资源状态的评估①。因此，这种组织再造模式的重点并非单纯寻找当前职业体育俱乐部组织运营过程中所存在的问题，而是通过对俱乐部当前运行过程和绩效表现的研究，确定俱乐部的优势领域，明确其未来发展的方向，形成职业体育俱乐部的独特竞争力，从而提高职业体育俱乐部的整体竞争力和对环境的适应能力。

3. 激进型职业体育俱乐部组织再造模式

激进型职业体育俱乐部组织再造模式的提出，主要针对面临困境的职业体育俱乐部组织，其主要观点为，要求职业体育俱乐部组织在尽可能短的时期内完成彻底的、大范围的、系统的重新审视、重新构造的一系列活动。但是这种组织再造模式由于改造幅度较大、面临风险较大，因此在具体的实践过程当中，容易遭到多数人的心理抗拒和行为抵制，前期的工作开展起来可能会比较困难。但是如果能够迅速和成功地推进，不仅成本较低，而且能在较短时间内改变组织所面临的状况，使职业体育俱乐部摆脱困境，步入正轨。

4. 紧缩型职业体育俱乐部组织再造模式

紧缩型职业体育俱乐部组织再造模式的提出，主要针对的是面临破产

① 顾弘.从资源优化配置的角度探究企业组织创新[D].上海：复旦大学，2003：32.

的职业体育俱乐部组织再造类型。这一时期的职业体育俱乐部组织可能具有较大的规模、一定资金储备,但是总体来说,其负债和各方面的压力已经远超出其可能的承受力。而紧缩型职业体育俱乐部组织再造模式的主要观点认为,在顾全大局思想的前提下,将职业体育俱乐部现有的战略目标,尤其是偏离原起点较大的战略目标进行收缩和撤退,集中精力保全职业体育俱乐部的核心产品,以避免职业体育俱乐部真正走向衰亡。因此,通过紧缩型组织再造模式的选择,可以有效改善这一状况,缓解其燃眉之急。

(二)职业体育俱乐部组织再造模式的选择

开展职业体育俱乐部组织再造模式选择并不是无用功,正如所有事物的产生均有其一定的目的和意义,职业体育俱乐部组织再造模式的选择工作主要带有以下两点目的性。

第一,保障职业体育俱乐部组织再造工作的顺利完成。并非只要进行职业体育俱乐部组织再造,就能够促进职业体育俱乐部向着预期的方向发展。如果再造不当,反而会加速其衰退,这就涉及职业体育俱乐部组织再造模式的选择问题。换言之,职业体育俱乐部组织再造能否确定一个合理、有效、科学的方式,直接决定了再造的成功与否,进而影响到职业体育俱乐部组织顺利发展及最终目标的实现。

第二,尽可能减少职业体育俱乐部组织再造的负面和阻碍因素。通过本章第二节的探讨与分析可知,内外环境的变化是导致和促进职业体育俱乐部进行组织再造的动因,同样,这也是职业体育俱乐部开展组织再造工作的阻碍和影响因素。因此,选择合适、有效的职业体育俱乐部组织再造模式,可以减少组织再造的阻力,有针对性地推进职业体育俱乐部组织再造,保证组织再造的高效率和低成本。

小　　结

职业体育俱乐部组织再造是职业体育俱乐部文化再造的一个组成部分,关系着整个文化再造的成功与否。因此,科学地开展组织再造,可以对职业体育俱乐部组织的诸要素进行重新审视和优化整合,具有极其重要的社会实践意义和价值。

本章内容主要包括以下几个部分:第一节,从理论方面探讨职业体育俱乐部组织再造相关概念内涵、特点和作用等;第二节,详细分析我国职业体育俱乐部需要开展组织再造的内外动因;第三节,分别探讨文化与组织文化的关系、国内外对企业组织再造理论要素的主要观点和职业体育俱乐部组织再造的理论要素等内容，并确定职业体育俱乐部组织再造的基本研究内容；第四节，职业体育俱乐部组织再造程序的简要介绍，以及职业体育俱乐部组织再造类型的划分及模式的选择。

主要参考文献

[1] ADIZES, I. Managing Corporate Life Cycles[M]. Santa Barbara, CA: The Adizes Institute Publishing, 2004: 10.

[2] BARNARD C.I. The Function of the Executive[M]. Boston: Harvard University Press, 1938: 73.

[3] DAFT R. L. Organizational Theory and Design[M]. Boston: Cengage Learning, 2013.

[4] HALL R. Organizations: Structures, Processes, and Outcomes. New Jersey: Prentice Hall, 1991: 32.

[5] GREINER, L. Evolution and Revolution as Organizations Grow[J]. Harvard Business Review, 1998,76(3): 55-67 (modified reprint from July-August 1972).

[6] ROBBINS S. Managing Organizational Conflict: A Nontraditional Approach. Englewood Cliffs, NJ: Prentice Hall, 1974: 3.

[7] WEBER M. The Theory of Social and Economic Organizations[M]. New York: The Free Press, 1947: 145.

[8] 陈佳贵.关于企业生命周期与企业蜕变的探讨[J].中国工业经济,1995(11): 5-13.

[9] 丁林梅.对我国职业体育俱乐部公司治理结构的探讨[J].沈阳体育学院学报, 2004,23(6): 753-755.

[10] 弗里蒙特·卡斯特,詹姆斯·罗森茨韦克.组织与管理：系统方法与权变方法[M].北京：中国社会科学出版社,2000.

[11] 符绍珊.企业组织结构模式创新研究[M].北京：中国经济出版社,2008.2-7.

[12] 高宏德.现代企业组织管理原理[M].四川：成都科学大学出版社,1993: 171.

[13] 郜江军.企业组织要素分析与组织优化方法研究[D].武汉：武汉科技大学,2005: 27-28.

[14] 顾弘.从资源优化配置的角度探究企业组织创新[D].上海：复旦大学,2003: 32.

[15] 郭朝晖.关于学习型组织与企业组织再造的思考[J].企业经济,2002(12): 36-37.

[16] 黑尔里格尔等.组织行为学(下)[M].北京：社会科学出版社,2000: 615.

[17] 江绍伦.企业组织与效率[M].上海：复旦大学出版社,1995.

[18] 蒋志青.企业组织结构设计与管理[M].北京：电子工业出版社,2004: 52-53.

[19] 李荣日,王志玲,杨敏.全民健身公共服务组织管理体系研究述评[J].沈阳体育学院学报,2013,32(1): 42-45,49.

[20] 刘文静.基于企业生命周期理论的企业组织结构选择研究[M].青岛：中国海洋大

学,2006：5.
[21] 刘玉锋.谈网络环境下的企业组织再造[J].商业时代,2008(35)：80-81.
[22] 齐振宏.企业组织变革研究[D].武汉：华中农业大学,2002.
[23] 切斯特巴纳德.经理人员的职能[M].北京：机械工业出版社,2007.
[24] 孙伟.基于组织文化的企业再造研究[D].济南：山东师范大学,2009：17.
[25] 孙永正.企业组织与制度[M].北京：中国财政经济出版社,2004：158.
[26] 西蒙.杨砾等译.管理行为[M].北京：北京经济学院出版社,1991：9.
[27] 相征.浅谈对于组织文化的多层次认识[J].北方经贸,2011(1)：105-106.
[28] 肖旭,赵宏,梁莉丹.现代企业组织管理创新[M].广州：中山大学出版社,2007：194.
[29] 杨洪兰,张晓蓉.现代组织学[M].上海：复旦大学出版社,1997：7.
[30] 易芳,段娟娟,李荣日.基于文化层次理论下的职业体育俱乐部组织再造理论要素研究[J].沈阳体育学院学报,2013,32(3)：16-19.
[31] 赵慧英.组织设计与人力资源战略管理[M].广州：广东经济出版社,2003.
[32] 郑海航.企业组织论[M].北京：经济管理出版社,2004：112.

第四章　职业体育俱乐部制度再造

第一节　职业体育俱乐部制度再造的内涵

一、职业体育俱乐部制度再造内涵

（一）企业制度的内涵

人们对“制度”的理解可以有所不同，对其概念的界定可以有所差别，甚至对某种“制度”的好坏可以进行随意评定。但是有一个事实是不可否认的，那就是从古至今，任何一个组织的产生都会伴随着“制度”的产生与发展，“制度”是任何组织赖以生存的基础和有效保障。从某种意义上来说，“制度”的优劣对于一个组织是否能够获得长足发展具有决定性作用。因此，关于“制度”这一概念内涵的阐述自然而然地受到国内外众多学者的密切关注与详细描述。早在19世纪，凡勃仑在其《有闲阶级》一书中已经引入了“制度”的概念，他认为“制度”就是个人或社会对某些关系或某些作用的一般思想和习惯，是当前公认的某些生活方式，是“大多数人稳定了的共同思维习惯”①；巫宝三（1985）认为，在我国，“制度”一词自古有之，《礼记》中有这样一段描述：“故天子有田以处其子孙，诸侯有国以处其子孙，大夫有采以处其子孙，是谓制度。”②汪丁丁（2002）在充分考虑我国历史及言论发展的基础上提出，汉语中的“制”与“度”两字有不同的含义，“制”指外在的规约、束缚和局限，“度”是指内守中庸之节，因此，汉语中的制度包含了从内到外两方面对行为的规约③。根据汪丁丁的观点，制度既包含外在的各种规章制度，也包含内在的道德、伦理等精神层面的约束。

---

① 凡勃伦.有闲阶级论——关于制度的经济研究[M].北京：商务印书馆，1983：138－139.

② 巫宝三主编.中国经济思想史资料选辑（先秦部分）[M].北京：中国社会科学出版社，1985：548.

③ 汪丁丁.制度分析基础[M].社会科学文献出版社，2002：197－198.

由此可见,不同领域的学者对“制度”的理解和定义存在一定差距,但是无论哪种解释无外乎“广义”和“狭义”两种。“广义的制度”既包含内在的、无形的道德约束规范,也包含外在的、具体的明文规则;而一般意义上“狭义的制度”仅仅指外在的、具体的行为准则,是人们必须普遍认可和遵守的硬性规定。本书所采用的是“狭义的制度内涵”,即“正式制度”——指人们共同遵守的办事章程和准则,不包括习俗、道德等软约束。值得注意的是,制度表面上是一种行动规则,实质上则是前人成功创造和后人不断完善规范的各种关系和激励人们进取的一种“共同知识”,它促使人们去从事那些对个人和整个社会有益的经济活动①。

企业制度伴随着企业的诞生而产生,在企业的生存与发展过程中具有极其重要的价值意义。对企业制度的内涵探讨也是众多专家学者关注的焦点,通过对相关文献资料的整理和归纳,可以将具有代表性的相关企业制度的概念释义分为三大类型——即“系统综合说”、“管理说”和“其他学说”。这些关于企业制度的观点为我们带来了颇为丰富的研究资料,也为深入的分析探讨奠定了坚实的基础,为本研究起到了难能可贵的借鉴和指导作用。

第一,系统综合说。

林建国指出“企业制度是企业实体根据本企业的特点,为保证正常的生产经营秩序,更大限度地提高生产经营效益而制定的适用于本企业的行为规范”②。

马传景认为“企业制度是企业各项具体制度相互有机结合而形成的系统”,包括企业所有权、财产所有权、治理结构、管理制度以及非正式制度等③。

茅玉峰认为从字面来看,企业制度指的是“与企业相关的各种正式或非正式的组织规则的总和”,既包括国家相关法律制度,又包括企业自行制定的制度,制度是协调利益关系、确保企业正常运转的必备条件④。

杨月坤指出“企业制度是指对企业的微观构造及其相关制度安排所做出的一系列界定、规制与约束的总和,具体表现为企业组织运营、管理等一系列行为的规范化和制度化。且企业制度有狭义和广义之分”⑤。

第二,管理学说。

梁海燕认为“在企业管理中,企业制度指企业组织管理的正式制度,它

---

① 丹尼尔·W.布罗姆利.经济利益与经济制度[M].上海:上海三联书店,1996:1.

② 林国建编著.企业文化概论[M].哈尔滨:哈尔滨工程大学出版社,1999:124-125.

③ 马传景.企业家人力资本与企业制度创新[D].武汉:武汉大学,2004:13-14.

④ 茅玉峰.制度环境对我国企业制度变迁的影响[D].广州:暨南大学,2006:10.

⑤ 杨月坤.谈企业文化变革与企业制度创新[J].财会月刊,2007(32):18-19.

是企业组织用于规范和约束企业组织成员活动的行为规范”。并进一步将企业制度定义为企业的管理制度,如企业的各项规章,活动准则①。

李程宇指出“企业制度则是企业为了提高效率、控制成本、有效监督而实行的科学管理方法,其实施具有灵活性,应根据企业发展所处的不同时期而适时调整以确保企业获取长期发展的高效率”②。

第三,其他学说。

张燕喜从企业财产的视角出发,对企业制度的定义是“企业制度指的是一种企业体制,它涉及到企业的财产形式、组织及管理制度。因为企业的组织及管理制度取决于企业的财产形式,所以,从本质上看,企业制度是指企业财产的组织、营运形式,或曰财产实现形式”③。

汪剑则认为“所谓企业制度是指企业财产的组织形式,主要是关于企业的组成及其内部运作的一整套规则,包括企业的产权结构、组织方式、管理体制以及企业与外界的联系规则等一系列规定”④。

综合以上分析可以发现,虽然关于企业制度内涵界定的概念呈现多样化特点,但是总体而言,“系统综合说”较受专家学者的肯定和赞同。

结合前述“制度”内涵的讨论,并综合考虑以上各位专家学者的观点,我们认为,企业制度是指企业为了提高运营效率、有效监督、降低成本等而制定的关于企业经营、管理等各种活动及对员工工作、生活等相关要求的制度安排的总称。该企业制度指相对较为狭义的制度,即正式制度——企业相关部门人员所制定的规章制度。

(二)职业体育俱乐部制度再造的内涵

职业体育俱乐部是一类特殊的企业,其制度概念内涵的界定及具体的表现特征必定蕴藏于一般企业制度之中。因此,通过以上对“制度”和“企业制度”概念内涵的分析与阐述,并结合职业体育俱乐部自身的特点,我们认为,职业体育俱乐部制度是指,职业体育俱乐部为了提高管理效率、降低经营成本、实施有效监督而制定的一系列关于职业体育俱乐部经营管理、员工工作生活等规章制度的总称。其基本内涵具体包括以下几个方面。

第一,企业制度具有明显的功能价值。具有强大的功能价值是企业制度存在的前提条件。科学、合理的制度可以提高企业经营管理效率、减少浪费、降低成本、激励员工士气等。

---

① 梁海燕.论企业制度的文化基础[J].武汉船舶职业技术学院学报,2003(4):34-36.

② 李程宇.企业文化与制度建设之互动关系分析[J].企业活力,2008(8):64-65.

③ 张燕喜.德国企业与企业制度研究[M].北京:中国劳动社会保障出版社,2001:16.

④ 汪剑.企业制度比较研究[D].青岛:中国海洋大学,2003:3.

第二,企业制度是一个处于动态平衡状态的完整系统。企业制度是由各项制度组成的整体。这些制度并不是简单、随意地罗列在一起,而是通过相互配合、相互约束和补充而构建起来的完整动态制度系统。

第三,本研究所探讨的企业制度是相对狭义的制度,即正式制度。例如,职业体育俱乐部运营章程,职业运动员应该遵循的工作、生活准则等,而并不包括道德、风俗、习惯等软性约束力量。

职业体育俱乐部制度再造,是指为了从制度层面对职业体育俱乐部实施更为有效的经营管理,以便进一步提高、规范和激励员工的工作、生活态度,基于相关理论的指导,运用一定的方法和手段,对职业体育俱乐部制度的诸要素内容及结构进行重新审视和优化整合,从而建立健全强大而完善的职业体育俱乐部制度的创造性实践活动①。

二、职业体育俱乐部制度理论

"制度"是世界上任何一个组织赖以生存和得以长期发展的必备条件。"无规矩不成方圆"可以很好地诠释"制度"在各个领域所具有的重要地位与价值。职业体育俱乐部作为社会的一份子,同样离不开相关"制度"的保护、约束与规范。反之,职业体育俱乐部制度的产生与发展同样要以职业体育俱乐部的存在为首要前提和条件。由此可见,职业体育俱乐部与职业体育俱乐部制度有着极其亲密、极其重要的内在联系。下文,我们将在分析职业体育俱乐部制度概念内涵的基础上,深入探究其所具有的一些特征以及功能价值等相关理念,以便更为深入地了解和掌握职业体育俱乐部制度相关理论知识。

(一)职业体育俱乐部制度特征

职业体育俱乐部制度的特征是职业体育俱乐部制度再造概念内涵的直观反映,正确理解这一内容有助于进一步了解职业体育俱乐部制度再造的内涵及过程。职业体育俱乐部制度主要表现为以下几个特点特征。

第一,职业体育俱乐部制度的精确性。职业体育俱乐部制度的精确性,首先指制度制定或再造过程中要注意语言、措词的运用,应该准确无误且通俗易懂,尽可能避免使用生僻字词,避免产生歧义;其次指职业体育俱乐部制度对职业体育俱乐部及全体员工都应有明确的相关要求,规定什么该做、什么不该做,使其自觉按规定行动。

第二,职业体育俱乐部制度的稳定性。制度在职业体育俱乐部运营过

---

① 李荣日.职业体育俱乐部制度再造理论要素研究[J].体育文化导刊,2013(4):13-16.

程当中占有举足轻重的地位，是职业体育俱乐部正常发展和长期生存的有力保障。因此，在职业体育俱乐部相关制度再造的制定与实施过程当中，应该尽可能避免进行大范围、大幅度的制度调整，以免对职业体育俱乐部的发展造成不必要的麻烦和波动。

第三，职业体育俱乐部制度的权威性。职业体育俱乐部制度的权威性是对制度本身特点的沿用，即指的是任何一个组织，包括职业体育俱乐部，必须要有其明确的规章制度来约束人们的行为，任何人不得违背，否则将引起组织内部的混乱，甚至是动荡。

第四，职业体育俱乐部制度的系统性。职业体育俱乐部制度指的是职业体育俱乐部内部各种制度关系的总和，各项制度通过相互配合、相互支持、相互约束和补充，形成一个完整的制度体系。但是，制度的这种系统性是相对的，因为随着职业体育俱乐部内外环境的不断变化，制度的系统性需要及时有效地完善，否则会降低职业体育俱乐部的经营效率，并产生新的矛盾。因此，制度再造应该从系统观点出发，宏观考虑各个因素，以免造成偏差。

（二）职业体育俱乐部制度再造功能

对职业体育俱乐部实施有效的制度再造，可以促使职业体育俱乐部制度功能得到进一步强化和提升。具体表现有以下几个方面。

第一，提高指导功能。职业体育俱乐部制度的指导功能指的是要求全体成员按照一定的准则或规定进行各种活动。该指导功能具有明显的强制性。职业体育俱乐部制度并不是口头上的约定，而是通过书面形式形成正式文件，并明确规定了什么该做、什么不该做、什么样的行为会受到奖励惩罚等。

第二，强化约束功能。职业体育俱乐部制度的约束功能，不仅表现在明确规定职业体育俱乐部及其员工应该遵循的行为规范，更重要的是赋予了相关制度管理机构一定的强制执行权，对违反规定的各种行为予以一定的处罚，不以人的意志为转移。例如职业运动员违反某些制度规定时将要面临禁赛的处罚。

第三，促进激励功能。职业体育俱乐部制度的激励功能体现在整个生产经营活动过程，主要是利用外部因素调动和提高全体员工工作态度、工作热情、工作积极性及创造性，从而提高工作绩效。另外，职业体育俱乐部制度还可以通过增强员工的认同感来达到激励、凝聚作用。企业制度是企业内部环境中影响员工认同感的因素之一。员工的认同越强，他们对企业的归属感和凝聚力就越强，能够发挥的能力也随之增强。

第四，加强优化功能。合理的制度制定与安排可以有效提高整个职业体育俱乐部的生产经营效率。格莱尔德 · 斯库利在研究中发现："制度结构的选择对经济效率和增长有深远的影响。与法律条例、个人财产、资源市场配置相结合的开放社会，与那些自由被限制和剥夺的社会相比，其增长率是后者的 3 倍，其效率是后者的 2.5 倍。"①

第二节 职业体育俱乐部制度再造的动因

职业体育俱乐部制度是全体员工应该遵守的普适规则，且具有稳定性的特点，但是这并不意味着职业体育俱乐部制度是一成不变的。这里所说的稳定性是相对稳定性，是一段时间内的稳定。根据再造理论，当外界环境和职业体育俱乐部内部环境发生变化时，出于效率和营利原则等考虑，职业体育俱乐部就应该作出新的制度调整和安排，以适应这种变化。由此可见，内外环境对职业体育俱乐部实施和开展制度再造具有十分重要乃至决定性的影响。那么，是哪些因素导致职业体育俱乐部需要进行制度再造呢？接下来，我们将具体探讨职业体育俱乐部开展制度再造的内部和外部动因。

一、职业体育俱乐部制度再造的内部动因

职业体育俱乐部制度伴随着职业体育俱乐部的产生而产生，对职业体育俱乐部的发展具有保障、规范、约束等重要作用。目前，我国职业体育俱乐部总体发展的不如意与相关制度不完善等问题的存在有着密切的关联。因此，如何使相关制度的制定与实施更加健全、完善、相互协调，使其对职业体育俱乐部的发展发挥最大效应，是职业体育俱乐部制度再造的重要动因。具体来说，职业体育俱乐部制度再造的内部动因主要包括：我国职业体育俱乐部制度自身的不健全、不完善，职业体育俱乐部的执行、监督力度不够，职业体育俱乐部无形资产开发意识不够，且缺乏相关制度保护等。

第一，职业体育俱乐部经营制度不健全、不完善，造成无形资产开发意识不够，且缺乏相关制度保护。职业体育俱乐部无形资产的开发是其收益的重要组成部分，主要包括电视转播权、冠名权、标志物使用权及球星的广告开发权等。目前，我国职业体育俱乐部虽然意识到无形资产的巨大经济收益，但由于缺乏相关制度的正确引导和保护，缺乏科学的评估和规范的商

---

① 转引自詹姆斯 · A. 道等.发展经济学的革命[M].上海：上海三联书店，2000：9－10.

业开发,往往造成无形资产的流失。刘建刚(1999)根据国外职业足球俱乐部经营状况指出,应转变观念,明确足球是一种产业,加快专业管理人才的培养、使用,加强门票、广告经营管理①。

第二,职业体育俱乐部管理制度不健全、不完善,造成职业体育俱乐部的发展不断陷入困境。首先,"制度"本身具有一些天然的弊端。众所周知,"制度"一般是在前人工作的基础上,通过总结、归纳而制定出来的,面对变幻莫测的周边环境,难免具有一定的滞后性;其次,我国正处于由计划经济向市场经济的转型过程中,与传统计划经济体制联系在一起的传统企业制度,不可避免地夹杂在职业体育俱乐部制度体系当中,而这些因素正是导致职业体育俱乐部经营管理运营不善、资产运作僵化、效率持续低下等众多问题的深层原因。比如,陈林祥(1995)从影响我国职业足球俱乐部发展的前三项因素——职业足球的领导体制、竞赛制度、职业足球俱乐部的内部管理机制等方面探讨了职业足球俱乐部的发展对策,指出了制度的重要性,在构建合理的组织架构同时,还要制定完善的内部管理制度,建议通过合同制度、激励制度来进行对运动员、教练员的管理,既有严格的规范,又给予运动员一定的自由度②。

第三,职业体育俱乐部内部和外部监督、制度执行等方面缺乏力度。一方面,我国运动员虽然身在俱乐部,但是其人事关系却在体育部门,他们不仅具有高额的收入,而且享有国家各种福利,可谓是"衣食无忧,旱涝保收"。这在一定程度上增加了运动员的优越感,但同时也促使了运动员惰性心理的不断滋生。与此同时,职业体育俱乐部制度内部监督、约束力度较弱,更进一步降低了运动员的职业意识,使运动员养成不思进取、安图知足、"做一天和尚撞一天钟"的不良习惯。另外,职业体育俱乐部外部监督机制不规范和不完善,也滋生了诸多不良问题。例如,俱乐部与政府、企业之间,俱乐部与俱乐部之间,俱乐部与教练员、运动员之间的关系不规范,且缺乏相应的法律依据,从而导致处理俱乐部各种利益冲突与矛盾时,通过政府行政手段解决的现象明显③。这极不利于职业体育俱乐部的市场化发展之路的顺利进行。

二、职业体育俱乐部制度再造的外部动因

虽然职业体育俱乐部制度是一个完整的大系统,但不可否认,它在整个

---

① 刘建刚.职业足球俱乐部的经营之道及其出路[J].山东体育学院学报,1999,15(1):18-20.

② 陈林祥.对我国职业足球俱乐部发展的初步研究[J].武汉体育学院学报,1995(1):11-16.

③ 张林,戴健,陈融.我国职业体育俱乐部运行机制的主要缺陷[J].上海体育学院学报,2001,25(2):1-5.

社会制度当中仍然是一个子系统，并随时与外界进行各种信息、能量的交换。因此，职业体育俱乐部外部制度环境的变化对职业体育俱乐部制度的制定与实施同样产生着不可小觑的影响。以下，我们将对与职业体育俱乐部制度有着较为密切关系的几种外部因素作详细陈述。

第一，相关的法制基础不完善，不能为整个职业体育俱乐部的法制建设搭建良好的发展平台。众所周知，我国企业仍处于发展阶段，相关企业的法律制度建设也仍在摸索和实践当中，尚无法为职业体育俱乐部法律制度的建设提供最佳的平台。职业体育俱乐部的发展也不过二十余年，相关法律法规显得更为苍白无力。这些缺陷导致了恶性循环的不断发生。如职业体育俱乐部与政府、企业之间，或是职业体育俱乐部相互之间的关系错综复杂，规范性欠缺，没有完全纳入法制轨道，在处理问题时运用行政手段过多，违背了市场经济的自然规律。可见，我国职业体育的改革和发展要求必须有与之相对应的法律法规制度为保证①。程明（2003）建议，“国家立法机关和有关职能部门尽快制定和完善相关的职业体育法律、法规对联赛中的管理者及其管理行为、俱乐部和裁判员分别做出相应的规范，明确其职责、权利、义务及其法律责任，从而使体育界有法可依，以保证职业体育健康、有序、协调的发展”②。

第二，运动员转会制度不健全，造成生产要素无法在市场中自由流通，也造成职业体育俱乐部经济效益的巨大损失。一方面，市场经济是一种开放、自由型的经济体系。生产要素自由流通、资源实现优化配置是相关市场正常发展的表现，同时也是保证市场良好发展的重要条件，更是促进职业体育俱乐部运动员正常发挥作用的基本条件。各种原因，我国目前的情况是，运动员虽效力于各自的职业体育俱乐部，但是其人事关系仍然属于体育部门。这也就意味着职业体育运动员最终受到体育行政部门的管辖和调遣，完全违背了市场发展规律，从而给职业运动员自由转会造成相当大的阻力和困难。另一方面，球员转会是职业体育商业化的最主要特征之一，炙手可热的优秀球员转会费不仅是俱乐部经济收入的重要来源，同时也是俱乐部流动资金的主要支出部分③。国外职业运动员市场运动员的转会费高达数百万乃至数千万美元的情况已经屡见不鲜。李开元、赵鲁南（2000）研究我

---

① 郁俊，周晶．“黑哨”事件呼唤健全职业体育法律制度［J］．天津体育学院学报，2002（2）：46－48.

② 程明．对中国足坛“黑哨”事件的思考［J］．甘肃社会科学，2003（4）：23－25.

③ 吕杰，朱尚．我国职业足球俱乐部发展现状与对策研究［J］．湖北体育科技，2008，27（4）：485－488.

国职业足球和篮球俱乐部发现,球员转会费并非俱乐部的主要收入来源,仅有3%的足球俱乐部球员转会费排到其资金来源的前3位,篮球俱乐部的状况更差,因此他们认为中国足球协会、中国篮球运动管理中心应当努力制定并不断完善球员转会条例,通过制度规范和协调各俱乐部与球员之间的关系①。不断发展完善的球员转会制度也是职业体育俱乐部制度再造的重要外部动因。

第三,国家相关制度的缺失,使职业体育俱乐部预算约束过于软化,造成职业体育俱乐部自身造血功能的不足。刁永作认为,"预算约束软化"是社会主义国家企业普遍存在的通病②,过去很长一段时间,政府对职业体育俱乐部经营行为干预过多,其中不乏补贴、银行"软"信贷、干预收入再分配等"软性"措施的运用,造成了职业体育俱乐部预算约束力不足,同时导致俱乐部造血能力低、政府不得不对俱乐部进行托底的不良循环。不可否认,当前我国大多数职业体育俱乐部确实无法实现自给自足、自负盈亏。

第三节　职业体育俱乐部制度再造理论

一、文化层次理论下的职业体育俱乐部制度再造系统

整体而言,职业体育俱乐部制度是职业体育俱乐部文化的一个重要组成部分,是职业体育俱乐部文化不断演绎的结果。那么,职业体育俱乐部制度作为一个独立的整体与体系,它与职业体育俱乐部文化又是以怎样的方式,发生怎样的联系呢?我们认为,在探讨两者关系之前,有必要对企业文化与企业制度作简要的描述。

关于企业文化与企业制度的关系研究是理论学界的热点话题。李晓乐(2010)③研究发现,企业文化和企业制度在具体的经营管理活动中是相辅相成的。两者层次关系的具体表现有以下三个方面:第一,企业制度和企业文化是内在和形式的关系;第二,企业制度与企业文化是相互依赖辨证统一的关系;第三,企业制度与企业文化是相互促进、相互制约的关系。吴金明、刘燕(2005)从经济学的角度阐述了企业文化和企业制度共生关系,认

① 李开元,赵鲁南.我国职业体育俱乐部经费来源及市场开发状况探析[J].中国体育科技,2000,36(10):14-15.
② 刁永作.对建立企业制度的思考[J].贵州社会科学,1988(9):10-14.
③ 李晓乐.现代企业制度改革中的企业文化变革[D].石家庄:河北师范大学,2010:9-10.

为，文化与制度在本质上都是企业运行的秩序，文化是自生秩序，制度主要是创生秩序，企业制度建设是基础，文化是对制度的升华，企业文化与企业制度相互影响，在不同社会发展环境下表现出不同的匹配水平，对于规范企业运行的作用发挥也会有所差异①。企业制度与企业文化各具体指标要素对应关系如图 4 - 1 所示：

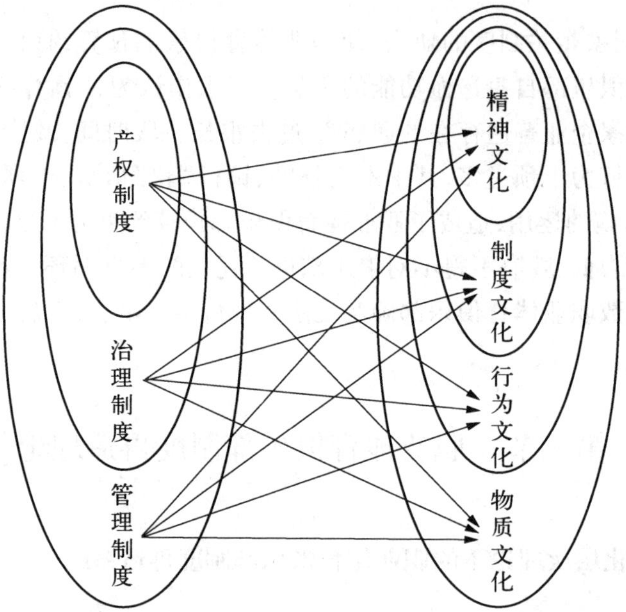

图 4 - 1　企业制度与企业文化各个层面的关系

尹海英(2006)在充分借鉴和分析前人相关研究的基础上指出，不仅总结了目前理论界对企业文化与企业制度关系研究的几种观点看法——单就其结构内容来说，两者具有包含与被包含关系、等同关系和对立关系(如图 4 - 2 所示)，还从共生单元、共生模式和共生环境及其相互作用几个维度详

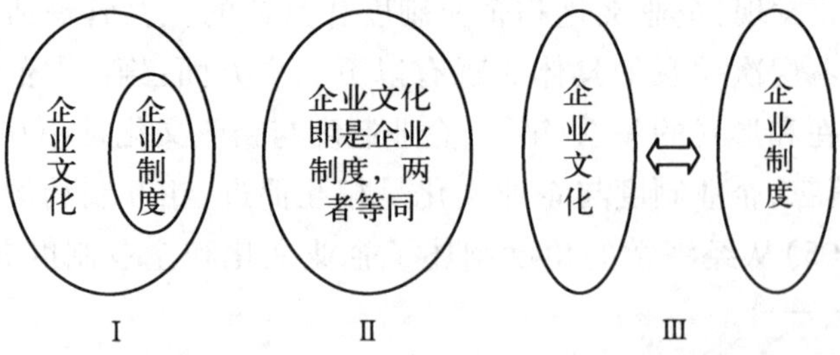

图 4 - 2　不同学者对企业文化与企业制度关系的观点看法

① 吴金明，刘燕.论企业制度与企业文化的共生[J].现代企业教育，2005(11)：11 - 14.

细分析了企业文化与企业制度的共生关系，研究企业文化与制度共生的条件、影响因素和动力机制，并提出进一步提升企业文化与企业制度共生的策略建议①。

首先我们来看一下图4-2Ⅰ。本书第二章曾指出，职业体育俱乐部文化再造内容包括制度再造，不过这并非意味着我们比较认同两者是包含与被包含的关系，即职业体育俱乐部制度仅仅是职业体育俱乐部文化的一个子文化。这是因为，之前我们在进行职业体育俱乐部文化理论要素划分时，主要是以其概念内涵和结构内容为参照标准，并从一个较大、较宏观的层次予以考虑的。而在探讨和分析企业文化与企业制度的关系时，不仅要考虑以上因素，更应该认识到企业制度也是一个独立、完整的开放系统，两者的关系绝不应仅仅是包含与被包含的关系。在分析两者关系时，应综合分析两者具体包含的理论指标要素，以达到一个较为合理、科学的分析目标。在图4-2中，图Ⅱ和图Ⅲ简单地将企业文化和企业制度等同或对立起来，完全混淆了两者的概念内涵、作用机理，是较为极端和不成熟的做法。

通过以上对各位专家学者观点的分析与探讨可知，文化与职业体育俱乐部文化既不是简单的包含与被包含的关系，更不是等同或对立关系。两者存在共生性，且相辅相成、相互促进、相关影响、相互制约，共同发展。

二、国内外对企业制度再造理论要素的主要观点

对企业制度再造理论要素的探讨，有助于我们进一步了解企业制度与职业体育俱乐部制度再造的概念内涵，同时也有助于初步确定职业体育俱乐部再造的要素内容。通过相关文献资料的查阅可知，大多数国内外专家学者认为，企业制度应该是由多项制度构成的一个完整的制度体系，但对于这一制度体系所包含的内容却是看法不一。这一现象主要是由于各位学者研究角度、研究背景的差异性所致。基于学者的诸多观点，本研究将具有代表性的观点进行了系统归纳与整理。

何立胜认为，现代企业制度从其内部架构来看，是一个由多层次制度构成的制度体系，具体包括企业财产制度、企业法人制度、企业组织制度和企业管理制度四个方面②。梅峰认为，现代企业管理制度种类繁杂，归纳起来可分为基本制度、工作制度、责任制度③。汪剑认为，现代企业制度作为一

① 尹海英.企业文化与企业制度共生的机理研究[D].长春：吉林大学硕士学位论文，2006：12-13.

② 何立胜.中外企业制度嬗变的比较研究[M].北京：中国财政经济出版社，2004：5.

③ 梅峰.论企业制度管理和激励机制的科学性[J].经济师，2010(4)：245.

种高级的企业制度，具备一套完整的制度体系，主要包括完善的企业法人制度、完整的企业法人产权制度、纵向授权的企业法人治理结构、规范化的企业财务会计制度、利益均沾的企业分配制度和双向选择的企业劳动人事制度（详见表 4－1）①。

表 4－1　学者对企业制度系统构成要素的基本观点汇总表

学　者	对企业形象构成要素的基本观点
尹海英（2006）	（1）企业产权制度；（2）企业组织制度；（3）企业管理制度
何立胜（2004）	（1）企业财产制度；（2）企业法人制度；（3）企业组织制度；（4）企业管理制度
梅　峰（2010）	（1）基本制度；（2）工作制度；（3）责任制度
汪　剑（2003）	（1）企业法人制度；（2）企业法人产权制度；（3）企业法人治理结构；（4）企业财务会计制度；（5）企业分配制度；（6）企业劳动人事制度

而孙永正（2004）更是从自己的独特视角详细描述了企业制度体系要素（详见表 4－2）②。

表 4－2　孙永正关于企业制度体系要素划分

<table>
<tr><td></td><td>一级形象</td><td colspan="3">分　级　形　象</td></tr>
<tr><td rowspan="5">企业制度体系</td><td>企业基本制度</td><td colspan="3">从文件上看，各项权利和义务关系表述清楚、完整的企业章程就是企业的基本制度，但其核心是产权制度——对企业财产所有权和经营权的规定</td></tr>
<tr><td rowspan="4">企业专项管理制度</td><td rowspan="4">要素专项管理制度</td><td>客户满意制度</td><td>客户关系促进制度、客户意见反馈制度、售后服务制度、客户投诉处理制度等</td></tr>
<tr><td>员工满意制度</td><td>人员选聘制度、人员使用制度、人员考核制度、人员培训制度、职务晋升制度、薪酬和奖励制度等</td></tr>
<tr><td>信息管理制度</td><td>信息搜集制度、信息储存制度、信息传送制度、信息使用制度、信息保密制度等</td></tr>
<tr><td>技术管理制度</td><td>技术开发制度、技术引进制度、技术更新制度、技术合作制度、技术转让制度、技术保密制度、技术培训制度等</td></tr>
</table>

① 汪剑.企业制度比较研究[D].青岛：中国海洋大学，2003：30.

② 孙永正.企业组织与制度[M].北京：中国财政经济出版社，2004：180－185.

（续　表）

	一级形象	分级形象		
企业制度体系	企业专项管理制度	要素专项管理制度	资产管理制度	筹资和投资管理制度、预算和核算制度、资金清算制度、流动资产和固定资产管理制度、无形资产管理制度、收入管理制度、盈利分配制度、现金管理制度、财务工作制度、财务报告制度、财务审计制度等
			企业文化建设制度	企业礼仪制度、企业形象建设和维护制度、企业精神学习和培养制度、企业伦理制度等
		运营专项管理制度	市场调研制度	市场调研组织制度、市场信息搜集制度、市场调研报告制度等
			产品开发制度	产品开发项目决策制度、产品开发组织制度、产品开发核算制度、产品开发奖励制度等
			生产准备制度	材料和零部件采购制度、材料和零部件保管制度、设备维修保养制度、动力生产供应保证制度等
			生产管理制度	生产计划制度、劳动定额制度、生产现场管理制度、质量管理制度、成本控制制度、生产安全制度、生产系统改进制度等
			营销管理制度	市场分析制度、营销渠道选择和开发制度、订货和合同制度、价格管理制度、产品促销制度、发货制度、客户联系制度、货款回收制度等
		职能专项管理制度	计划制度	计划制定制度、计划审批制度、计划执行和反馈制度、中长期计划制度、年度计划制度、专项计划管理制度等
			组织制度	组织设计制度、组织协调制度、组织变更制度、组织发展制度、人力资源开发和管理制度等
			领导制度	领导学习制度、领导决策制度、领导沟通制度、领导激励制度、领导分工制度、领导责任制度、领导自律制度等
			控制制度	质量控制制度、成本控制制度、进度控制制度、库存控制制度、财务控制制度、组织人事控制制度、技术开发和引进控制制度、外部协作控制制度、意外事故控制制度等

三、职业体育俱乐部制度再造理论要素

职业体育俱乐部制度是由职业体育俱乐部经营管理、员工工作生活等多项规章制度组合而成的完整体系。结合以上相关特征和要素的总体分

析，我们认为职业体育俱乐部制度再造主要包括以下几个方面，即职业体育俱乐部经营制度再造、管理制度再造和工作生活制度再造。

第一，职业体育俱乐部经营制度再造。职业体育俱乐部经营制度是指与职业体育俱乐部经营开发相关的一系列制度内容，经营开发内容要素可以持续地为经营者与所有者带来巨大的经济效益（见表4－3）。由此可见，经营制度的健全与完善与否必然与职业体育俱乐部无形资产收益有直接联系。其具体指标内容包括：有形与无形资产开发制度（商业赞助制度、电视转播权开发制度、广告媒体宣传制度、门票销售制度、标识营销制度、彩票销售制度）、市场分析制度（市场分析制度、市场调研制度、体育产品等的营销渠道选择和开发制度）。第二，职业体育俱乐部管理制度再造。职业体育俱

表4－3　职业体育俱乐部制度再造构成要素一览表

	分级指标		操作化定义
职业体育俱乐部制度系统要素构成学说	经营制度	有形与无形资产开发制度	运动员无形资产开发制度（广告、代言等）；商业赞助开发制度；电视转播权开发制度；广告媒体宣传制度；门票销售制度；标识营销制度；彩票销售制度；比赛冠名权制度；特许经营权制度
		市场分析制度	市场分析制度；市场调研制度；市场信息搜集制度；体育产品的营销渠道选择和开发制度；合同制度；客户服务与开发制度
	管理制度	人力资源管理制度	领导经营者管理约束制度体系；运动员后备人才培养制度；员工（运动员、教练员、裁判员、服务人员）招聘、选拔、培训、雇佣、晋升、退休制度；运动员退役管理制度体系
		财务管理制度	职业体育俱乐部筹资和投资管理制度；预算和核算管理制度；财务工作制度（财务报告制度、财务审计制度）；职业体育俱乐部利益分配制度；职业体育俱乐部员工薪酬制度（基本工资和年薪、激励性薪酬、其他福利等）；职业体育俱乐部员工绩效考评制度
		物质管理制度	职业体育俱乐部办公楼、公寓楼、体育赛事场馆、训练场馆等厂房建筑群落及综合配套设施（各类体育仪器器材、设施等）的管理制度
		训练竞赛管理制度	体育竞赛的筹备管理制度；体育赛事的水平、规模、质量管理制度；运动训练管理制度
	工作生活制度	工作环境制度	职业体育俱乐部工作岗位体系及描述制度；休假制度（国家法定节假日、运动员伤病休假等）；经律奖惩制度（运动员违规罢赛、假球惩治制度）；职业体育俱乐部工作环境的和谐氛围、舒适度及满意度
		生活环境制度	职业体育俱乐部员工生活、娱乐等环境的舒适度、保洁度、美观度、绿化度；员工锻炼、健身设施与环境的建设情况

乐部管理制度是职业体育俱乐部正常运作和发展的基本保障措施与手段。其具体内容要素有：人力资源管理制度、财务管理制度、物质管理制度、运动竞赛管理制度。第三，职业体育俱乐部工作生活制度再造。职业体育俱乐部工作生活制度可以更好、更直观地体现职业体育俱乐部人文因素。具体来说，职业体育俱乐部工作生活制度再造包括工作环境制度（工作岗位体系及描述制度、休假制度）、生活环境制度（职业体育俱乐部员工生活、娱乐等环境的保洁度、美观度、绿化度）等。

综合以上分析可知，职业体育俱乐部制度再造理论要素内容划分，不仅很好地契合了“文化”这一研究背景和基调，还较好地展现了职业体育俱乐部所具有的无形资产相关制度等独特特征内涵。

第四节 职业体育俱乐部制度再造方法

对职业体育俱乐部制度再造理论要素的探讨，旨在通过对相关文献资料进行归纳和整理，达到初步确定研究内容的目的。这虽然是职业体育俱乐部制度再造必备的工作内容，但也仅仅是理论分析层面的初步探讨与分析。职业体育俱乐部制度再造的方法是整个制度再造的主体架构部分，不仅在理论层面上具有进一步丰富相关基础知识的作用，还在实践工作的具体展开过程中，对成功完成制度再造起着关键理论的参考和实践指导意义。

一、职业体育俱乐部制度再造程序1——诊断

职业体育俱乐部制度再造的诊断工作起着统领全局的作用。应该注意的是，职业体育俱乐部制度再造的诊断首先必须遵循和坚持一定的原则，其次要有一个完整的过程——职业体育俱乐部现状分析和职业体育俱乐部制度再造重新设计。

（一）职业体育俱乐部制度再造诊断原则

第一，客观性原则。当前，我国整个职业体育俱乐部的制度建设普遍存在一定的弊端，这已成为阻碍体育职业化进程的硬伤。造成这一结果的原因是多方面的，在中国这一特殊的人情社会中，人为因素——各种“人情债、关系户”是造成各项制度执行不力、监督不善、奖惩不公等现象的不能忽视的重要方面。因此，在职业体育俱乐部制度再造中坚持客观性原则，一方面要求相关工作人员在现状分析过程中秉公执法、客观公正，不能因个人关系

而逃避责任；另一方面要求在制度重新设计的过程中对症下药，具体问题具体分析，不能脱离现实而采取主观臆断行为。

第二，辩证性原则。国外成功的体育职业化发展模式为我国职业体育俱乐部的发展提供了可供借鉴的成功案例。这就要求相关工作人员在职业体育俱乐部当前制度分析和重新设计过程中，运用辩证思维分析和解决问题。模仿国外成功案例时，要防止出现过分崇拜国外成功职业体育俱乐部制度体系建设而完全照搬的做法。在看待我国职业体育俱乐部的发展历程时，既要肯定已取得的成绩，也要查找其不足。总之，辩证性原则要求整个诊断过程取其精华，去其糟粕，将两者的长处、优势完善结合，达到为我所用的目的。

（二）职业体育俱乐部制度再造现状分析

职业体育俱乐部制度再造现状分析的目的，主要是通过一定的社会调查方法获取相关数据资料，以便分析职业体育俱乐部各项制度当前状况，寻找存在的问题——如当前制度是否能为职业体育俱乐部的发展起到很好的保障作用、是否能得到员工的满意或认可等。这一过程具体包括对当前各项制度运行等相关数据的采集，以及对有关数据的分析和从制度潜在变化中得出的结论。

第一，对相关数据的搜集。在数据的调查过程中，调查方案的确定是核心环节，具体包括调查内容、调查对象与领域、调查方法的选取。调查内容、调查对象与领域的确定需要根据实际情况而定。以下，我们主要介绍一下调查方法的选取与确定。制度再造诊断方法可以分为定性诊断法和定量分析法。在诊断方法的选取方面，一定要使两种诊断方法相互配合、相互补充、取长补短。另外，在这一过程中还要做好相关工作人员的培训工作，确保数据获取的准确性和科学性。

第二，对采集数据的分析处理和结果的呈现。所获数据的统计与处理工作，要采取全面、谨慎的态度，使用科学、适当、匹配的数据统计方法。结果的呈现应当是俱乐部管理人员都能够全面理解的，要能够如实地反映当前俱乐部制度体系的缺陷，以及这些缺陷所导致或可能导致的问题。有助于俱乐部管理层准确评估问题，积极寻求解决的途径。

（三）职业体育俱乐部制度再造重新设计

在这一环节，首先要提出职业体育俱乐部制度再造后要达到的目标；其次要知道对职业体育俱乐部制度体系的重新设计，不仅是对当前问题进行简单的完善和归整，更要对未来环境和组织自身的发展给予适度预测，增加制度的灵活性和权变性，以避免制度再造过于频繁；再者，在职业体育俱乐部制度的重新设计和优化过程中要遵循一定的基本原则。

第一,职业体育俱乐部制度再造重新设计的目的,是保证再造制度的有效实施,并最终树立"制度至上"的价值观,为职业体育俱乐部的发展构建坚硬的保障机制。"制度"在职业体育俱乐部发展中与"法律"具有同样的功能效应。因此,不断加强职业体育俱乐部由"人治"向"法治"的成功转变,树立"制度至上"的价值观,一方面可以增强员工的自我认同感和对职业体育俱乐部的信任感,激发工作热情;另一方面可以增强职业体育俱乐部制度的落实范围和力度,避免形同虚设。

第二,进行职业体育俱乐部制度的重新设计,一方面要充分分析当前存在的各种问题,进行及时的修正,以使职业体育俱乐部制度充分发挥其作用效能;另一方面要增强职业体育俱乐部的创新性,增加灵活性和权变性特质,即制度体系既要稳定,又要适应不断变化中的环境。因为随着时间的推移,社会环境各方面会不断呈现出时代变化特征,要求职业体育俱乐部制度也需要不断增加时代内容,随时进行修改和完善,使职业体育俱乐部制度适应不同的情况,满足员工的不同合理需求,充分获得员工的认同感。

第三,职业体育俱乐部制度的重新设计所遵循的原则主要有如下几项。一是制度可行性原则。可行性原则是职业体育俱乐部文化再造的普适性原则,但是此处的制度再造可行性原则蕴含有特殊含义。制度是职业体育俱乐部及其员工必须遵守的行为规则,作为具有自主意识和能动性的个体之间会有较大差距。因此,制度再造不能简单采用少数服从多数的原则,而应尽最大努力获得每位员工的认可。二是制度简洁性原则。坚持制度的简洁性原则对职业体育俱乐部制度作用的有效发挥起着十分重要的作用。简洁的制度设计不仅易记易懂、便于互相传播,也容易理解,便于贯彻执行,更有助于降低职业体育俱乐部学习、贯彻和执行所需的成本,节约资源。三是制度协调性原则。职业体育俱乐部制度是多项制度的总称。在职业体育俱乐部制度再造的过程中,如何使这些复杂多样的制度相互协调、相互配合,如何使这些制度与职业体育俱乐部相互配套,是应该考虑的重要问题。在坚持这一原则的前提下,相关工作人员不仅要在实践中摸索经验,同时也要借鉴国外职业体育俱乐部制度较为完善的成功案例。

二、职业体育俱乐部制度再造程序2——改造

改造,即对再造制度的贯彻落实,是职业体育俱乐部制度再造的核心环节。规章制度的实施必须充分到位,执行过程必须认真严格,否则只能形同

虚设。在这一过程需要做到以下几点,对再造成败有至关重要的影响①:

第一,领导管理层要身先士卒,做好模范带头作用。由于我国特殊的社会文化环境,领导人员、管理人员在整个职业体育俱乐部发展过程中占据着绝对核心的位置,这一情况也可以从企业家精神、企业家文化得到进一步证明。因此,领导管理人员的行为直接影响到员工的态度和行为。这也就意味着,在职业体育俱乐部制度贯彻执行过程中,领导管理者首先必须带头遵守职业体育俱乐部制度,率先垂范,让员工发自内心地服从各项制度规定;其次,在制度执行过程中,管理者要深入基层,倾听和吸纳员工的建议,与员工平等相处。

第二,群策群力,使职业体育俱乐部全体员工主动参与自我约束和管理。要想让全体员工主动参与自我规范和约束,就必须在职业体育俱乐部制度重新设计过程中注意几点。一方面,要充分考虑员工的感受,让员工参与到制度制定过程中来,如可以采用向员工发放相关问卷或对员工召开座谈会等方式,较好地满足员工被认可的心理需求;另一方面,全面提升职业体育俱乐部员工的主体地位,打破管理者与员工之间的隔阂,促进彼此间的合作与沟通,激发员工遵守制度的接受度和自觉性。

第三,职业体育俱乐部制度落实过程中,要做好监督管理工作,保证公平公正。职业体育俱乐部的制度建设情况,会直接导致职业体育俱乐部员工的行为和利益选择。现实生活中,每个人都很容易受到各种诱惑的影响,并做出有悖法律和道德规范的事情。如体育赛事中出现的运动员假球现象、兴奋剂问题、裁判员黑哨现象,再如领导管理层出现的贪污受贿案件等。只有做好监督管理工作,公平公正地执行制度,才能使员工心甘情愿地服从,才能有效防止此类现象的发生。

总体而言,对职业体育俱乐部实施制度再造的过程需要严谨的流程设计和各方面的密切配合,以确保制度再造的成功。

三、职业体育俱乐部制度再造程序 3——评估与反馈

(一)职业体育俱乐部制度再造程序——评估

评估工作是整个制度再造过程中较为重要的环节,在整个职业体育俱乐部制度再造过程中担当着十分重要的辅助与监督角色。职业体育俱乐部制度再造的评估工作是对制度再造效果的衡量与测评,是对效果偏差度的

① 迈克尔·哈默.沈志彦等译.超越再造:世界快变下的企业竞争力策略[M].上海:上海译文出版社,2007:73.

监督,同时也是对新的制度体系的完善度、执行度的全面检查,做好职业体育俱乐部制度再造的评估工作需要把握好以下几点:一方面要组织相应的评估小组或机构,建立科学的评估指标体系;另一方面要在评估过程中强调员工的参与,使员工在最短时间内获知制度再造后的实施效果,以达到进一步的激励作用。

(二)职业体育俱乐部制度再造程序——反馈

反馈信息指的是关于职业体育俱乐部制度再造实际运营情况和结果的相关信息。可能来自制度的执行者、监督者、约束对象等多元渠道,反馈信息可以通过公开和非公开两种方式进行收集,目标是尽可能收集到各相关主体对制度的最真实的感受和评价。值得注意的是,只有那些被用作是对制度系统未来运行进行控制的信息才能被称作反馈信息。进行职业体育俱乐部制度再造反馈的目的,是使制度再造过程保持一个确定的发展方向,帮助制度适应不断变化的内部和外部环境。

四、职业体育俱乐部制度再造的类型

以上,我们大致了解了一般职业体育俱乐部制度再造的普遍适用流程——诊断、现状分析、制度的重新设计及效果的评估与反馈工作,但各职业体育俱乐部的发展及所面临的情况总是所有差别的。据此,我们可以将职业体育俱乐部制度再造划分为四种类型。

(一)正常发展中的职业体育俱乐部制度再造方法

1. 正常发展中的职业体育俱乐部制度再造特点

正常发展中的职业体育俱乐部制度处于一种较为良好、较为满意的运行状态,也是各类“细菌、病毒”滋生和潜伏的温床。一方面,正常发展中的职业体育俱乐部制度不仅能为当前职业体育俱乐部持续、健康、协调的发展提供坚实堡垒,较好地应对一定范围和一定程度内的环境变化,对各种不良条件的侵蚀做出及时性调整;另一方面,正常发展中的职业体育俱乐部在规模和范围上都呈现扩张趋势。而当制度的变化逐渐落后于职业体育俱乐部的发展速度或规模时,就会逐渐演变为滋生各种危机的温床。

2. 正常发展中的职业体育俱乐部制度再造条件

通过对正常发展中职业体育俱乐部制度再造特点的分析和探讨,我们认为,要想对这一类型职业体育俱乐部成功实施制度再造需要注意以下两个方面。其一,对正常发展中的职业体育俱乐部制度再造工作的开展有一个准确清晰的认识。这是使制度再造工作获得全体员工认同和支持的基本条件和重要保证。其二,把握制度再造工作的实施力度。制度是一种强制性约束力，力度太小则不会产生任何效果，而力度太大则会激起员工的不满，甚至是愤怒或抵制情绪，从而导致制度再造工作的失败。

（二）更改名称后的职业体育俱乐部的制度再造方法

1. 更改名称后的职业体育俱乐部制度再造特点

当职业体育俱乐部在发展过程中必须更改名称时，曾作为其保障机制的职业体育俱乐部相关制度必定逃脱不了干系。而这一因素往往遭到忽视。一方面，由于造成职业体育俱乐部更改名称的因素很多，从我国目前情况来看，商业合作伙伴或赞助商的变动是造成这一现象频繁发生的主要原因，这种情况使制度问题被降为次要矛盾而遭到忽略。另一方面，因为职业体育俱乐部名称的变更会涉及相关利益关系，职业体育俱乐部经营管理者为获得眼前利益，则放弃探究深层次的制度问题。

2. 更改名称后的职业体育俱乐部制度再造条件

对更改名称后的职业体育俱乐部开展可行有效的制度再造，需要坚持以下两点要求。一是要求职业体育俱乐部高层次领导者，首先要意识到制度问题在整个职业体育俱乐部发展中所占据的位置及能够发挥的作用，并做好宣传教育工作，提高全体员工的戒备心理。二是要求职业体育俱乐部制度再造相关工作者要从根本上诊断出制度问题的症结所在，为制度再造的顺利进行创造优势前提条件。

（三）面临困境发展中的职业体育俱乐部制度再造方法

1. 面临困境发展中的职业体育俱乐部制度再造特点

面临困境发展中的职业体育俱乐部制度是职业体育俱乐部发展所陷入的较为糟糕的一种状态。其主要特点具体表现为以下两个方面。首先，由于各种原因使得职业体育俱乐部制度与职业体育俱乐部出现错位，不能很好地配合职业体育俱乐部应有的发展方向，使职业体育俱乐部的发展失去一定程度的庇护，从而陷入恶性循环当中。其次，职业体育俱乐部制度失灵问题或大或小，或深或浅。因此，必须稳抓关键问题，不能采用撒网式补救措施。

2. 面临困境发展中的职业体育俱乐部制度再造条件

要想使面临困境中的职业体育俱乐部获得制度再造的成功，必须具备以下两个条件作为保证。其一，相关工作者要全面调查和诊断当前职业体育俱乐部制度的种种弊端，为制度再造工作做好铺垫工作，但是在设计新制度时要以主要问题为核心点。其二，职业体育俱乐部相关工作者要不断学习国外成功职业体育俱乐部经营管理制度及工作制度制定与实施过程，同时也要充分结合我国国情，考察运营比较优秀的职业体育俱乐部（如美国的职业篮球俱乐部、欧洲的职业足球俱乐部)，为职业体育俱乐部制度的重新设计与优化做好充分的准备。

(四) 面临破产中的职业体育俱乐部制度再造方法

1. 面临破产中的职业体育俱乐部制度再造特点

面临破产中的职业体育俱乐部制度是指，制度作为职业体育俱乐部发展过程中最基础、最有力的保障工具，不仅不能发挥其原有的功能价值，反而成为职业体育俱乐部正常发展的绊脚石和障碍物。具体来说，面临破产中的职业体育俱乐部制度具有两方面的重要特征：首先，职业体育俱乐部经营管理制度出现致命失误，无法发挥应有的作用；其次，职业体育俱乐部工作生活制度不能为全体员工提供一个舒适安逸、乐于辛勤工作的工作生活环境。

2. 面临破产中的职业体育俱乐部制度再造条件

为面临破产的职业体育俱乐部制度再造创造优势条件，需要遵循以下两点要求。一方面，要求相关工作人员在全面调查和诊断当前职业体育俱乐部制度的基础上，紧抓核心要领，即要以核心制度为中心，实施逐步排除、逐步完善的措施，争取制度再造获取成功的机会。另一方面，相关工作人员一定要把握并协调好职业体育俱乐部制度再造的时间进度，稳定好心态，切勿过急或过慢，否则都将使制度再造出现诸多困扰。

五、职业体育俱乐部制度再造的模式

虽然职业体育俱乐部制度再造通常都具有相通的流程工序，但是针对不同类型或面临不同状况的职业体育俱乐部，在进行制度再造时所具备的思想态度或选择的具体方式应有所差别。以下，我们将对职业体育俱乐部制度再造的模式划分及选择作简要介绍。

(一) 职业体育俱乐部制度再造模式的划分

通过对职业体育俱乐部制度再造类型的探讨和分析，可以将职业体育俱乐部再造模式划分为四类，即适应型职业体育俱乐部制度再造模式、渐变型职业体育俱乐部制度再造模式、策略型职业体育俱乐部制度再造模式和强力型职业体育俱乐部制度再造模式。

1. 适应型职业体育俱乐部制度再造模式

适应型职业体育俱乐部制度再造模式，是与正常发展中的职业体育俱乐部制度再造相配套的一种制度再造模式。适应型职业体育俱乐部制度再造模型是一种最为柔和，并具有一定应变能力和适应能力的制度再造模式。一方面，它要求相关工作人员时刻侦查周围环境的动态变化趋势，找出普适规律，提前作出预测，并在潜移默化中对职业体育俱乐部制度做出不断的修正和更改，以适应环境的变化；另一方面，选择适应型职业体育俱乐部制度再造模式，一定要以“稳、缓、慎”等作为核心要领，切误因急于求成而弄巧成拙，使职业体育俱乐部再造工作成为一堆无用功。

2. 渐变型职业体育俱乐部制度再造模式

渐变型职业体育俱乐部制度再造模式，是与更改名称后的职业体育俱乐部制度再造相配套的一种制度再造模式。渐变型职业体育俱乐部制度再造模式是一种相对较为柔和，实施速度相对较为缓和的制度再造模式。一方面，它要求相关工作人员在思想态度上较为积极主动地投入到更改名称后的职业体育俱乐部制度再造工作中去；另一方面，这一模式有效避开了职业体育俱乐部制度硬性特点（具有明显的强制性、约束性等特点）所产生的不利因素，采用步步展开、步步推进的方式，使得该制度再造的实施更易于被接受。

3. 策略型职业体育俱乐部制度再造模式

策略型职业体育俱乐部制度再造模式的提出，主要针对面临困境发展中的职业体育俱乐部制度再造类型。策略型职业体育俱乐部制度再造模式更讲究技术、战术的运用。一方面，其主导思想是面对制度再造过程中出现的各种困难，不一定非得迎难而上，而是寄希望于通过巧妙的策略使难题得以解决；但是另外一方面，由于面临困境中的职业体育俱乐部制度再造工作相对较困难，因此，获得全体员工的支持和赞同，使员工较快地接受和遵守新的职业体育俱乐部制度，是保证策略型制度再造模式得以成功开展的重要条件。

4. 强力型职业体育俱乐部制度再造模式

强力型职业体育俱乐部制度再造模式主要适用于面临破产中的职业体育俱乐部制度再造类型。强力型职业体育俱乐部制度再造模式是四类模式中执行力度、执行强度和执行速度最快的一种。一方面，它要求职业体育俱乐部从内部高层经营者到普通工作人员都要形成一种上下互相监督、互相纠正的良好氛围，为迎接新的、优秀的职业体育俱乐部制度创造最优势条件；另一方面，由于这是一种高风险的制度再造模式，就要求相关制度再造工作人员格外小心和认真，避免因为各种失误而致使再造工作失败。一旦出现疏漏，则是面临破产中的职业体育俱乐部在制度再造过程中难以承受的。

（二）职业体育俱乐部制度再造模式的选择

职业体育俱乐部制度再造模式的正确思考与选择，可以为职业体育俱乐部成功开展制度再造提供良好的基础，且具有很好的实践指导意义。在具体选择制度再造模式时应注意以下两点要求，方可使其发挥应有的功效。

第一，从宏观角度出发。职业体育俱乐部制度是由多个要素构成的复杂有序的完整体系。只有从宏观层次去看待问题，才能统领全局，看清事物的本质，才能为选择正确职业体育俱乐部制度再造模式创造良好条件。

第二，理清思路，把握重点。根据不同的分类标准，职业体育俱乐部制度再造模式可有不同模式。因此，在分析研究中应综合考虑研究背景、研究目的及研究主线等多方面因素，确定一条核心主线，才能做出正确选择，并找到适合职业体育俱乐部制度再造的最佳模式。

小　　结

制度对职业体育俱乐部的发展具有规范、约束、激励等作用。因此，如何使职业体育俱乐部制度更好地适合并服务于职业体育俱乐部的发展是本章探讨的主要内容。

本章第一节首先介绍了“制度”的概念、特征和“企业制度”概念内涵。在此基础上引申出对“职业体育俱乐部制度”及其再造概念内涵、特点及制度再造的功能、意义的阐述与分析，为后续具体分析职业体育俱乐部制度再造的内容要素及程序等提供理论平台；第二节论述内部动因和外部动因是职业体育俱乐部制度再造的动力源泉；第三节针对职业体育俱乐部制度再造理论进行探讨与分析，旨在通过多种途径的分析，从理论层面确定职业体育俱乐部制度再造理论内容要素；第四节首先对职业体育俱乐部制度再造的程序（诊断、改造、评估与反馈）作了简要介绍，其次概念性总结职业体育俱乐部制度再造类型的划分和模式的选择等内容。

主要参考文献

[1] 陈林祥.对我国职业足球俱乐部发展的初步研究[J].武汉体育学院学报，1995(1)：11－16.
[2] 程明.对中国足坛“黑哨”事件的思考[J].甘肃社会科学，2003(4)：23－25.
[3] 丹尼尔·W. 布罗姆利.经济利益与经济制度[M].上海：上海三联书店，1996：1.
[4] 刁永作.对建立企业制度的思考[J].贵州社会科学，1988(9)：10－14.
[5] 何立胜.中外企业制度嬗变的比较研究[M].北京：中国财政经济出版社，2004：5.

[6] 李程宇.企业文化与制度建设之互动关系分析[J].企业活力,2008(8):64 - 65.
[7] 李开元,赵鲁南.我国职业体育俱乐部经费来源及市场开发状况探析[J].中国体育科技,2000,36(10):14 - 15.
[8] 李荣日.职业体育俱乐部制度再造理论要素研究[J].体育文化导刊,2013(4):13 - 16.
[9] 李晓乐.现代企业制度改革中的企业文化变革[D].石家庄:河北师范大学,2010:9 - 10.
[10] 梁海燕.论企业制度的文化基础[J].武汉船舶职业技术学院学报,2003(4):34 - 36.
[11] 林国建编著.企业文化概论[M].哈尔滨:哈尔滨工程大学出版社,1999:124 - 125.
[12] 刘建刚.职业足球俱乐部的经营之道及其出路[J].山东体育学院学报,1999,15(1):18 - 20.
[13] 吕杰,朱尚.我国职业足球俱乐部发展现状与对策研究[J].湖北体育科技,2008,27(4):485 - 488.
[14] 马传景.企业家人力资本与企业制度创新[D].武汉:武汉大学,2004:13 - 14.
[15] 茅玉峰.制度环境对我国企业制度变迁的影响[D].广州:暨南大学,2006:10.
[16] 梅峰.论企业制度管理和激励机制的科学性[J].经济师,2010(4):245.
[17] 孙永正.企业组织与制度[M].北京:中国财政经济出版社,2004:180 - 185.
[18] 托斯丹·B·凡勃伦.有闲阶级论——关于制度的经济研究[M].北京:商务印书馆,1983:138 - 139.
[19] 汪丁丁.制度分析基础[M].社会科学文献出版社,2002:197 - 198.
[20] 汪剑.企业制度比较研究[D].青岛:中国海洋大学,2003:3.
[21] 巫宝三主编.中国经济思想史资料选辑(先秦部分)[M].北京:中国社会科学出版社,1985:548.
[22] 吴金明,刘燕.论企业制度与企业文化的共生[J].现代企业教育,2005(11):11 - 14.
[23] 杨月坤.谈企业文化变革与企业制度创新[J].财会月刊,2007(32):18 - 19.
[24] 尹海英.企业文化与企业制度共生的机理研究[D].长春:吉林大学硕士学位论文,2006:12 - 13.
[25] 郁俊,周晶."黑哨"事件呼唤健全职业体育法律制度[J].天津体育学院学报,2002(2):46 - 48.
[26] 詹姆斯·A. 道等.发展经济学的革命[M].上海:上海三联书店,2000:9 - 10.
[27] 张林,戴健,陈融.我国职业体育俱乐部运行机制的主要缺陷[J].上海体育学院学报,2001,25(2):1 - 5.
[28] 张燕喜.德国企业与企业制度研究[M].北京:中国劳动社会保障出版社,2001:16.

第五章　职业体育俱乐部人力资源再造

第一节　职业体育俱乐部人力资源再造的内涵

一、职业体育俱乐部人力资源再造内涵

（一）企业人力资源的内涵

人力资源的概念最早由当代著名管理学家彼得·德鲁克（Peter F. Druker）于1954年提出，并很快得到理论学界专家学者的高度重视。德鲁克认为，人力资源区别于其他资源的关键在于人力资源的主体是人，人是具有“特殊资产”的资源。伊凡·伯格（Ovan Berg）认为，人力资源是人类可用于生产产品或提供各种服务的活力、技能和知识①。当前经济学界普遍认可将资源分为四类：人力资源、自然资源、资本资源和信息资源，其中人力资源是最重要、最核心的资源。

国内学者对人力资源相关理论的研究起步较晚，始于20世纪80年代初期，当时人力资源理论由西方传入我国并逐渐得到研究。就目前已有的研究看，国内学者们对人力资源概念的探讨与阐述较为丰富，可谓是仁者见仁、智者见智。谭崇台（1989）认为，人力资源也称人力资本，是指包括在人体内的一种生产能力，如果这种能力没有发挥出来，就是潜在的劳动力，如果发挥出来了，它就变成了现实的劳动力②。廖泉文（1991）认为，人力资源是指能推动整个经济和社会发展的具有智力劳动和体力劳动的能力的人们

---

① 转引自贾鹏.成长期体育企业人力资源开发与管理系统研究[D].北京：北京体育大学，2006：4.

② 谭崇台.发展经济学[M].上海：上海人民出版社，1989.

的总称，它应该包括数量和质量两个指标①。李桂萍（2003）认为，按照现代经济学家的观点，广义地讲，人力资源是指智力正常的人；狭义地讲，人力资源是指能够推动社会和经济发展的、具有智力劳动和体力劳动能力的劳动者②。张峰（2008）认为，人力资源是与自然资源或物质资源相对应的、以人的生命为载体的社会资源，广义来看，智力正常的人都是人力资源③。本书中人力资源概念主要指组织内外具有劳动能力的人的总和，包括数量和质量两个指标。

随着相关研究的不断深入和细化，人力资源概念的阐述始终处于不断发展和完善的过程。关于人力资源概念的界定存在如下两种分歧：一是单指劳动者的能力；二是指人及其所具有的劳动能力的总和。我们比较赞同廖泉文的观点，认为人力资源是指能够推动整个社会、经济、文化等各方面发展的，具有一定智力能力和体力能力储备的人的总和，且人力资源是量和质的结合。人力资源在数量上包括所有具有劳动能力的人——实际的和潜在的；质量是衡量人力资源状况的重要指标，针对不同的类型组织和群体，在人力资源质量——体能素质、知识、技能等各方面也不相同。值得注意的是，人力资源的质量和数量具有十分密切的关系：一定数量的人力资源必须以一定的质量为基础和前提；而一定质量的人力资源同样需要以一定的数量为保证。归根到底，人力资源的本质还是通过其质量——能力来体现的。

查阅文献资料发现，多数专家学者在对企业人力资源的概念进行界定时，往往只注重对人力资源或人力资源管理进行详细的描述。“从微观角度看，企业人力资源是指企业作为生产要素投入到经济活动中，为企业创造物质财富和精神财富的所有人员”（王新 2003）④。

“所谓企业人力资源（Human Resource），是指一个企业组织所拥有的、用以制造产品或提供服务的人力总和，换言之，一个企业组织的人力资源就是组织内具有各种不同知识、技能以及能力的个人的集合，他们从事各种工作和活动以实现组织的目标”（李岫、田克勤 2004）⑤。

“企业人力资源广义上是指一定范围内的人口总体所具有的劳动力的总和，在人力资源会计中是指企业或其他组织所拥有或能使用的各种具有

---

① 廖泉文著.人力资源管理[M].上海：同济大学出版社，1991.
② 李桂萍.现代企业人力资源管理[M].北京：中国物价出版社，2003：2.
③ 张峰.企业管理[M].郑州：中原出版传媒集团，中原农民出版社，2008：95.
④ 王新.论企业人力资源的优化配置[D].哈尔滨：哈尔滨工程大学，2003：7.
⑤ 李岫，田克勤.旅游企业人力资源管理[M].北京：经济科学出版社，2004：2.

劳动能力的人员,是将企业中人的因素资产化处理,被视为企业的一项最重要的资源”(李治 2011)①。

综上,人力资源与企业人力资源有一定的区别。人力资源的概念是针对整个社会而言的,而企业人力资源是针对特定的企业而言的,不能简单地将人力资源等同于企业人力资源,而忽视了企业这一特殊组织也具有自身的特征。因此,我们在考虑“人力资源”与“企业”各自特征要素的基础上,认为企业人力资源的概念内涵应该包括以下几个特征要素:

第一,企业人力资源具有一定的数量,一定数量的人力资源是企业形成的基础条件。

第二,企业人力资源具有一定的质量,企业人力资源的质量直接决定了企业规模、整体实力及发展程度和速度,是企业的核心指标。

第三,企业人力资源具有一定的配置法则。首先,企业人力资源并不是杂乱无章地组合在一起,每一位工作人员都需要与其相适应的工作岗位相配套;其次,人力资源的开发与利用需要各种制度的规范和约束,如奖惩制度、激励机制、工作生活制度等。

从上述分析可知,企业人力资源既包含人力资源的要素特征,又体现企业的要素要求。因此,企业人力资源是指能够为企业创造价值,能够推动企业持续、健康发展的,有一定数量和一定质量,通过各种结构、制度配置在一起的人的总称。

(二)职业体育俱乐部人力资源再造的内涵

职业体育俱乐部不仅是一类特殊组织,也是一类特殊企业,因此,职业体育俱乐部人力资源在内涵上不仅具有自身的某些特质,同时也必定具有企业人力资源内涵的一般释义。因此,职业体育俱乐部人力资源是指为了打造职业体育俱乐部的核心产品,提升职业体育俱乐部的整体竞争力,促使职业体育俱乐部全面、健康、协调发展,有一定数量和一定质量,通过各种结构、制度配置在一起的人的总称。职业体育俱乐部人力资源内涵是职业体育俱乐部和企业人力资源两方面的特点的共同体现,具有企业人力资源的一般内涵特征——数量、质量和配置。具体来说,职业体育俱乐部人力资源的内涵具有以下几个重要特征:

第一,职业体育俱乐部人力资源的数量特征。一般来说,职业体育俱乐部人力资源数量可以分为两类——实际人力资源和潜在人力资源的数量。实际人力资源是指目前职业体育俱乐部内可以为企业创造价值的员工的总

---

① 李治.关于企业人力资源管理体系的构建[J].企业导报,2011(6):189.

称;潜在人力资源是指职业体育俱乐部需要通过招聘、培训等方式所录用的,能够为职业体育俱乐部创造价值的人的总称。

第二,职业体育俱乐部人力资源的质量特征。职业体育俱乐部人力资源质量是指实际和潜在的人力资源在身体素质、知识、专业技能等各方面的水平状况。

第三,职业体育俱乐部人力资源的配置特征。首先,职业体育俱乐部人力资源应接受与之相配套的岗位职责及制度的约束;其次,职业体育俱乐部球队需要运动员之间建立亲密无间的战略合作体系。

通过对再造概念的界定及职业体育俱乐部人力资源概念内涵的充分认识和理解,我们认为,职业体育俱乐部人力资源再造是指以打造职业体育俱乐部核心竞争力为目的①,为了使职业体育俱乐部人力资源在数量、质量等各个方面保持较强优势②③,推动职业体育俱乐部持续、健康发展,以相关理论为基础,运用一定的方法和手段,对职业体育俱乐部人力资源各要素重新进行审视、改造和提升,最终打造出职业体育俱乐部强势资源与核心要素的创造性实践活动④。

二、职业体育俱乐部人力资源理论

"人力资源"要素是任何企业的创始者,也是任何企业赖以生存和发展的基础要素与核心要素。这也就意味着无"人力资源"要素,也就谈不上企业,更谈不上职业体育俱乐部的生存与发展。"人"因为具有社会性而有别于一般生命存在体,正是这种特殊性决定了"人力资源"存在的价值意义,决定了"人力资源"要素在职业体育俱乐部中占有绝对的核心位置。下面,我们将主要探讨"人力资源"要素在职业体育俱乐部中的独特特征及所蕴含的功能价值等内容。

(一)职业体育俱乐部人力资源再造特征

第一,职业体育俱乐部人力资源的能动性。人力资源区别于其他资源的本质之处,即在于人类具有思想、感情,具有主观能动性,能够有目的、有意识地认识和改造客观世界。在职业体育俱乐部这一特殊组织内,人力资

---

① 刘智强,廖建桥.人力资源再造:改写组织命运的革新工程[J].南开管理评论,2004(4):88-94.

② 曾泉毅.HRBP 视角下企业人力资源管理流程再造研究[J].企业改革与管理,2017(3):101,106.

③ 程书强,王建华.人力资源再造[J].陕西经贸学院学报,2000(1):52-53.

④ 褚军亮.人力资源再造理论研究与实践应用述评[J].兰州大学学报(社会科学版),2011(4):115-121.

源的能动性表现在两个方面：一方面，职业体育俱乐部依赖于人的个体主体性而存在和发展。人力资源在职业体育俱乐部的整个生产经营管理过程中，占据着绝对主体和绝对核心地位，且为职业体育俱乐部的发展和繁荣创造了无限可能；另一方面，人力资源的能动性还表现在对职业体育俱乐部各种制度的遵守、对目标的认同和努力等各个方面。

第二，职业体育俱乐部人力资源的时效性。时效性是指职业体育俱乐部人力资源的形成、开发及利用都要受时间的限制。一般来说，普通工作人员的有效年限相对较长，可能达四十年，但作为职业体育俱乐部人力资源中的最核心要素——运动员的有效年限则要短得多，且开发和利用的时机尤为重要。如果不能对人力资源要素施以很好的开发和利用，这些要素不仅会随着时间的流失而消失殆尽，而且还会成为职业体育俱乐部发展的沉重包袱。

第三，职业体育俱乐部人力资源的两重性。两重性主要是指职业体育俱乐部人力资源是生产者与消费者的统一体。一方面，职业体育运动员、教练员与一般工作人员作为生产者，可以通过自身的劳动和努力，生产出各种精彩的体育赛事产品和服务，以满足消费者的体育需求；另一方面，职业体育俱乐部的人力资源也具有消费者的特质，不仅会自己去观看现场或电视直播的各种体育赛事，同时也会带领家人和朋友进行消费。

第四，职业体育俱乐部人力资源的再生性。再生性是职业体育俱乐部人力资源的又一独有特征，主要表现在两个方面。一方面，随着经济、文化、竞争对手实力等各方面的变化发展，职业体育运动员、教练员的知识、专业技能逐渐变得陈旧过时，但是，可以通过不断的学习、培训等方法得到更新；另一方面，职业体育运动员、教练员的再生性，主要是基于人口数量和劳动能力的可再生性。

第五，职业体育俱乐部人力资源的组合性。职业体育俱乐部内各项任务和工作并不是员工独自完成的，而是靠多人组合起来共同完成的。这就涉及人员的组合、搭配、合作问题。例如，一般工作人员管理得当、分工科学合理，不仅能使个人发挥其最大潜能，而且还能产生 1+1>2 的良好效果。再如，一支全部由高水平运动员组合的球队中，如果球员在比赛中不能各尽其能，不相互配合，也只能是一捅即破的纸老虎。

第六，职业体育俱乐部人力资源的社会性。社会性是职业体育俱乐部人力资源的本质属性。虽然人具有个人主观能动性，但是人终究是社会的人，人在自身体力、智力等方面的形成、发展中，既要受到周围生产、生活条件和自身所受教育水平的影响和制约，同时也要受到世界、国家社会经济、政治、文化发展的影响作用。例如，具有一流水平的运动员并不仅靠自身的优越条件,他们的培育需要雄厚的基础设施,同时也需要优秀教练员的精心指导。

(二)职业体育俱乐部人力资源的功能与作用

人力资源要素是职业体育俱乐部的核心生产要素,是职业体育俱乐部的直接创造者,也是其发展的动力和源泉。因此,对职业体育俱乐部人力资源实施有效的优化设计与重新组合,具有十分重要的作用意义。

第一,帮助职业体育俱乐部打造优势人力资源基础,全面提升竞争力。首先,人力资源在整个职业体育俱乐部生产要素中占据着核心位置,也是最具有竞争力的要素。因此,对人力资源实施有效重组和优化,是提升职业体育俱乐部人力资源竞争力的有效原则与手段;其次,人力资源是形成职业体育俱乐部整体竞争力的基础。人力资源是职业体育俱乐部生存和发展的主体,是体育竞赛产品与服务的直接生产者和参与者,因此,职业体育俱乐部整体竞争力的提升,必须建立在不断发展人力资源优势的基础上。

第二,为职业体育俱乐部打造优秀团队,打造优势核心产品,从而带动职业体育俱乐部无形资产的全面开发,为职业体育俱乐部创造巨大商业价值。职业体育俱乐部的核心产品是体育赛事,职业运动员是打造这一核心产品(体育赛事产品)的直接生产要素。体育赛事这一核心产品又是带动诸多衍生产品(体育赛事电视传播、商业赞助等)不断开发的动力和源泉。因此,如果能够很好地开发和利用职业运动员这一核心人力资源要素,必将为职业体育俱乐部的发展提供巨大竞争优势。

第二节 职业体育俱乐部人力资源再造的动因

人类所特有的能动性等特质决定了职业体育俱乐部人力资源自身具有强大的功能与作用。因此,加强职业体育俱乐部人力资源建设,使其在职业体育俱乐部的发展中发挥最大潜能是应该注重的核心问题。但是在具体的实践过程中,职业体育俱乐部人力资源再造不免要受到各种因素的影响与困扰。这些因素既有来自职业体育俱乐部人力资源自身的,也有来自外部环境的。以下,我们主要从两个方面阐述我国职业体育俱乐部人力资源再造的动因——职业体育俱乐部人力资源再造的内部动力和外部动力。

一、职业体育俱乐部人力资源再造的内部动因

加强职业体育俱乐部人力资源建设,使其在职业体育俱乐部的发展中发挥最大潜能是应该注重的核心问题。具体来说,职业体育俱乐部人力资

源再造的内部动因主要包括职业体育俱乐部人力资源自身的能力因素、人力资源结构、激励评价体系、薪酬体系等几个方面。

第一,职业体育俱乐部人力资源自身的能力因素。这里主要指的是人力资源的“质”,不仅是指一般工作人员的知识能力结构和运动员的专业技术及球场应变技能,同时也指工作人员的道德素质等方面。一方面,职业体育俱乐部职业体育运动员在各自的工作岗位上表现出相应的专业技能缺失现象。一个很明显的例子——我国职业体育俱乐部明星效应较国外要差得多。以我国 CBA 联赛为例,虽然 CBA 联赛创立至今也涌现出一批如姚明、易建联等老将名将,但却没有充分发挥他们的明星作用①。总体来说,我国职业运动员的明星效应、明星资产的经营开发较为落后。如众所周知的 NBA 前球星乔丹,不仅让芝加哥公牛队威震篮坛,还带动了整个 NBA 的成功,乔丹也因此被芝加哥市长誉为一年可左右上百亿美元收入的大人物②。另一方面,我国职业联赛发展过程中曾经经历过假球、黑哨事件屡见的阶段,部分职业运动员、管理者、裁判员等个人道德素质上的瑕疵及负面新闻引发社会公众不满和舆论负面评价。职业体育俱乐部作为市场运行下的产物,社会公众和消费者是其发展的源动力。因此,社会公众危机的出现直接影响了职业体育俱乐部的消费力市场,给职业体育俱乐部的发展蒙上阴影,对其发展形成了巨大障碍。

第二,职业体育俱乐部人力资源结构因素。人力资源结构的合理与科学程度,直接反映人力资源组合的效果,也是提高工作效率的重要途径。当前,我国职业体育俱乐部的发展过程中普遍存在部门设置不完善、制度不健全的现象。例如,NBA 总部下设的 4 大公司包含了 20 个一级部门和 20 个二级部门,几乎覆盖了管理、财务、训练、法律、媒体、信息、出版、娱乐、销售等一整套的职能,而我国篮球俱乐部的机构一般只有简单的 3—4 个部门,有 30%左右的俱乐部几乎没有专门机构③。牟小刚指出,在俱乐部内部影响因素中,俱乐部内部的成员搭配是俱乐部品牌延续的最重要的影响因素④。由此可见,职业体育俱乐部人力资源结构不合理现象,不仅为职业体育俱乐部部门人力资源的有效组合增加了难度,更对人力资源各方面能力的发挥形成了极大的限制。

---

① 金长庆,叶巍.完善我国职业篮球俱乐部的对策研究[J].知识经济,2009(11):149.

② 张忠元,向洪主编.体育资本[M].北京:中国时代经济出版社,2002:87,154.

③ 周庆功.中国职业篮球俱乐部十年发展的主要问题分析与对策[J].体育与科学,2005,26(2):64-67.

④ 牟小刚.CBA 职业篮球俱乐部品牌影响因素的研究[D].北京:北京体育大学,2009:30.

二、职业体育俱乐部人力资源再造的外部动因

职业体育俱乐部人力资源要素具有时效性、再生性、社会性等特征。这些特点决定了职业体育俱乐部人力资源要素需要不断与外界环境进行交换,在其形成过程中也会受到外界环境的影响。那么,当前职业体育俱乐部人力资源市场如何,他们又受哪些社会外部环境的影响呢? 下面作简要分析。

第一,劳动力市场因素,即职业体育俱乐部人力资源供给与需求的巨大落差。由于我国职业体育俱乐部发展很快,人才培养体系跟进较慢,造成体育人力资源的短缺,人才市场供不应求,导致各俱乐部在人力资源上的竞争①。就目前总体情况而言,劳动力市场供需矛盾主要体现在两个方面:一方面是高层经营管理人员相对不足,尤其是具有专业知识背景的人员数量比率较低。这对职业体育俱乐部的长远发展造成了极为不利的影响。投资俱乐部的股东希望俱乐部的命名、球员的服装等都能够体现出股东的参与,可见他们更看重俱乐部的广告宣传效果,追求广告效应才是部分投资商热衷投资职业体育俱乐部的真正原因,却并未考虑职业体育俱乐部未来长远的发展。另一方面,我国适应职业化要求的高水平运动员及后备人才力量较为匮乏。这一不良状况导致恶性循环的不断发生。例如,为了取得胜利,各个职业体育俱乐部普遍存在外援、外教现象。

第二,职业体育俱乐部人力资源激励评价体系和薪酬因素。一方面,科学完善的激励评价体系是俱乐部吸引优秀人才、提高成员归属感和忠诚度、提升工作满意度和投入激情的重要手段。但目前,许多俱乐部中存在的球员高额出场费和畸形收入现象,使运动员队伍出现了严重的利益失衡,影响了竞技体育整体水平的提高;另一方面,薪酬水平的高低在很大程度上影响着员工的工作态度和热情。美国心理学家亚当斯的公平理论谈到:人们工作的工作态度与生产积极性,不仅受其所得报酬的绝对值影响,更受到报酬的相对值影响②。在我国就出现了俱乐部欠薪和俱乐部部分人员报酬奇高(部分教练员和球员年收入上百万元)两种截然相反的情况,对职业体育市场造成了直接性冲击,使整个职业体育俱乐部的发展处于不公平的竞争环境,从而造成了职业运动员薪酬水平的非正常化发展。

第三,职业体育俱乐部人力资源相关法律因素,主要包括与人力资源关

---

① 丁林梅.对我国职业体育俱乐部公司治理结构的探讨[J].沈阳体育学院学报,2004,23(6):753-755.

② 陈进勇.现代国有企业人力资源和谐管理的创新探索[J].广西烟草,2007(7):30-31.

系较为密切的劳动法律、法规、人力资源市场管理法、专利法等。一方面，不完善的职业体育俱乐部人力资源法律体系与相关经营管理者的某些不端行为之间有着密切的关系。经营管理者作为整个职业体育俱乐部的总导演，频频出现不端行为，势必会对职业体育俱乐部的发展产生诸多不利影响。另一方面，相关法律体系的不健全给职业运动员的整个人生的规划与发展带来了某些不协调因素，进而影响到相关劳动力市场的正规化发展①。优越的人力资源，尤其是优秀的职业运动员能够为职业体育俱乐部带来巨大的经济收益。而职业运动员具有培育周期长、使用寿命短的特点。不可否认，运动员在服役期间所面临的运动员转会制度的缺失，已经使运动员转会问题也成为影响职业体育俱乐部正常化发展的瓶颈。另外，运动员退役后的生活工作问题也缺少相关法律的支持和保障，这极不利于运动员劳动力供应市场的发展。因此，如何制定与和运用相关法律机制，保证职业运动员人生规划的良好协调发展，并使其最高效地发挥应有的作用，已显得尤为重要。

第三节　职业体育俱乐部人力资源再造理论

一、文化层次理论下的职业体育俱乐部人力资源再造系统

文化是人类创造的文化，文化具有社会性。这意味着人类是文化的创造者和缔造者，同时人类也必定受到文化的影响。由此，文化与人力资源是相互交融在一起的，是不可分隔的；其次，人类的能动性、再生性、思维性特征又推动着人类社会的不断进步，这也预示着新文化的不断产生和文化的积淀、积累过程（如图 5－1 所示）。

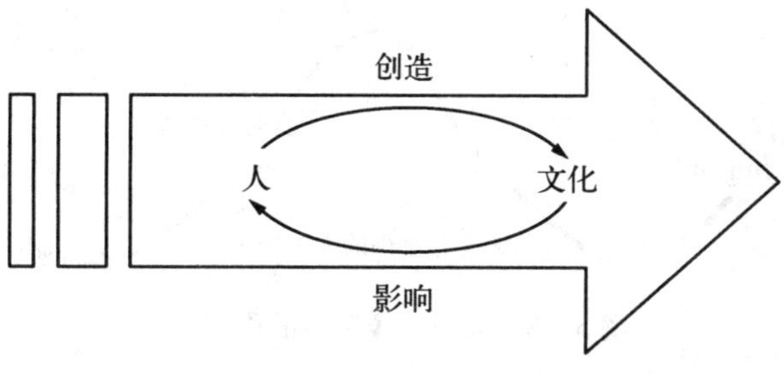

图 5－1　文化与职业体育俱乐部人力资源关系

① 周进强.我国职业体育俱乐部经营中的若干法律问题——职业体育俱乐部法律问题研究之二[J].天津体育学院学报，2001，16(3)：30.

从图 5－1 中可以看出,职业体育俱乐部文化与其人力资源之间存在密切联系,相互融合、相互影响,不可分隔。职业体育俱乐部人力资源是主体,是俱乐部文化的创造者,俱乐部文化凝结在人力资源主体当中。换言之,如果没有人力资源,职业体育俱乐部文化就无从谈起,既无法形成,也无法存在或予以体现。反过来,职业体育俱乐部文化对职业体育俱乐部人力资源具有反作用,它可以通过影响甚至是直接决定职业体育俱乐部人力资源的价值观和行为等,进而影响到整个职业体育俱乐部的生存与发展趋势①。另外,职业体育俱乐部文化与职业体育俱乐部人力资源各自所包含的内容要素相互对应。职业体育俱乐部文化一般划分为四个层次,由外到内分别是物质文化、行为文化、制度文化、精神文化。其中,精神文化处于核心层面,对物质文化、行为文化、制度文化等外显文化具有较强的影响和辐射作用。而职业体育俱乐部人力资源同样是由思想、意识、精神、行为等诸多要素构成,思想、意识、精神等深层次的要素决定了人的言语、行为、对自己的形象要求等外显特征。因此,基于文化层次理论,职业体育俱乐部在实施人力资源再造过程中,要对其运动员、教练员、管理人员、其他工作人员进行全面的层层递进的分析:从着装等外层物质特征,到言语和行为等中层特征,到精神、思想、价值观、理念等核心层特征,通过层层分析,才能精准地确定再造的主要着力点,也更容易与俱乐部成员达成共识,从而使人力资源再造能够推进、取得理想的效果。

人力资源再造对于俱乐部文化再造的最终顺利完成有着至关重要的作用,主要可以从两方面来看:一方面,通过人员调整、职位变动等,人力资源再造可能破坏俱乐部现有的状态,经济学家 Shumpeter 称之为"创造性的破坏",当然这样的破坏是存在一定风险的。但是另一方面,人力资源再造又可能产生大量未充分利用的免费人力资源和新文化、新思维,有助于避免员工队伍整体衰退(如图 5－2 所示)。

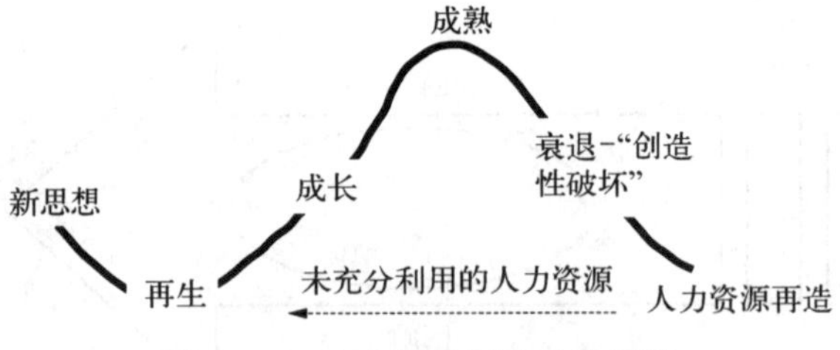

图 5－2　人力资源再造的作用②

① 朱洵韬,段娟娟,李平.基于文化层次理论下的职业体育俱乐部人力资源再造理论要素研究[J].沈阳体育学院学报,2014(4):37－41.

② 褚军亮.人力资源再造理论研究与实践应用述评[J].兰州大学学报(社会科学版),2011(4):115－121.

二、国内外对企业人力资源再造理论要素的主要观点

从查阅相关资料可知，目前国内外学者已有关于企业人力资源再造理念要素的探讨与分析。大部分学者均选择以“管理”为研究视角，对企业人力资源管理进行详细阐述与说明。其内容主要从企业对人力资源的需求开始，到相关计划的制定与从劳动力市场中对所需人力资源的索取，再到聘用与具体管理的整个过程。熊新华(2004)认为，人力资源管理是指管理者通过人力资源计划、招聘、选拔、培训与发展、业绩评估、薪酬和福利等一系列活动，向组织提供合适的人选，并取得高绩效水平和职工最大满足的过程①。张峰(2008)在人力资源管理部分重点阐述和分析了工作岗位分析与评价、人力资源开发(人员招聘和员工培训)、绩效考评与薪酬激励(报酬制度和工作激励)四个内容②。罗宾斯等(2003)在其《管理学》一书中指出，人力资源管理过程包含八项活动或步骤，即人力资源规划、招聘与解聘、甄选、上岗引导、员工培训、员工绩效管理、薪酬与福利、职业发展③。

综合分析发现，关于企业人力资源管理的理论研究较为成熟，虽然对人力资源管理的具体实施流程有一定差别，但是已基本取得一致性认识，涵盖了从开发、利用到管理的方方面面。但是，人力资源作为一类具有能动性、创造性、思维性的特殊生产要素，应当有更多的人文关注，才能使之最大限度地发挥潜能。以上各位学者观点给本研究提供了诸多可借鉴之处，却也存在一些不足之处。以文化为切入点来探讨职业体育俱乐部人力资源再造理论要素，是本研究的独特之处。

三、职业体育俱乐部人力资源再造理论要素

职业体育俱乐部人力资源是由一定数量和一定质量，且通过各种结构、制度配置在一起的人的总称，是一个完整、复杂的动态系统。本节第一部分的分析与企业人力资源管理理念已为我们提供了诸多值得借鉴之处。职业体育俱乐部文化与其所拥有的人力资源紧密联系、融合共生，体现出很强的共生和相互依存关系。根据本书第一章第二节对文化理论的分析，文化的“四层次”理论(物质文化、行为文化、制度文化、精神文化)是目前理论界普遍认可的理论。因此，基于文化层次理论，结合职业体育俱乐部人力资源的

---

① 熊新华.企业人力资源管理诊断及其危机防范[J].武汉：武汉大学，2004：3.

② 张峰.企业管理(第2版)[M].郑州：中原出版传媒集团，2008：94－119.

③ 斯蒂芬·P. 罗宾斯(Stephen P. Robbins)，玛丽·库尔特(Mary Coulter).管理学(第7版)[M].北京：中国人民大学出版社，2003：319.

特点,我们认为职业体育俱乐部人力资源再造主要包括四个一级指标:(1) 职业体育俱乐部人力资源外在形象再造;(2) 职业体育俱乐部人力资源行为再造;(3) 职业体育俱乐部人力资源制度再造;(4) 职业体育俱乐部人力资源理念系统再造。每个一级指标下面又分别细分为 2 至 3 个二级指标,具体如表 5－1 所示。

表 5－1　文化层次下职业体育俱乐部人力资源再造要素构成

	分级指标		操作化定义
职业体育俱乐部人力资源系统要素构成学说	人力资源外在形象	仪表装束与言谈举止	(1) 仪表装束:领导经营者、运动员、教练员、裁判员及服务人员的着装风格、着装礼仪、着装赏悦度;(2) 领导经营者、运动员、教练员、裁判员及服务人员在生活中及赛场上言语谈吐、说话语气、态度及对语言的掌握与运用
		业务能力与素质	运动员竞技水平、专业技能;教练员执教能力、竞赛指挥、协调能力;裁判员执裁能力;领导经营者综合能力(经营管理能力、投资能力、处理风险能力、工作效率与成效等);服务人员业务素质(服务质量、服务水平)等
	人力资源行为	领导经营者行为	“企业家”行为;领导经营者组织行为;协调行为;领导行为;控制行为;决策行为等
		竞赛训练行为	(1) 运动员:运动员注册行为、运动员转会行为、运动员广告代言行为等;(2) 教练员:教授行为、球员临场布置行为等;(3) 裁判员:执裁行为、判罚公正行为
		服务人员行为	服务人员对社会公众(球迷、赞助商、供应商等)的服务行为;服务人员个人生活行为等
	人力资源制度	人力资源开发制度	服务人员、运动员、教练员等的设计规划制度、招聘制度、岗位培训制度;运动员无形资产开发制度(广告、代言等);人力资源职业生涯规划制度;运动员后备力量人力培养制度
		人力资源管理制度	教练员聘用制度或岗位责任制度(运动训练竞赛指挥权、选调和调整运动员权等);运动员注册制度;运动员转会制度;人力资源薪酬管理制度;人力资源激励制度;人力资源绩效考评制度
	人力资源理念	人力资源价值观	领导经营者、运动员、教练员、裁判员、服务人员的价值观的一致度、认可度等
		人力资源精神及风貌	领导经营者的精神风貌、气势气场;运动员、教练员、裁判员、服务人员的职业体育精神(训练刻苦度、团队协作精神等)、工作热情、工作积极性等
		人力资源伦理道德	领导经营者、运动员、教练员、裁判员、服务人员的思想道德修养;伦理道德与自律意识;诚信度

综合以上分析可以发现,关于职业体育俱乐部人力资源再造要素的理念划分(职业体育俱乐部人力资源外在形象再造、职业体育俱乐部人力资源行为再造、职业体育俱乐部人力资源制度再造、职业体育俱乐部人力资源理念系统再造),不仅紧紧抓住了文化这一研究视角,充分体现文化的层次内涵,也充分考虑了职业体育俱乐部所具有的独特特征,更进一步将这些理论内容转化为可以测量的具体指标要素,充分展现了人从直观形象到抽象思维的过程。

第四节　职业体育俱乐部人力资源再造方法

本章第三节对职业体育俱乐部人力资源再造的内容要素的讨论,是从理论上对相关资料进行初步的整理与确定。接下来要做的工作,就是要熟悉掌握职业体育俱乐部人力资源再造的方法,即职业体育俱乐部形象再造的程序过程、遵循原则方法及内在机制等。这对重塑和完善职业体育俱乐部人力资源至关重要。

一、职业体育俱乐部人力资源再造程序1——诊断

职业体育俱乐部人力资源再造的诊断是以发现职业体育俱乐部人力资源存在的问题为导向,目的是查找产生这一系列问题的最终缘由,从而寻求科学合理的解决方案。在职业体育俱乐部人力资源再造诊断过程中,诊断过程要遵循一定的原则,要进行人力资源的重新塑造。

(一)诊断过程应遵循的原则

第一,科学合理性原则。职业体育俱乐部人力资源整个诊断过程的设置是否科学、是否合理,直接关系到职业体育俱乐部人力资源再造结果的质量。坚持科学合理性原则,一方面要保证诊断的内容,即设置的指标要有代表性、完整性和系统性,相关资料和数据的收集要真实、有效;另一方面,应充分运用现代统计理论,采用定性与定量分析相结合的方法,得出合理、真实、客观的分析结果。

第二,定性和定量相结合的原则。在研究中运用定性和定量相结合的手段,是科学性的表现。但是对两者的运用应各有侧重。定性方法主要运用于诊断前期——相关理论、资料的收集和整理,以及对结果的分析等;定量方法则主要运用于相关数据的收集工作,如员工对当前人力资源各方面实施情况的满意度如何、能得多少分等。但这并不是绝对的,定性和定量方

法会始终贯穿于整个诊断和研究过程,可以交互使用或同时运用于某个问题。

(二) 职业体育俱乐部人力资源的重新塑造

重新设计的人力资源必须符合两个条件:一方面,必须保证重新设计的人力资源本身是卓越的,并使之为大多数员工所认同;另一方面,要以科学、合理的原则为基准。

第一,必须保证重新设计的人力资源本身是卓越的。优秀的职业体育俱乐部人力资源不仅能为职业体育俱乐部的发展创造优势资源,提升核心竞争力,也能紧随时代的步伐,适应社会的变化,促进职业体育俱乐部的持续发展。因此,开发、重塑人力资源要素不仅要凸显共性,更要充分彰显个性,才能打造出强势人力资源环境。

第二,必须使新的职业体育俱乐部人力资源为大多数员工所认同。当前,我国职业体育俱乐部人力资源整体环境(从高层领导经营者到普通员工,再到运动员和教练员)普遍存在内部员工和外部社会公众认可度不高的问题,这为职业体育俱乐部的发展埋下了健康隐患。只有获得多数员工认可的人力资源环境才是职业体育俱乐部长足发展的上上策。

第三,职业体育俱乐部人力资源再造的原则。一是人本化原则。坚持人本化原则是指在职业体育俱乐部人力资源再造的过程中,要以人为中心,坚持从人性和人的需要出发,建立能够体现员工与职业体育俱乐部共同的目标和价值观,能够实现人力资源最优化配置的原则。坚持人本化原则有利于发挥人力资源最佳效应,从而更好地为职业体育俱乐部的发展服务。二是精简性原则。精简性原则主要是基于职业体育俱乐部的成本和岗位结构设置而考虑的,目的在于避免造成人力资源的浪费。首先,职业体育俱乐部在组织架构、岗位设置时要遵守这一原则,以免造成机构人员的冗杂、累赘,使职业体育俱乐部负担过重;其次,在人员的招募与选拔时,尤其是对职业运动员的选拔,更要建立在精简性原则的基础上,绝对不能因为个人喜好等原因而违背这一原则,而给职业体育俱乐部的发展产生不利影响。三是适配性原则。坚持适配性原则主要是指职业体育俱乐部的各个员工及其能力要与其所工作的岗位相配套。一般来说,人力资源的配置比较科学合理并能形成良好的机制,就有利于发挥劳动者的积极性和创造性,提高工作效率和组织效率①②。因此,如果能够对直接构成职业体育俱乐部核心产品生

---

① 韩岫岚.企业人力资源的开发与管理[J].中国工业经济,1998(3):65.

② 高宁,李景平.人力资源配置科学性测评指标体系的构建[J].统计与决策,2016(6):45-49.

产者的球队实施较好的人力资源优化配置，就会使球员在赛场上充分发挥自己的潜能，打造一支强大的队伍。

二、职业体育俱乐部人力资源再造程序2——改造

职业体育俱乐部人力资源改造是一个破旧立新的过程，自然会面临推动力与制约力的相互影响与作用。人力资源再造研究专家 L. Spencer、P. Didik 等指出，“跳出框框”思考人力资源如何再造十分关键，也有学者称之为再造的本质，即为“归零”（from scratch）①。职业体育俱乐部经营管理者及相关人力资源再造工作人员必须采取有效措施，在不断增强推动力的同时尽可能消除各种不利因素，加快职业体育俱乐部人力资源再造的进程。而要不断增加推动力与制约力的比例关系，使驱动力完全占据上风位置，促进职业体育俱乐部人力资源再造的顺利完成，就必须要从以下两个方面展开工作。

第一，重视职业体育俱乐部人力资源再造对员工切身利益的影响。曾泉毅（2017）称之为提升企业内部客户体验②。人力资源再造涉及职业体育俱乐部员工个人的切身利益，是员工较为关心和重视的话题。而且，由于职业体育俱乐部人力资源再造要素的差异性，以及员工工作岗位的不同和员工个人自身条件的差别，使得人力资源再造实施过程中对员工切身利益的影响也是不同的。在职业体育俱乐部人力资源再造过程中要树立以“客户”为导向的思维方式，要时刻以保证员工利益为根本，使员工心甘情愿接受和支持职业体育俱乐部人力资源再造工作，才能使员工的命运和职业体育俱乐部的命运紧紧联系在一起。

第二，职业体育俱乐部人力资源再造过程中要选取合作策略，打造服务共享体系。合作策略可以有效避免不利因素的产生，促进人力资源改造过程的顺利完成。合作过程具体可采取以下几项有效措施。一是让员工主动参与。普遍人通常都有“事不关已，高高挂起”的思想，当涉及自身利益时则奋力争取。同样，在职业体育俱乐部人力资源再造过程中，员工积极参与的程度与频度越大，其对人力资源再造的贡献会越大，工作热情和积极性也会相应增强。二是加强沟通。职业体育俱乐部人力资源的再造并不是一项小

---

① DIDIK P., KAZUO T., MASAHARU O. Reengineering for Human Resource Management in Japanese Companies: Is it Important to Be Introduced[J]. International Journal of Production Economics, 1999(4): 103－108.

② 曾泉毅.HRBP视角下企业人力资源管理流程再造研究[J].企业改革与管理，2017(3)：101，106.

工程，习惯于现状的员工总会抱有抑郁抵触或观望心理。因此，实施有效的沟通是职业体育俱乐部人力资源再造能否取得成功并被广泛接受的重要保障。

第三，关注人力资源胜任力的提升和培养。人力资源再造是对现有的人力资源体系诊断评估后按照既定的战略目标实施改造的过程，既包括引进新鲜的血液，又包括对现有人力资源团队的改造和提升，使其具备人力资源专业化能力、敏锐的洞察力与前瞻的判断力，为职业体育俱乐部的各项工作开展提供专业人力资源解决方案。比如对运动员技战术、体能训练等的专业培训、教练员专业技术、教练能力等的提升，对包括人力资源管理在内的行政管理人员专业胜任力的培训，对全体成员在实施再造后人力资源管理流程的重新认识和掌握，等等。对既有成员胜任力的提升和培养是实现职业体育俱乐部人力资源成功再造的重要环节。

三、职业体育俱乐部人力资源再造程序3——评估与反馈

（一）职业体育俱乐部人力资源再造程序——评估

对职业体育俱乐部人力资源再造实施效果进行评估，应该是一个科学的工作程序，以保证评估工作井然有序地开展。职业体育俱乐部人力资源再造的评估过程可分为四个步骤——建立实施效果评估小组、建立一套科学的评估指标体系、展开资料和数据的收集工作、对数据的统计与分析。下面，我们将对这四个步骤作简要概括。

第一，建立实施效果评估小组。建立评估小组，对人力资源实施效果进行专门负责。这个小组的主要管理人员应由具备丰富调查统计经验和人力资源管理经验的人员组成，以提高评估效率及科学性、权威性。评估小组的主要任务是领导、组织、策划并实施评估工作。

第二，建立一套科学的评估指标体系。在整个人力资源再造实施效果评估过程中，最为关键和最为核心的要素即是评估指标体系的建立①。评估指标体系的构建，不仅应该遵循目标性、客观性、有效性及科学性的原则，同时也应该具有差异性原则，不同职业体育俱乐部在人力资源再造过程中都应该根据自身条件和情况来构建评估指标体系。

第三，展开资料和数据的收集工作。数据和相关资料的收集可以说是整个评估工作的基础性工作，它关系到评估结果，进而牵系整个职业体育俱

① 高宁，李景平. 人力资源配置科学性测评指标体系的构建[J]. 统计与决策，2016(6)：45－49.

乐部人力资源再造目标的实现与否。因此，相关的工作人员应该按照修订好的评估指标体系，广泛而深入地收集所需数据，为后期工作的进行打下良好的基础。

第四，对数据的统计与分析。对数据的统计与分析是一项比较繁琐的工作。工作人员要注意数据的录入工作，仔细审阅和核实数据，确保数据录入的准确性；还要采用较为合理和科学的统计方法，并在分析过程中坚持客观性原则。

（二）职业体育俱乐部人力资源再造程序——反馈

将职业体育俱乐部人力资源再造实施效果的评估意见进行反馈，可以及时发现实施效果的好坏及与预期效果存在的差距。如有必要，应该及时进行小组讨论，结合专家意见，对再造对象予以适当的调整或控制，使职业体育俱乐部人力资源再造朝预定的结果或目标推进。

四、职业体育俱乐部人力资源再造的类型

职业体育俱乐部实施人力资源再造程序——诊断、改造、评估与反馈工作，是人力资源再造应该做好的基础和保障工作。但职业体育俱乐部人力资源是经过长期发展而逐渐形成的，其面临的内外环境常常具有较大的差异性。因此，只有充分考虑职业体育俱乐部自身所面临的环境和特点，才能使人力资源再造工作取得圆满的成功，才能获得多数员工的认可和支持。在此，我们依据各职业体育俱乐部的特征，将其总体归属为四个类型。下面，我们将分别讨论和阐述各类型职业体育俱乐部人力资源再造的特点和条件，以便为实践工作的具体开展提供一定的理论参考。

（一）正常发展中的职业体育俱乐部人力资源再造方法

1. 正常发展中的职业体育俱乐部人力资源再造特点

职业体育俱乐部人力资源的正常发展，是每个职业体育俱乐部经营管理者所期盼的发展类型。不过，职业体育俱乐部人力资源的这一状况并非是永恒的，它具有自己的优势，同时也隐藏一定的劣势。优势方面，现有人力资源各要素之间配合较为默契，能够很好地发挥强大的竞争力，为职业体育俱乐部的发展提供较好条件；劣势方面，人力资源与职业体育俱乐部经过长时间的相互调整和适应过程，必然形成一种固定模式，久而久之会产生一种惯性或惰性，进而会降低职业体育俱乐部对各种环境变化的适应能力和调整能力。

2. 正常发展中的职业体育俱乐部人力资源再造条件

对正常发展中的职业体育俱乐部实施有效的人力资源再造，需要注意

以下两点要求。一方面,要求职业体育俱乐部人力资源再造过程要循环往复、不间断地贯穿于职业体育俱乐部的整个发展历程,以保持职业体育俱乐部人力资源应有的活力;另一方面,要求职业体育俱乐部人力资源再造的相关工作人员要不定期地进行内部教育宣传工作,提高员工的忧患意识,要防患于未然。

(二) 更改名称后的职业体育俱乐部的人力资源再造方法

1. 更改名称后的职业体育俱乐部人力资源再造特点

职业体育俱乐部的名称更改现象,理论上是一种较为积极的行为,但是应该注意,职业体育俱乐部名称的更改或变动势必对人力资源再造产生某些负面影响:一方面,会引起职业体育俱乐部内部某些不良情况的发生,如使员工产生一些不适、不满情绪而导致普通工作服务人员工作质量和工作热情下降或职业运动员罢赛、抵赛行为的发生;另一方面,会对外部环境产生一定的影响和作用,如在职业体育俱乐部球星等无形资产开发过程中,与某些商业赞助商发生责任纠纷等。

2. 更改名称后的职业体育俱乐部人力资源再造条件

针对更改名称后的职业体育俱乐部人力资源再造所面临的两个主要特点,我们认为,创造人力资源再造的良好条件需要做好以下两方面工作。一方面,人力资源再造要求相关工作人员要做好职业体育俱乐部员工的思想工作,使其认识、了解、理解并支持这项工作;另一方面,要求人力资源再造相关工作人员做好与外界(商业合作伙伴、赞助商)的交流与沟通,要求全体员工(尤其是职业运动员)从自身做起,诚实守信,切实履行好应尽的责任和义务。

(三) 面临困境发展中的职业体育俱乐部人力资源再造方法

1. 面临困境发展中的职业体育俱乐部人力资源再造特点

职业体育俱乐部人力资源在发展过程中面临困境,表明当前职业体育俱乐部人力资源各要素的劣势会逐渐压倒其应有的优势,并逐步将职业体育俱乐部推向越来越糟糕的地步。由此可见,面临困境发展中的职业体育俱乐部人力资源再造主要表现为两个方面的重要特点。一方面,应该注意职业体育俱乐部人力资源面临的这种困境所涉及的范围不一,或大或小;另一方面,应该注意到造成职业体育俱乐部人力资源面临困境的原因很多,有内部的也有外部的,要综合考虑各种因素。

2. 面临困境发展中的职业体育俱乐部人力资源再造条件

通过探讨面临困境发展中的职业体育俱乐部人力资源再造特点,我们不难发现,要想对这一类型职业体育俱乐部开展有效的人力资源再造工作,需要做好以下两方面的工作。一方面,职业体育俱乐部人力资源再造相关工作人员要客观准确地判断和侦查人力资源再造范围,以避免将矛盾扩大化;另一方面,相关工作人员探究原因时应遵循一条重要原则,即要抓住事物的主要矛盾,不要眉毛胡子一把抓,给人力资源再造工作增加不必要的负担和麻烦。

（四）面临破产中的职业体育俱乐部人力资源再造方法

1. 面临破产中的职业体育俱乐部人力资源再造特点

当职业体育俱乐部人力资源面临破产这一严重问题时,似乎已经预示着职业体育俱乐部衰退期的开始,此时员工士气大伤,逐渐在精神层面上接受这一极不情愿的“事实”。因此,面临破产中的职业体育俱乐部人力资源再造具有两方面的重要特征:一方面是可观测层面,即职业体育俱乐部与人力资源之间出现严重错位,现有人力资源配置(如员工的行为及相关员工制度)不仅无法成为职业体育俱乐部发展的竞争优势,反而逐步成为职业体育俱乐部持续发展的羁绊;另一方面是精神层面,具体表现为职业体育俱乐部员工在精神斗志方面的低落。

2. 面临破产中的职业体育俱乐部人力资源再造条件

要想为面临破产中的职业体育俱乐部实施成功且有效的人力资源再造创造良好的优势条件,使人力资源要素发挥其强大功能,应该注意两个要点。一是相关工作人员要切实做好职业体育俱乐部人力资源再造的诊断和重塑工作;二是重整职业体育俱乐部全体员工精神面貌,激发员工斗志和工作热情,为职业体育俱乐部人力资源再造工作的展开注入活力。

五、职业体育俱乐部人力资源再造的模式

职业体育俱乐部人力资源再造能否选择和确定一个合理有效且与之相匹配的模式,直接决定了再造过程阻力的大小,进而影响到人力资源再造的成败与否。因此,减少职业体育俱乐部人力资源再造的阻力就必须选择合适的再造模式,控制再造过程,有针对性地推进人力资源再造。下面,我们将就职业体育俱乐部人力资源再造模式的划分与选择作简要分析。

（一）职业体育俱乐部人力资源再造的划分

针对本节第四部分所分析的职业体育俱乐部人力资源再造类型,可以将职业体育俱乐部人力资源再造模式简要地划分为四类,即创新型职业体育俱乐部人力资源再造模式、学习型职业体育俱乐部人力资源再造模式、参与型职业体育俱乐部人力资源再造模式和自主型职业体育俱乐部人力资源再造模式。

1. 创新型职业体育俱乐部人力资源再造模式

针对正常发展中的职业体育俱乐部人力资源再造类型的综合特征及表

现,我们提出了创新型职业体育俱乐部人力资源再造模式。首先,职业体育俱乐部的正常化发展为创新型职业体育俱乐部人力资源再造模式提供了适宜的土壤,创造了良好条件。总体而言,正常发展中的职业体育俱乐部人力资源竞争力较强,对各种环境的适应能力也较好。在这种环境中,稍微给予激励,人力资源再造工作的开展便很容易获得普遍支持和赞同。其次,创新型职业体育俱乐部人力资源再造模式的实施,能够使职业体育俱乐部人力资源更进一步体现其核心地位,不断辐射其强大的功能作用,从而带动职业体育俱乐部全面竞争力的提升。

2. 学习型职业体育俱乐部人力资源再造模式

为了使更改名称后的职业体育俱乐部的人力资源再造有一个更好的发展平台,我们提出了学习型职业体育俱乐部人力资源再造模式。首先,造成职业体育俱乐部名称更迭的原因很多,其中人力资源要素是最主要和最直接的因素。不管职业体育俱乐部人力资源理论要素如何,人始终是职业体育俱乐部的统领者、导向者,也是决定职业体育俱乐部名称更换的决策者。其次,选择学习型职业体育俱乐部人力资源再造模式主要是基于人所特有的能动性、思维性、社会性等特征。学习型职业体育俱乐部人力资源再造模式不仅要求人力资源再造相关工作人员努力探究各方面不利因素,同时也要求他们努力学习成功经验,改善这一状况,避免同类现象的再次发生。

3. 参与型职业体育俱乐部人力资源再造模式

参与型职业体育俱乐部人力资源再造模式是与面临困境发展中的职业体育俱乐部人力资源再造类型相匹配的一种模式。首先,造成职业体育俱乐部人力资源面临困境的原因较为复杂,既有外部的,也有内部的,而且此类职业体育俱乐部人力资源再造工作的实施也比较困难。因此,该项任务的圆满完成需要全体员工的共同努力和主动参与。其次,参与型职业体育俱乐部人力资源再造模式正是基于全体员工主动参与这一主导思想而制定的。由此可见,职业体育俱乐部全体员工的加盟可以有效地改善面临困境发展中的职业体育俱乐部人力资源再造类型的各种不良现象。

4. 自主型职业体育俱乐部人力资源再造模式

自主型职业体育俱乐部人力资源再造模式是与面临破产的职业体育俱乐部人力资源再造类型相匹配的一种模式。首先,面临破产中的职业体育俱乐部人力资源再造工作的开展需要强大的后盾力量和强大的精神力量作支撑。要彻底改善面临破产的职业体育俱乐部的人力资源状况,需要全体员工从精神上给予最积极的支持和肯定,从行动上给予坚决的执行。其次,自主型职业体育俱乐部人力资源再造模式能够有效针对面临破产中的职业体育俱乐部人力资源再造类型实施各项措施。自主型职业体育俱乐部人力资源再造模式是四类人力资源再造模式中最为积极和主动的,正好契合了面临破产中的职业体育俱乐部人力资源再造工作的主要需求。

(二) 职业体育俱乐部人力资源再造模式的选择

具有一定的价值意义是进行职业体育俱乐部人力资源再造模式选择的前提与基础,也是职业体育俱乐部人力资源再造模式之所以存在的根本原因。选择进行职业体育俱乐部人力资源的再造模式具有十分重要的意义。

第一,进行职业体育俱乐部人力资源再造模式的选择,是职业体育俱乐部人力资源再造必须进行的准备工作,它是职业体育俱乐部人力资源再造工作得以顺利开展的前提条件和基本保证。

第二,人力资源要素是职业体育俱乐部的核心生产要素,但同时也是各要素再造过程中涉及成本最高的要素。正确进行职业体育俱乐部人力资源再造模式的选择,可以有效预防某些不良情况的发生,避免不必要的资源浪费,尽可能降低人力资源再造的成本。

小　　结

人力资源要素作为职业体育俱乐部的核心生产要素,是职业体育俱乐部应该学习、掌握、管理好的重要要素。因此,正确优化人力资源,即对职业体育俱乐部人力资源的诸要素进行重新审视和整合,具有十分重要的价值作用。

本章共分为四个小节。第一节,从理论层面探讨职业体育俱乐部人力资源再造相关概念内涵及功能作用等;第二节,重点分析职业体育俱乐部人力资源再造的内外动因;第三节,探讨职业体育俱乐部人力资源再造理论要素,包括文化层次理论下的职业体育俱乐部人力资源再造系统,以及国内外对企业人力资源再造理论要素的主要观点、职业体育俱乐部人力资源再造的理论要素等内容;第四节,职业体育俱乐部人力资源再造方法,包括职业体育俱乐部人力资源再造的诊断、改造、评估与反馈、类型及模式划分与选择五个部分。

主要参考文献

[1] DIDIK P., KAZUO T., MASAHARU O. Reengineering for Human Resource

Management in Japanese Companies: Is it Important to Be Introduced[J]. International Journal of Production Economics, 1999(4): 103 - 108.
[2] 陈进勇.现代国有企业人力资源和谐管理的创新探索[J].广西烟草,2007(7): 30 - 31.
[3] 程书强,王建华.人力资源再造[J].陕西经贸学院学报,2000(1): 52 - 53.
[4] 褚军亮.人力资源再造理论研究与实践应用述评[J].兰州大学学报(社会科学版), 2011(4): 115 - 121.
[5] 丁林梅.对我国职业体育俱乐部公司治理结构的探讨[J].沈阳体育学院学报, 2004,23(6): 753 - 755.
[6] 高宁,李景平.人力资源配置科学性测评指标体系的构建[J].统计与决策,2016(6): 45 - 49.
[7] 韩岫岚.企业人力资源的开发与管理[J].中国工业经济,1998(3): 65.
[8] 贾鹏.成长期体育企业人力资源开发与管理系统研究[D].北京: 北京体育大学, 2006: 4.
[9] 金长庆,叶巍.完善我国职业篮球俱乐部的对策研究[J].知识经济,2009(11): 149.
[10] 李桂萍.现代企业人力资源管理[M].北京: 中国物价出版社,2003: 2.
[11] 李岫,田克勤.旅游企业人力资源管理[M].北京: 经济科学出版社,2004: 2.
[12] 李治.关于企业人力资源管理体系的构建[J].企业导报,2011(6): 189.
[13] 廖泉文著.人力资源管理[M].上海: 同济大学出版社.1991.
[14] 刘智强,廖建桥.人力资源再造: 改写组织命运的革新工程[J].南开管理评论.2004(4): 88 - 94.
[15] 牟小刚.CBA 职业篮球俱乐部品牌影响因素的研究[D].北京: 北京体育大学, 2009: 30.
[16] 斯蒂芬 · P. 罗宾斯(Stephen P. Robbins),玛丽 · 库尔特(Mary Coulter).管理学(第7版)[M].北京: 中国人民大学出版社,2003: 319.
[17] 谭崇台.发展经济学[M].上海: 上海人民出版社.1989.
[18] 王新.论企业人力资源的优化配置[D].哈尔滨: 哈尔滨工程大学,2003: 7.
[19] 熊新华.企业人力资源管理诊断及其危机防范[J].武汉: 武汉大学,2004: 3.
[20] 张峰.企业管理(第 2 版)[M].郑州: 中原出版传媒集团,2008: 94 - 119.
[21] 张峰.企业管理[M].郑州: 中原出版传媒集团,中原农民出版社,2008: 95.
[22] 张忠元,向洪主编.体育资本[M].北京: 中国时代经济出版社,2002: 87,154.
[23] 周进强.我国职业体育俱乐部经营中的若干法律问题——职业体育俱乐部法律问题研究之二[J].天津体育学院学报,2001,16(3): 30.
[24] 周庆功.中国职业篮球俱乐部十年发展的主要问题分析与对策[J].体育与科学, 2005,26(2): 64 - 67.
[25] 朱洵韬,段娟娟,李平.基于文化层次理论下的职业体育俱乐部人力资源再造理论要素研究[J].沈阳体育学院学报,2014(04): 37 - 41.
[26] 曾泉毅.HRBP 视角下企业人力资源管理流程再造研究[J].企业改革与管理,2017(3): 101,106.

第六章　职业体育俱乐部理念系统再造

第一节　职业体育俱乐部理念系统再造的内涵

一、职业体育俱乐部理念系统再造内涵

（一）企业理念系统的内涵

“理念”一词最早缘于西方哲学用语，有不少知名学者从各自研究角度对理念内涵作了尝试性描述，其中比较有代表性的观点有古希腊柏拉图的“理念论”和德国古典哲学家黑格尔的“绝对理念”。他们的思想观点在当时曾产生了巨大的影响，并在哲学史上留下了宝贵的文化资料。但他们均主张理念是第一位的，理念先于物质世界，属于唯心主义观点，经不起历史的验证。马克思在批判和继承西方传统哲学的基础上，提出了唯物主义“理念观”，他采用的辩证法和黑格尔的辩证法是完全对立的，他说：“我的辩证方法，从根本上来说，不仅和黑格尔的辩证方法不同，而且和它截然相反。在黑格尔看来，思维过程，即他称为观念而甚至把它变成独立主体的思维过程，是现实事物的创造主，而现实事物只是思维过程的外部表现。我的看法则相反，观念的东西不外是移入人的头脑并在人的头脑中改造过的物质的东西而已。”①

在国内学术界，我国学者李大钊在《史观》一文中首先提到“理念”这一词语：“至于历史进展动因何在，则又人言人殊……或曰，在精神，如圣神、德化、理念是。”②《辞海》将“理念”诠释为“观念”，其解释有两条，一是“看法、

---

① 潘梅村.《资本论》的整体性概念[J].学海，2010(06)：208－211.

② 郭其杰.城市规划理念研究及实证分析[D].武汉大学，2005：6.

思想或思维活动的结果”，二是“观念（希腊文 idea），通常指思想，有时也指表象或客观事物在人脑里留下并得以概括的形象”①。严亚（2005）在分析国内外学者对理论概念认识的基础上提出，理念包含了以下两个方面的内容：第一，理念与观念、思想、精神等词是同质的，在一定意义上可以换用；第二，理念是对现实世界的理性反映②。由此可以认为，理念就是理性的观念或观念系统。

总之，“理念”内涵应该包含如下几个重要特征：第一，一般意义上的“理念”应该指一种价值体系、观念、思想、意识等；第二，理念产生的主体是具有思想意识的人；第三，理念是在人的头脑中经过长实践形成的、对客观事物的现实反映。

对企业理念内涵进行深入挖掘与分析，有利于进一步分析其结构内容要素。通过对相关文献的搜集与查阅可知，虽然目前理论界对于企业理念概念内涵的认识与理解众说纷纭，莫衷一是，但是仔细分析可以发现，各位学者对企业理念内涵所蕴含的本质特点已取得一致性认识，以下是具有代表性的“企业理念”观点：

第一，“反映、功能、总和论”。

“企业理念是企业在独立经营和长期发展过程中，继承企业优良传统，适应时代要求，由企业家积极倡导、全体员工自觉实践而形成的代表企业信念、激发企业活力、推动企业生产经营的团体精神和行为规定。”（徐建民、邓国盛、刘无 1995）③

“企业理念是得到社会普遍认同的、体现企业自身个性的特征的、促使并保持企业正常运行以及长足发展而构建的反映整个企业明确的经营意识的价值体系。”（周旻 1996）④

“企业理念是指得到社会普遍认同的体现企业自身个性特征的，促使并保持企业正常运作及长足发展而构建的反映整个企业明确的经营意识的价值体系。”（杨金德 1996）⑤

“企业理念是企业全体成员所追求的固有价值观、思维方式、行为方式和信念的综合，它是企业在长期的生存和竞争中逐渐吸取经验和教训而发

---

① 夏征农编著.辞海[M].上海：上海辞书出版社，2002：1367.

② 严亚.重庆中小软件企业的企业理论传播研究[D].重庆：西南师范大学，2005：4.

③ 徐建民，邓国胜，刘无.企业之魂——CIS 战略的理念识别[M].北京：北京经济学院出版社，1995：39.

④ 周旻.CI：从理念到行为（第二版）[M].北京：中国经济出版社，1996：46.

⑤ 杨金德.CI 基本原理[M].北京：中国经济出版社，1996：175.

展起来的，作为企业生命力的一个要素，企业理念对企业的现在和未来有着巨大的影响，是企业应付挑战的力量源泉。”（刘光明 2001）①

“企业理念是集中反映企业个性，对相关公众具有激励作用，对企业发展具有指导意义的价值体系或观念系统，它包括企业宗旨、企业价值观念体系、企业精神、企业伦理观念等多方面的内容。”（秦启文 2002）②

“企业理念就是企业最高目标、企业哲学、企业核心价值观、企业宗旨、企业精神、企业道德、企业作风等企业文化的精神层次内容，它是企业主要经营者关于企业的看法的总和，又可以概括为企业观。”（张德、吴剑平 2003）③

“企业理念是企业最高的行为准则，它不应该仅仅是一句亮丽的口号，而应该是在长期经营实践中形成并凝聚成的企业的灵魂，是企业文化的精髓，衡量某种理念成功与否的标志，是要看其是否能够深入人心，当理念在实践中变成一种人们无意识的、广为接受的观念时，它就成功了。”（达文波特 2004）④

第二，“广义、狭义说”。

“广义而言，企业理念就是对企业经营管理的精神的形式和内容的表达和规定，狭义地说，所谓企业理念是指根据企业实态而确定的体现企业个性，并为全体成员所共享的企业使命、企业价值观、企业精神、行为准则等思想观念系统和战略系统。”（陈先红 1999）⑤

以上各种观点中，“反映、功能、总和论”的观点受到各位学者的普遍青睐。该观点主要基于三个方面的考虑，一是指企业理念是企业自身特征与个性的客观现实反映；二是指企业理念具有强大的功能作用，能够为企业的发展注入源源不断的动力和支撑；三是指企业理念是一个整体、一个体系、一个系统，它包含诸多的内容和要素。总而言之，企业理念即企业理念系统，具体包括以下内涵：

第一，企业理念是由诸多要素构成的完整的体系。这一体系是由各种具体理念构成的总和，具体包括企业价值观、企业宗旨使命、企业目标体系等内容。

第二，企业理念是企业自身特征和个性的集中反映体，是展示企业独特

---

① 刘光明.企业文化[M].北京：经济管理出版社（第二版），2001：6－9.
② 秦启文.企业理念的理性反思与实证研究[D].重庆：西南师范大学，2002：11.
③ 张德，吴剑平.企业文化与CI策划[M].北京：清华大学出版社，2003：85.
④ 托马斯·H. 达文波特著.夏雨峰等译.最有理念[M].北京：中信出版社，2004：1－2.
⑤ 陈先红.论企业理念及其认同的重要性[J].武汉交通科技大学学报（社会科学版），1999，12（2）：32－35.

自我的关键所在。

第三,企业理念是企业文化的"神"或"灵魂",在整个企业的发展过程中具有强大的功能。

综上所述,企业理念即企业理念系统的一般释义,指企业在生产经营过程中经过长期发展而逐渐形成的,在企业内部获得一致性认识的,集中体现企业特征和个性,对企业发展具有前瞻性、导向性、辐射性,且由诸多要素构成的完整体系。

(二)职业体育俱乐部理念系统再造的内涵

职业体育俱乐部作为一类特殊企业,不仅具有一般企业的共同特征,同时也更多地蕴含了自身的独特内涵要素。因此,对职业体育俱乐部理念进行概念内涵的界定时,应同时包含"理念"、"企业"与"职业体育俱乐部"三个要素的基本特征。结合以上对"理念"与"企业理念系统"内涵的讨论与阐述可知,职业体育俱乐部理念系统是指职业体育俱乐部在体育竞赛及相关服务的生产经营活动过程中,经过长期提炼而逐渐形成的,集中体现职业体育俱乐部特征和个性,对职业体育俱乐部发展具有前瞻性、导向性、辐射性等功能价值,获得内部员工(经营管理者、服务人员、运动员、教练员等)一致认同和支持的,并最终转化为由一定理念要素构成的完整体系。职业体育俱乐部理念系统内涵特征与一般企业理念系统的内涵特征具有同质性,但两者间在自身的独特特征与个性方面亦有很大差别。具体来说,可概括为以下几点:

第一,职业体育俱乐部理念系统是由诸多理念要素构成的,获得普通员工、职业运动员、教练员一致认可的完整体系。其中,各要素的组合虽然复杂却具有一定的规律与结构,而且,成熟的职业体育俱乐部理念系统必须获得多数员工的认同与支持。

第二,职业体育俱乐部理念系统是对职业体育俱乐部内部特征和独特个性的具体反映。单纯的"理念"是一个具有哲学意义的抽象概念,而对于一个职业体育俱乐部来说,却可以转化为具体的、形象的,能够向普通员工、职业运动员及社会公众展现职业体育俱乐部经营目标的具体设想。这是职业体育俱乐部之间差异性的根本所在。

第三,职业体育俱乐部理念系统最终转化和表现为具体的功能作用,它可以为职业体育俱乐部的发展提供导向,强化职业运动员及普通工作人员之间的凝聚力与协调力,从根本上提高职业体育俱乐部的核心竞争力。

因此,职业体育俱乐部理念系统再造,以相关理论为基础,运用一定的技术手段和方法,对职业体育俱乐部理念系统各要素进行审视、分析、设计、提升的一系列创造和实践活动，从而使理念系统更好地服务于职业体育俱乐部，并从核心层面上进一步提高职业体育俱乐部文化，其最终结果是设计出功能作用更为强大、适应性更强的新理念系统。

二、职业体育俱乐部理念系统理论

“理念”是一个外来词汇，最早作为一种哲学观点出现。随着社会的不断发展、进步及人类对世界及自我认识的不断提高，“理念”日益受到人们的重视和研究，在理论界的地位也得到进一步的提高和巩固。职业体育俱乐部理念系统作为一个小的集合体，既概括了理念系统的精华，也可以为职业体育俱乐部的发展显示出其应有的功能与价值。

（一）职业体育俱乐部理念系统特征

第一，职业体育俱乐部理念系统的个性化特征。个性化是不同职业体育俱乐部理念系统之间的差异所在，也是其个性特色的彰显，亦是职业体育俱乐部理念系统应该坚持的首要原则。只有展示出职业体育俱乐部独特的经营思想和精神风貌——队员朝气蓬勃、比赛骁勇善战等，才能使职业体育俱乐部在消费者心中生根、发芽、开花、结果，才能使职业体育俱乐部全面提升竞争力，占据有力的市场份额。因此，个性化特征是职业体育俱乐部理念再造应该遵循的首要特征，它可以有效提升职业体育俱乐部的核心竞争力。

第二，职业体育俱乐部理念系统的民族化特征。民族文化是最具有认同感和归属感的文化，它所包含的精神、价值观等对国人具有强大而无形的影响力、凝聚力和感召力，是职业体育俱乐部赖以生存的基本条件。民族化原则对于吸引人才，对于获得运动员、教练员的认同与支持都能够产生积极的影响。因此，职业体育俱乐部理念系统应该以同质的民族文化为背景和基础，相互影响和相互渗透，使职业体育俱乐部理念在充分体现个性特征的同时也能充分彰显同质民族文化的魅力。

第三，职业体育俱乐部理念系统的一致性特征。一致性特征首先反映在职业体育俱乐部理念系统的塑造过程要与社会宏观环境相一致，以避免社会宏观环境的变化和波动对职业体育俱乐部理念系统产生较多的负面作用；其次，一致性特征要求职业体育俱乐部理念系统各要素之间应该协调一致、互相配合，且要承担起为实现职业体育俱乐部目标服务的责任；再者，一致性特征是指职业体育俱乐部理念系统必须在全体员工职业运动员、教练员中达成共识，成为全体成员共同的价值观和信念。由此，一致性特征是保证职业体育俱乐部理念系统得以传播和认同的重要基础条件。体现一致性特征不仅可以为职业体育俱乐部开展理念系统再造工作打下良好基础，同时也有利于职业体育俱乐部理念系统的有效传播。

第四,职业体育俱乐部理念系统的时代性特征。时代性特征是指职业体育俱乐部的理念系统要顺应时代发展的潮流,准确把握时代特征,充分体现时代精神,避免被时代发展的波浪所吞噬或淹没。回顾国外职业体育俱乐部的发展历程不难发现,追随时代精神、满足时代需要是职业体育俱乐部得以产生、发展和成功的重要条件。因此,我国职业体育俱乐部在实施理念系统的设计工作时,要在顺应国际发展要求的大背景下,深刻把握我国历史潮流,充分体现我国时代需求,获得公众的广泛认同。

(二)职业体育俱乐部理念系统的功能作用

职业体育俱乐部理念系统在整个职业体育俱乐部文化中占据着绝对核心的地位,发挥着强大的功能作用,具体表现在以下几个方面:

第一,导向作用,指引职业体育俱乐部的发展方向。一个职业体育俱乐部的发展目标和发展方向是职业体育俱乐部能否获得持续、长足发展的重要条件。职业体育俱乐部理念如同汽车的方向盘,可以将企业、员工行为引导到职业体育俱乐部所确定的方向和目标上来,为实现目标而努力奋斗。松下幸之助先生曾言:"一个企业的成功,当然涉及许多方面的条件和因素,而是否有正确的经营理念,无疑是最最重要的因素,换句话说,经营理念居于主导企业成败的地位,企业理念之于企业,犹如罗盘之于航海中的船舶,因此它的重要性不言而喻。"①

第二,强化凝聚作用,打造职业体育俱乐部核心竞争力。缺乏凝聚力的职业体育俱乐部尤如一盘散沙,很难实现长期发展。职业体育俱乐部理念系统的凝聚作用,主要体现在职业运动员之间、职业体育俱乐部与社会公众之间的凝聚。它主要通过影响和改变员工(普通工作人员、职业运动员等)的理想、追求、价值观,使员工对职业体育俱乐部产生强烈的认同感、使命感、归属感和自豪感,并付诸实践行动。正如严亚所言,"企业理念对内、对外传播过程把内外公众和企业紧紧凝聚在一起,显示共同的意志、目标和要求,使企业产生一种强大的向心力,使员工有一种信赖感和归属感,反过来,这种凝聚力、向心力和信赖感、归属感又会转换成强大的力量,吸引着优秀人才"②。

第三,优化协调作用,提供舒适、融洽的内部环境。职业体育俱乐部理念系统有一个重要而显著的作用,便是强调职业体育俱乐部目标与职业体

---

① 彼得·德鲁克著.管理的前沿[M].上海:上海译文出版社,1999.

② 严亚.重庆中小软件企业的企业理念传播研究[D].重庆:西南师范大学,2005:14.

育俱乐部成员（普通工作人员、职业运动员等）工作目标的一致性，强调全体成员价值观、信念的一致性，强调职业体育俱乐部成员之间的相互吸引力和对职业体育俱乐部的向心力。在获得职业体育俱乐部内部一致性的基础上，使员工减少摩擦，促进员工之间的思想沟通、互助依赖和密切配合，从而形成和谐团结的内部环境气氛，增强职业体育俱乐部各方面的竞争力。

第四，加强辐射作用，促进整个职业体育俱乐部文化的发展与建设。职业体育俱乐部理念系统处于职业体育俱乐部文化的核心层面，是一个强大的辐射源系统。在职业体育俱乐部发展的初期，其理念系统主要在内部发挥作用，只是对内部员工（普通工作人员、职业运动员等）产生影响，促使全体员工为实现职业体育俱乐部的目标而尽心竭力。但是当职业体育俱乐部发展取得成功并形成一定规模时，就会转而对社会及社会公众产生越来越广泛的影响，逐渐展示其强大的辐射功能。例如，现在取得卓越成绩的美国职业篮球联赛（NBA），不仅在国内具有良好的感染力，对我国职业体育及职业体育俱乐部的形成与发展及模式选择也产生了一定影响与作用。

第二节　职业体育俱乐部理念系统再造的动因

职业体育俱乐部理念系统处于职业体育俱乐部文化的核心层面，具有统领全局、激发士气、引导方向的功能和作用。然而，就目前我国职业体育俱乐部发展情况而言，其理念系统在建设与实施方面却存在诸多问题。导致这一现象的原因是多方面的——有其自身建设的问题，同时也不可避免地受到外界宏观环境变化的影响。下面，我们将从影响职业体育俱乐部理念系统的内部因素和外部因素两个方面探讨理念系统再造的动因。

一、职业体育俱乐部理念系统再造的内部动因

马克思主义哲学认为，事物的内部矛盾是推动事物发展的根本动力。了解职业体育俱乐部理念系统再造的各种内部矛盾及产生缘由，不仅可以为职业体育俱乐部理念系统的重新塑造和优化提供丰富的参考资料，提供一定的实践指导，更可以通过职业体育俱乐部理念系统协调内部矛盾，使其成为职业体育俱乐部得以长足发展的持续动力。当前，我国职业体育俱乐部理念系统本身存在诸多不足之处，究其原因有三个方面：一是职业体育俱乐部理念系统具有很强的共性特征，缺乏自身的独特个性；二是职业体育俱乐部理念系统内普遍存在一定的弊端；三是职业体育俱乐部理念系统内

部各要素之间存在各种冲突现象。

第一,职业体育俱乐部理念系统具有很强的共性特征,缺乏自身的独特个性。在职业体育俱乐部创建初期,简洁明了、清晰易懂的职业体育俱乐部理念更容易获得员工的认可和赞同,也易于发挥职业体育俱乐部理念系统应有的价值功效。随着职业体育俱乐部不断成长与壮大,其理念系统也同时应该得以逐步完善,其内涵也应该不断深层次化。但目前。我国职业体育俱乐部理念系统仍然停留在"友谊第一,比赛第二"、"服务第一"、"争创佳绩"等这些大家所熟识的大众理念系统层次上,个性不够突出,特色不够鲜明,并且,由于我国特殊的职业体育俱乐部发展路径,使得"官本位主义"、"教条主义"现象较为严重。这不仅严重制约了职业体育俱乐部理念系统个性自由发展的空间,同时也使职业体育俱乐部理念系统成为一个名副其实的空口号,失去了其本身应有的功能意义。由此可见,职业体育俱乐部理念系统的这一内部矛盾如果得不到及时解决,必将成为职业体育俱乐部发展过程中的一大障碍。

第二,职业体育俱乐部理念系统内普遍存在一定的弊端,对职业体育俱乐部的各方面发展产生了极为不利的影响。优秀的职业体育俱乐部理念具有强大的功能,可以为职业体育俱乐部的发展创造一个良好舒适的环境:对内可以调动职业体育俱乐部内部各个环节积极因素,使资源得到合理配置,提高竞争力;对外则是连接职业体育俱乐部与外部环境的精神纽带,可从根本上解决阻碍职业体育俱乐部的各种障碍。但职业体育俱乐部理念系统内部的一些弊端却会导致诸多不良现象的发生。如职业足球俱乐部出现的高层领导人员贪污受贿问题,裁判员违背职业道德的黑哨问题,职业运动员出现罢赛、兴奋剂、假球、赌球等一系列问题。虽然制度改革与经营管理的改进有益于改善这些问题,但是职业体育俱乐部理念系统作为最高层次、最具有广泛影响力的精神、道德层面的约束力量,则可以从根本上缓解这些问题的发生频率。

第三,职业体育俱乐部理念系统内部各要素之间存在各种冲突,如果不能正确把握和精心管理,将在一定程度上削弱理念系统的应有价值。职业体育俱乐部理念系统内各种冲突现象主要体现在以下几个方面。一是主体理念与亚理念之间的冲突。主体理念是指职业体育俱乐部内占主导地位的、已被多数成员共同认可的理念体系,其余占非主导地位或占次级地位的理念统称为亚理念①。二是群体理念与个体理念之间的冲突。职业体育俱

① 邵琴.以"文化引领"促进企业和谐发展[J].科技与企业,2015(4):190.

乐部理念系统内部各要素之间的各种冲突现象是客观存在的，具有正负两方面的影响。一般来说，正常化的理念冲突能够促进理念系统各要素之间的互补，实现理念系统的融合与发展。而过度的理念分歧与对抗则必然使负面作用逐渐大于正面作用，从而对职业体育俱乐部目标的实现产生巨大阻力。

二、职业体育俱乐部理念系统再造的外部动因

职业体育俱乐部实际发展情况千差万别，与外界环境时刻保持一种动态平衡状态。理念作为职业体育俱乐部的导向和指挥系统，应随着各种环境的变化作出相应调整。因此，在密切关注职业体育俱乐部内部环境变化的同时，应该时刻高度警惕职业体育俱乐部外部环境的动态发展趋势，避免原有的职业体育俱乐部理念与外界环境出现不协调性，从而影响和阻碍职业体育俱乐部的发展。

第一，我国职业体育俱乐部理念系统起点较低，对理念系统的功能与作用的认识与运用尚有不足。西方发达国家对企业文化、企业理念的认识和研究起步较早，但美国的企业文化理论传入中国则始于 20 世纪 80 年代左右，之后迅速得到中国社会各界——如企业界和管理界的认同和响应，掀起了中国第一次“企业文化热”，然后才有企业理念逐渐进入人们的视野。任何事物的发展必然要经历一个从产生、初步成长、成熟直到衰退的循环过程。因此，我国职业体育俱乐部理念系统正在初步成长期，自身条件的不足和不完善，很大一部分缘由是人们对理念系统的研究较晚，对其功能作用认识与运用尚有不足，这也就在一定程度上造成了理念系统功能潜力挖掘的不足，从而限制了其应有的价值作用。

第二，市场变化将对职业体育俱乐部理念产生积极或消极的影响。市场上的任何一种产品都会经历“潮涨潮落”的自然规律。一方面，职业体育俱乐部在市场低潮运行期间，会对理念系统造成诸多不利影响，但是如果能做出重新认识和及时调整，也不失为一个锤炼职业体育俱乐部理念系统的良好时机；另一方面，一般来说，理念系统对职业体育俱乐部具有十分重要的价值功能，它会帮助其产品、服务通过不断的成长而逐渐达到顶峰。但是这里面也存在一种巨大的潜在危险，即当职业体育俱乐部的产品、服务在市场运行中处于顶峰时，很有可能出现供不应求的局面，而在巨大利益的诱惑下，职业体育俱乐部全体员工（经营管理者、普通员工、教练员、运动员等）很有可能会动摇已有的良好理念系统，在理念系统与巨大利益的天平上向利益一边倾斜。

第三,职业体育俱乐部理念系统的实施缺乏合理的职业体育俱乐部内部组织结构,从而使两者之间出现了错位,使理念系统成为空无一用的花哨外表。职业体育俱乐部内部相关组织结构的进一步完善,是强化理念系统实施的基本保障机构,但是如何使这一机构发挥最大效用,使职业体育俱乐部理念更好、更快地被全体员工所接受才是重中之重。由于职业体育俱乐部理念系统是一种软约束力,因此,除了一些必需的硬性规定外(如绩效考评等),真诚地沟通与宣传才是职业体育俱乐部理念获得员工认可的最有效的方法与手段。而在我国特有的国情与文化影响下,国人普遍形成一种比较"听话"的习惯,例如,晚辈要听长辈的,下级要听上级的,普通员工要听领导的,则沟通与交流就自然而然变得不那么频繁,长此以往,不仅不利于职业体育俱乐部理念系统的有效传播与接受,还有可能导致员工的抵制情绪。

第三节　职业体育俱乐部理念系统再造理论

一、文化层次理论下的职业体育俱乐部理念系统再造

通过职业体育俱乐部理念系统基础理论部分的分析可知,职业体育俱乐部理念系统作为职业体育俱乐部文化的核心组成部分,与职业体育俱乐部文化具有相互依存、相互促进、共同成长的密切关系。

目前学术界对于企业文化与企业理念的关系探讨也可谓是百家争鸣、百花齐放。陈怡男(2002)①、马珍杰(2004)②、郭秋云(2007)③、黎益君(2010)④、王恒胤(2012)⑤等众多学者已从各自的研究角度及研究目的出发,对企业文化与企业理念的关系作了详尽的分析与阐述,其中比较有代表性的观点是黎益君对企业理念与企业文化关系的分析与讨论。他认为企业文化构成要素当中,"企业理念"无疑是企业文化的核心,其他要素都是企业理念的"衍生"要素,无论是企业物质文化的最集中体现——企业形象、企业

① 陈怡男.中国国有企业理念研究[D].重庆:西南师范大学,2002:4-5.
② 马珍杰.企业理念的渗透与文化融合研究[D].哈尔滨:哈尔滨工程大学,2004:7.
③ 郭秋云.企业理念在企业文化建设中的作用机制研究[D].太原:山西财经大学,2007:11.
④ 黎益君.企业理念探析[D].湘潭:湘潭大学,2010:25.
⑤ 王恒胤.企业文化理念创新与文化创意产业的发展探析[J].企业导报,2012(23):144-145.

制度文化的具体表现——企业行为规范，还是企业理念本身所包含的企业目标、企业价值观、企业精神、企业宗旨，都与企业经营管理的根本思想和根本观念即企业理念息息相关，都来源于企业理念①。

基于此，我们认为企业文化和企业理念相辅相成，共同促进，共同发展，缺一不可。职业体育俱乐部文化与职业体育俱乐部理念系统同样是紧密联系在一起的，具体层次关系表现为，就宏观角度而言，职业体育俱乐部文化作为一个大的系统与整体，必然包含职业体育俱乐部理念系统；就微观层面来说，职业体育俱乐部理念系统作为一个小的子系统，同样具有自己的特征内涵和自身的功能价值。两者的关系表现为：职业体育俱乐部文化是职业体育俱乐部运营与发展理念的具体反映和表现，它在丰富自我的同时也在不断发展与完善职业体育俱乐部理念系统内涵。职业体育俱乐部理念系统作为职业体育俱乐部文化的核心结构，对职业体育俱乐部文化的导向和类型有较强的影响和决定作用。

二、国内外对企业理念系统再造理论要素的主要观点

从企业理念系统的概念内涵可知，企业理念系统是一个完整、复杂的开放体系，它有自己的内容要素和层次结构。但是这些要素具体包含哪些内容，这些内容又是按怎样的结构联系在一起呢？这是我们下面将要分析的主要内容。

国外关于企业文化的研究最早可以追溯到 19 世纪 40 年代，到 80 年代起，越来越多的哲学、社会学、管理学家显示出对企业文化、企业理念的研究兴趣，他们试图研究企业理念的构成、评价等内容，比如，著名的管理大师彼得·德鲁克②和社会心理学家、美国麻省理工大学商学院的埃德加·沙因③分别在各自的著作中提出了企业理念的构架（如图 6－1 所示）。我国企业文化的兴起和企业理念系统的逐渐繁荣经历了短短的三十年时间。目前，理论界已取得了较为丰富的研究成果（具体如图 6－1 和表 6－1 所示）。陈哲（2002）认为，企业理念分为企业核心理念、企业具体理念和企业操作理念，前两个部分体现的是企业理念的静态部分，而企业操作理念则注重企业理念的动态部分，并且具有很大的灵活性④。李刚（2006）在其研究中，重点

① 黎益君.企业理念探析[D].湘潭：湘潭大学，2010：25.

② 彼得·德鲁克.刘幼兰，丁敬泽译.管理实践[M].北京：工人出版社，1989：172.

③ SCHEIN E. H. Reading 1－1：The Rolf of the Founder in Creating Organizational Culture [J]. Organizational Dynamics，1983(2)：63－81.

④ 陈哲.企业理念：设计、导入及其认同[D].武汉：华中师范大学，2002：8.

探讨和构建了企业理念文化的架构图(如图 6－1 所示)①。张宝忠(2007)提出企业理念是企业经营理念的全面展开,它们决定了一个企业经营的方针、企业战略和企业面貌②,其基本理念系统包括企业口号、核心理念、企业使命、企业愿景、核心价值观。李毅、赵静(2013)认为企业理念是"企业在从事生产经营活动中所追寻的信念和目标,以及由此所产生的、在生产经营活动中所体现的工作方式、基本风格和行为准则",是将企业行为人格化、将企业活动性格化的过程,是直接将企业精神、信念、思想、追求融入到企业的产品和行为中的过程③。

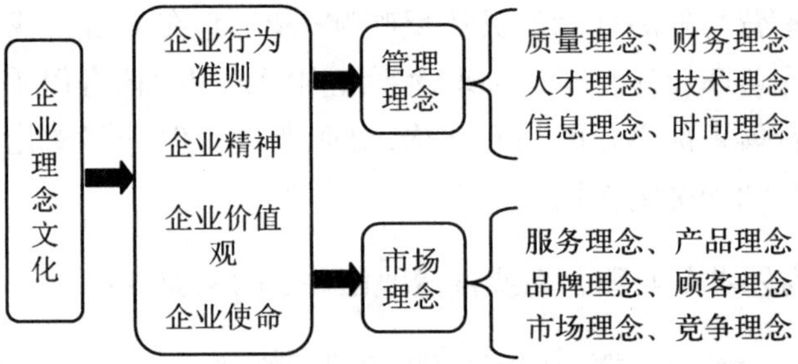

图 6－1　企业理念文化的架构

表 6－1　国内外学者对企业理念系统构成要素的基本观点汇总表

学　者	对企业理念系统构成要素的基本观点
彼得·德鲁克(1989)	(1) 企业精神;(2) 企业宗旨;(3) 企业道德
Edgar H. Schein (1983)	(1) 企业价值观念;(2) 企业信念
黎益君(2010)	(1) 企业价值;(2) 企业目标;(3) 企业宗旨;(4) 企业精神
张宝忠(2007)	(1) 企业口号;(2) 核心理念;(3) 企业使命;(4) 企业愿景;(5) 核心价值观
胡振华(1996)	(1) 企业角色定位;(2) 企业使命;(3) 企业的价值观;(4) 行为准则;(5) 企业哲学;(6) 企业精神;(7) 企业经营方针和经营风格;(8) 企业形象标语和口号

① 李刚.员工企业理念认同与企业理念文化研究[D].重庆:重庆大学,2006:7.
② 张宝忠.高科技创业企业理念体系的形成和建设[D].北京:北京邮电大学,2007:9.
③ 李毅,赵静.论企业理念与企业精神及文化的深层关系——由"大庆精神"透视企业理念要素的作用[J].企业经济,2013,32(06):67－70.

（续　表）

学　者	对企业理念系统构成要素的基本观点
李俊义、贾宗文（1998）	（1）企业宗旨；（2）企业精神；（3）经营理念；（4）经营战略；（5）企业风气；（6）行为取向；（7）价值观念；（8）员工信念
陈哲（2002）	（1）企业核心理念；（2）企业具体理念；（3）企业操作理念
陈怡男（2002）	（1）企业愿景；（2）企业哲学；（3）企业核心；（4）企业宗旨；（5）企业精神；（6）企业道德；（7）企业作风
秦启文（2003）	（1）企业精神；（2）企业经营哲学；（3）企业道德；（4）企业价值观念；（5）企业风貌；
李毅、赵静（2013）	（1）企业价值观；（2）企业目标。

以上国内外学者关于企业理念系统构成要素的基本观点显示，虽然各位学者由于学历背景、知识结构及研究背景、研究目的和研究角度的不同，使其对企业理念系统的认知形成不同程度的差异性，但其中仍然体现出一定的共性要素和普遍共识，即企业精神、企业价值观、企业目标、企业道德、企业宗旨。

三、职业体育俱乐部理念系统再造理论要素

本节第二部分关于各位学者对企业理念要素的分析讨论，对职业体育俱乐部理念系统再造理念要素的形成提供了十分宝贵的参考资料。通过认真分析和探讨企业理念要素的不同观点，以系统论为研究切入点，并在进一步挖掘职业体育俱乐部自身特质的基础上，可将职业体育俱乐部理念系统再造理念要素划分为：职业体育俱乐部价值观再造、职业体育俱乐部精神再造、职业体育俱乐部伦理道德再造、职业体育俱乐部宗旨使命再造、职业体育俱乐部发展战略再造和职业体育俱乐部目标体系再造（具体如表6－2所示）。

第一，职业体育俱乐部价值观再造。职业体育俱乐部价值观是指职业体育俱乐部及全体员工在生产与经营中长期形成的判断是非的观念体系。职业体育俱乐部价值观规定着哪些事该做、哪些事不该做，是职业体育俱乐部判断对错和执行决策的标准，是职业体育俱乐部生存与发展的基本指导原则。第二，职业体育俱乐部精神再造。职业体育俱乐部精神再造是职业体育俱乐部价值观的高度总结和精髓所在，是增进全体员工工作热情和激励斗志的动力与源泉，在职业体育俱乐部的生存和发展过程中具有广泛深

表 6-2 职业体育俱乐部理念系统构成要素一览表

	分级指标	操作化定义
职业体育俱乐部理念系统要素构成学说	价值观体系	职业体育俱乐部及员工(运动员、教练员、裁判员及服务人员)价值观体系内容(经济价值观、社会价值观、政治价值观、利益价值观);职业体育俱乐部价值观合理度、科学度
	精神体系	职业体育俱乐部创新精神、时代精神、务实精神等;职业体育俱乐部员工(运动员、教练员、裁判员及服务人员)的参与精神、竞赛协作精神、奉献精神、社会服务精神;职业体育俱乐部精神的鲜明度、认可度、支持度等
	伦理道德体系	职业体育俱乐部伦理规范与道德传统;职业体育俱乐部员工品德修养与自律意识;运动员、教练员、裁判员的诚信意识、社会责任意识
	发展战略体系	职业体育俱乐部发展战略(长期发展规划、近期发展设计);俱乐部营销战略;俱乐部竞争战略;俱乐部融资战略;俱乐部技术开发战略;俱乐部人才开发战略(高层次专业人才的聘用、运动员后备人才培养与储备);俱乐部品牌战略(品牌设计、品牌模式选择、品牌管理、品牌推广等)
	目标体系	职业体育俱乐部目标体系的设计与管理;职业体育俱乐部目标内容(总体目标、部门目标、岗位目标、员工个人目标)

远的影响力。第三,职业体育俱乐部伦理道德再造。职业体育俱乐部伦理道德是人类社会特有的以善恶为标准,依靠社会舆论、传统习俗等来规范、约束并调整人们行为规范的无形力量,更是对法律、准则等强力约束力量的重要辅助和补充。第四,职业体育俱乐部发展战略再造。职业体育俱乐部发展战略即指职业体育俱乐部的发展谋略,是以职业体育俱乐部的发展和愿景为最终目的,针对职业体育俱乐部的整体性、长期性等问题制作的各方面战略的统称。第五,职业体育俱乐部目标体系再造。职业体育俱乐部目标体系也是理念系统的具体体现,它贯穿于职业体育俱乐部发展的整个过程,指引着职业体育俱乐部发展的方向。它的失误不仅将动摇职业体育俱乐部理念系统的根基,而且涉及范围较广,影响深远,可能会使职业体育俱乐部招致致命性打击。

综上,职业体育俱乐部理念系统理论要素的划分不仅充分体现出其概念内涵的特殊含义,同时也很好地展示了职业体育俱乐部的独特精神、宗旨和使命。如果能够很好地加以改善与运用,必将增强职业体育俱乐部的核心竞争力,促进职业体育俱乐部的不断发展。

第四节　职业体育俱乐部理念系统再造方法

一个完整的职业体育俱乐部理念系统的最终成型与成熟需要经历由简单到复杂,由不完善到逐渐成熟的过程。这一过程既需要一定的时间条件作保证,同时也需要职业体育俱乐部领导管理者、普通工作人员、职业运动员的一致认可和全体努力。具体来说,职业体育俱乐部理念系统的重新塑造需要以下几个步骤。

一、职业体育俱乐部理念系统再造程序1——诊断

职业体育俱乐部理念系统诊断,是指通过对理念系统诸要素的当前状态及存在问题进行科学的调查和测量,了解现状,分析优势和劣势,为理念系统再造找出突破口。职业体育俱乐部理念系统再造的诊断过程可以分为两个内容:一是对先前职业体育俱乐部理念分化的重新评估,发现其中的优点和存在的问题;二是对职业体育俱乐部理念系统的重新设计,以求获得理念系统未来发展方向,形成独特的竞争优势。

(一)对先前职业体育俱乐部理念系统的重新评估

对先前职业体育俱乐部理念系统的重新评估主要包括两个部分,即数据收集、分析和对理念系统现状的评估分析。

第一,数据收集与分析的目的只是在于通过对职业体育俱乐部理念系统各构成要素的数据计算,达到揭示理念系统特征的目的。数据的收集与分析工作不仅起着承上启下的作用,也是职业体育俱乐部理念系统获得客观评估的重要依据。

第二,评估职业体育俱乐部的理念系统优劣与否有两个标准。一是指理念系统的有效性。优秀的理念系统可以对职业体育俱乐部的发展起到推动、辅助作用;二是指理念系统是否与职业体育俱乐部内外环境相适应。卓越的理念系统职业体育俱乐部不仅仅能够与当前职业体育俱乐部所处的内外环境相适应,而且还能在职业体育俱乐部内部或外部环境面临各种变化时,做出及时调整。

值得注意的是,职业体育俱乐部理念系统是指导俱乐部行为、决策,呈现俱乐部文化和推动改善俱乐部绩效表现的内在力量,针对理念系统本身的测度十分困难,往往需要借助一些外显的指标来反映①,因此,分析和衡

---

① LEDFORD G. E., WENDENHOF J. R., STRAHLEY J. T. Realizing a Corporate Philosophy [J]. Organizational Dynamics, 1995, 23(3): 5－19.

量职业体育俱乐部理念系统需要分析人员对俱乐部深入、全面的了解和细致严谨的工作投入方可实现。

（二）职业体育俱乐部理念系统的重新设计

职业体育俱乐部理念系统的重新设计是理念系统再造过程的核心环节，也是再造结果的最终呈现。在职业体育俱乐部理念系统的重新设计过程中应该紧紧抓住三个方面的特质：以人为本、鼓励创新、注重和谐。

第一，以人为本。职业体育俱乐部理念系统不仅以获得员工认同和支持为目的，还要将理念深深根植于员工的心灵深处，进而转化为职业体育俱乐部发展的强大内生动力。因此，坚持以人为本是职业体育俱乐部理念系统重新设计的核心思想，要求工作人员在重塑过程中不仅要打造完美的理念系统，更要充分考虑员工的承受能力和接受能力。

第二，鼓励创新。美国咨询专家吉福德·平肖第三认为："从 80 年代后半期起就迎来创新的时代，我们生活在这样一个年代，即进行有效创新的能力已经成为事业成功的决定因素，如果竞争就是创新，就是创造和改进产品、服务和加工过程，那么不创新就是死亡。"①职业体育俱乐部理念系统作为组织文化的核心，拥有创新性是必然选择，也是生存发展之本。因此，职业体育俱乐部理念的重塑不是封闭的、凝固不变的，而应该是开放的、动态的，且具有创新的特质，可以随社会环境的变化而及时做出相应的改变或调整。

第三，注重和谐。自古以来，"和"就是中华民族的传统美德和审美准则。《国语·郑语》记载，史伯"和五味以调口"、"和六律以聪耳"，可谓是"以和为美"的最早论述。同样，"以和为贵"也是中国传统的处世思想。"和"也成为引导日本诸多企业取得巨大成功的重要哲学。因此，和谐思想必须成为职业体育俱乐部理念系统重塑过程中的重要因素。具体来说，和谐思想在职业体育俱乐部理念系统再造方面表现为，职业体育俱乐部各部门之间、职业体育俱乐部与员工之间以及职业体育俱乐部内部人际关系的和谐。

二、职业体育俱乐部理念系统再造程序 2——改造

（一）职业体育俱乐部理念系统再造程序——导入

在整个职业体育俱乐部理念系统的再造过程当中，理念系统的传播和传递过程也是必不可少的。职业体育俱乐部理念系统的诊断任务仅仅是前

---

① 吉福德·平肖第三.创新者与企业革命[M].上海：中国展望出版社，1986：17.

期的准备工作，而如何使先行设计好的理念在职业体育俱乐部的发展中得到很好的实施与开展、如何获得员工的认同，才是职业体育俱乐部理念再造的重点。而职业体育俱乐部理念导入工作正是联系两者的桥梁和纽带。在这一过程中要做好以下两点。

第一，大力加强企业家精神、企业家理念巩固与传播是导入工作的重中之重。在我国特殊的社会环境中，职业体育俱乐部理念在很大程度上是职业体育俱乐部经营管理者理念的延伸，管理者的理念和精神可以透过组织学习、组织创新等中介变量最终影响到整个俱乐部的绩效表现，这一点，已经有学者通过实证研究证实①。可见，企业家精神和理念导入是构建有切实影响力的职业体育俱乐部理念系统的核心环节。

第二，职业体育俱乐部理念系统的导入不能只搞形式主义，而应采用反复和多样化的传播方式。职业体育俱乐部理念在导入之初大多只采用书面材料（条文、准则或文章）形式向员工通知或张贴于公告栏处。职业体育俱乐部员工往往认为只是走过场或形式而已，不会将其放于心上。因此，在新理念的导入方面，职业体育俱乐部应该吸取成功企业的经验，可采用多种多样的方式——编为口语化的顺口溜或诗歌、主题曲等。有学者提出“四化”企业理念导入法：故事化、情趣化、制度化、行为化，对职业体育俱乐部理念系统的导入也具有参考价值②。最终目的是使俱乐部的理念能够深植入心，使广大员工易于记忆和掌握，使职业体育俱乐部新理念系统的导入获得成功，并发挥其应有的价值和作用。

（二）职业体育俱乐部理念系统再造程序——认同

德国柏林社会科学研究中心主任迪尔克斯曾经说过，“一种新理念要想在企业的日常实践中时刻指导员工的感知、思维、决策和行为，那么采用节庆演说、精装图书或向员工灌输的方式是行不通的，而是必须由员工本身来决定方式方法的取舍”③。由此可见，强化职业体育俱乐部员工的认同感是获取理念系统再造最终胜利的根本，否则就会适得其反，失去理念应有的强大功能，从而抑制员工的积极性和创造性。胡进（2015）指出“沟通能使企业理念共享”④。因此，在实际工作开展中，应该从以下几个方面来加强内

---

① 毛良虎，王磊磊，房磊.企业家精神对企业绩效影响的实证研究——基于组织学习，组织创新的中介效应［J］.华东经济管理，2016，30（5）：148－152.

② 李宏英.以故事化情趣化制度化实现企业理念的行为化［J］.石油政工研究，2015（4）：41－42.

③ 沙献玉，张太海.企业形象全方位塑造［M］.北京：中国经济出版社，1999.

④ 胡进.沟通能使企业理念共享［J］.企业文化，2015（1）：39－40.

部员工对职业体育俱乐部新理念系统的认同：

第一，搞好职业体育俱乐部新理念系统的培训工作。培训、学习是职业体育俱乐部传达思想精神的快捷途径。通过有计划、有目的、有系统地举办各种形式的培训课程，使职业体育俱乐部员工对新的理念系统有所了解和掌握，并通过不断的强化，使员工在慢慢认同和支持职业体育俱乐部新理念系统的基础上，使其自觉遵守和维护新的理念系统，养成自觉的行为模式。除了课程培训之外，对于俱乐部理念系统的宣传培训可以采用多样化的手段，比如岗位化的学习、借鉴奥运圣火传递的方式进行理念传递等都被证实是行之有效的理念宣传方法①。

第二，对职业体育俱乐部新理念系统的认同要把握整体，掌握系统观念。职业体育俱乐部新理念系统是由诸多要素通过一定的逻辑、结构而构成的完整体系。因此，员工对新理念系统的认识不应是简单地将这些要素叠加和堆砌在一起，而应该认识到这些要素是经过反复不断的扩散、融合、互补、互辅及优化的过程，才能形成具有鲜活生命力的职业体育俱乐部理念系统。职业体育俱乐部相关工作人员在进行新理念系统的传播、教育过程中，必须从系统的整体性出发，从总体把握，统筹兼顾，才能真正实现职业体育俱乐部新理念系统的广泛认同。

三、职业体育俱乐部理念系统再造程序3——评估与反馈

（一）职业体育俱乐部理念系统再造程序——评估

职业体育俱乐部理念系统再造的评估工作，是指根据理念系统的实施情况，及时作出判断，得出正确的结论，其目的在于防止理念系统与预期效果出现过大偏差。应该注意的是，职业体育俱乐部理念系统再造的评估工作也是一个完整而系统的过程，具体工作包括建立评估小组、确定调查内容、调查方法及数据的处理与结果的评定等重要环节。评估的过程应该把握及时性、快捷性、准确性等特点，以便发挥评估工作应用的价值和作用。而且，对理念系统的评估是通过评估可视的表现反映根本性的无形的内在精神、价值观等存在的问题，需要评估人员具有丰富的经验、严谨的精神、高效的沟通和强大的分析能力。

（二）职业体育俱乐部理念系统再造程序——反馈

相对于职业体育俱乐部理念系统再造的评估过程而言，职业体育俱乐部理念系统再造评估结果的反馈程序要相对简单一些，即指将前期的评估

---

① 杜建宏.企业理念建设的“三段渐进”模式[J].中外企业文化，2014(7)：46－47.

结果撰写成评估报告，反馈给开展职业体育俱乐部理念系统再造工作的负责人员。其主要目的是方便相关工作人员检查和核实实际操作效果与预期目标之间的偏差，以及造成这些现象的原因，以便于及时调整实施方案和目标，使之能够切合职业体育俱乐部的实际情况，从根本上实现职业体育俱乐部文化再造的目标。

四、职业体育俱乐部理念系统再造的类型

设计新的理念系统，不仅要掌握普遍遵循的工作流程，还要综合考虑职业体育俱乐部性质、规模及所属类型等各方面因素所提炼出来的理念系统，才能真正得到多数员工的认同和支持。在此，我们结合职业体育俱乐部性质、规模、行业特点、员工素质等各种特点，将职业体育俱乐部理念系统再造划分为四个类型。

（一）正常发展中的职业体育俱乐部理念系统再造方法

1. 正常发展中的职业体育俱乐部理念系统再造特点

正常发展中的职业体育俱乐部理念系统，是所有职业体育俱乐部追求和希望达到的一种较为完美的状态。一方面，当前的理念系统制定与实施较为适中，能被多数员工认同和接受，同时也为职业体育俱乐部的发展显示出重要作用。但就目前我国职业体育俱乐部的总体发展仍然处于成长期的现状而言，职业体育俱乐部的发展不可避免地存在诸多不完善之处，仍然有必要进行不断的修正和改善。

2. 正常发展中的职业体育俱乐部理念系统再造条件

通过以上对正常发展中的职业俱乐部理念系统再造特点的探讨与分析可知，要想对正常发展中的职业体育俱乐部理念系统实施更好的再造工作，使其有新的、质的突破，应在再造过程中把握以下两个要点。一方面，职业体育俱乐部理念系统要充分彰显自身个性，这是全面提升理念系统核心地位的重要因素；另一方面，要重点强调新的职业体育俱乐部理念系统的适应能力。在把握个性化原则的基础上，职业体育俱乐部理念系统的设计和实施，要充分考虑到内部环境和外部环境的变化，如职业体育俱乐部内部资源、竞争对手对职业体育俱乐部的影响等因素。

（二）更改名称后的职业体育俱乐部的理念系统再造方法

1. 更改名称后的职业体育俱乐部的理念系统再造特点

当职业体育俱乐部理念系统在发展过程中面临更改名称现象时，职业体育俱乐部理念系统会表现出以下几个重要特征。一是职业体育俱乐部理念系统会出现更多的冲突现象或不协调因素，虽然这些冲突可在某种程度

上促进理念系统的形成与发展，但是如果处理不当，则极可能会演变为理念系统再造过程中的障碍；二是更改名称后的职业体育俱乐部理念系统极易受到内外环境等各种因素的影响，因此，要利用有利条件，排除不良因素的干扰，不断增强新理念系统的适应性。

2. 更改名称后的职业体育俱乐部的理念系统再造条件

为更改名称后的职业体育俱乐部理念再造创造优势条件，需要遵循以下两点。一方面，要求职业体育俱乐部理念系统再造工作人员充分利用理念系统的冲突现象，发挥其自然优势，促进职业体育俱乐部理念系统再造的顺利进行；另一方面，准确把握职业体育俱乐部理念系统再造的最佳时机，为成功再造理念系统创造良好条件，切不可因时间延误而造成理念系统再造的失败。

（三）面临困境发展中的职业体育俱乐部理念系统再造方法

1. 面临困境发展中的职业体育俱乐部理念系统再造特点

面临困境发展中的职业体育俱乐部，是指由于理念系统内部部分要素失灵导致其应有的保障功能作用“消失”，使其生产经营效率下降。具体表现为以下两个特点：一是职业体育俱乐部理念系统是职业体育俱乐部发展的动力系统和精神支柱，由于其部分要素出现失灵而导致理念系统整体功能的下降；二是由于理念系统具有较强的辐射效应，职业体育俱乐部理念系统所面临的困难可能会造成相关问题的进一步恶化。

2. 面临困境发展中的职业体育俱乐部理念系统再造条件

为面临困境发展中的职业体育俱乐部理念系统再造工作打下良好的基础条件，需要做好以下两方面的工作。首先要对面临困境的职业体育俱乐部理念系统采取补救措施，准确把握职业体育俱乐部理念系统再造的时机。如果延误时机，则会对职业体育俱乐部的发展产生更大阻力。其次要做好全体员工的培训教育工作，使面临困境发展中的职业体育俱乐部理念系统再造工作获得员工的认可和支持，为理念系统再造获得优势资源支持。

（四）面临破产中的职业体育俱乐部理念系统再造方法

1. 面临破产中的职业体育俱乐部理念系统再造特点

面临破产中的职业体育俱乐部理念系统，与其他几个类型的理念系统在表现形式上具有明显的差异性。具体来说，具有两个重要特点特质：一是面临破产中的职业体育俱乐部理念系统已经出现严重缺失或漏洞，且各要素之间的协调性严重失衡，不能起到相互补充和相互制约的作用；二是职业体育俱乐部员工或社会环境出现的一些不利因素，又反过来影响着理念系统。

2. 面临破产中的职业体育俱乐部理念系统再造条件

为使面临破产中的职业体育俱乐部理念系统顺利摆脱当前所面临的危机,在理念系统再造过程中需要特别注意两点。一是要求相关工作人员制定并充分宣传职业体育俱乐部理念系统再造所要达到的理想远景,即理念系统再造的方向与目标。这样可以让全体员工心中形成希望和明确的路线,从而为职业体育俱乐部理念系统再造工作开通道路,创造优势条件。二是要重视职业体育俱乐部理念系统的传播与员工的接受能力。这就要求相关工作人员在新理念的传播过程中采取一定的技巧,切勿强制执行。

五、职业体育俱乐部理念系统再造的模式

职业体育俱乐部理念系统再造模式是理念系统再造工作的前提条件,也是理念系统再造工作的导航系统。科学、合理的职业体育俱乐部理念系统再造模式,可以有效地提前排除一些不利因素的干扰,加快职业体育俱乐部理念系统再造的工作进程。以下,我们将就职业体育俱乐部理念系统再造模式的划分及选择作相关探讨。

(一)职业体育俱乐部理念系统再造模式的划分

职业体育俱乐部理念系统再造模式可划分为四类,即扩张型职业体育俱乐部理念系统再造模式、融合型职业体育俱乐部理念系统再造模式、补救型职业体育俱乐部理念系统再造模式和强力型职业体育俱乐部理念系统再造模式。

1. 扩张型职业体育俱乐部理念系统再造模式

扩张型职业体育俱乐部理念系统再造模式的核心思想是,通过有效的优化、整合,使职业体育俱乐部理念系统发挥其应有的价值功能,尤其要充分发挥对其他层次文化的优化辐射效用。这一模式的关键在于两个方面。首先,应该重新梳理、整合、提炼及融合职业体育俱乐部理念系统,使其得到员工的认可和支持,从而充分发挥其强大的导向、激励、约束功能。其次,应该充分利用职业体育俱乐部理念系统的辐射效应。职业体育俱乐部理念系统在整个职业体育俱乐部文化系统中占据核心位置,通过对理念系统施加有效的调整和利用,可以起到对其他层面文化的整合作用。

2. 融合型职业体育俱乐部理念系统再造模式

融合型职业体育俱乐部理念系统再造模式是指,对职业体育俱乐部名称的更换不仅限于单纯的名称、标识等物质层面的重新优化,而是一种不同文化之间的碰撞与融合。融合型职业体育俱乐部理念系统再造模式要求必须做好以下各项工作。首先,职业体育俱乐部名称更改时,要使名

称等物质要素的融合与理念系统融合同时协调并进。其次，名称更改后的职业体育俱乐部要采取充分的文化融合措施，尤其是理念系统的整合管理措施，防止因理念系统冲突而导致职业体育俱乐部理念系统再造工作的失败。

3. 补救型职业体育俱乐部理念系统再造模式

补救型职业体育俱乐部理念系统再造模式，能够有效地、有针对性地解决面临困境中的职业体育俱乐部理念系统在再造过程中所面临的困境，促使职业体育俱乐部以较快的速度重新步入正轨。首先，补救型职业体育俱乐部理念系统再造模式，要求快速针对出现问题的职业体育俱乐部理念系统进行及时的补救，有效排除各种不良因素；其次，要求职业体育俱乐部在理念系统再造过程中不仅要把握最佳时机，同时要有一个合理、科学、紧凑的时间安排进程。因为理念系统的形成需要一定的时间作保证，随意的时间进程只能是将理念系统再造步步推向死亡。

4. 强力型职业体育俱乐部理念系统再造模式

强力型职业体育俱乐部理念系统再造模式，可以有效应对面临破产中的职业体育俱乐部理念系统再造类型所面临的问题。首先，强力型职业体育俱乐部理念系统再造模式对职业体育俱乐部理念系统进行的调整幅度较大、范围较广，但是在具体操作过程中要以核心理念为主，采取较为严厉的执行和监督措施，以尽快实现理念系统再造的效果。该再造模式的优势便在于能够以较快的速度达到目的，且效果较为显著。其次，需要谨慎对待相关程序。因为强力型职业体育俱乐部理念系统再造模式虽然可以快速、全面地调整职业体育俱乐部理念系统，但如果操作失误，则有可能导致系统再造的混乱与失灵，甚至可能使职业体育俱乐部理念的全面崩溃。

（二）职业体育俱乐部理念系统再造模式的选择

选择正确、适宜的理念系统再造模式，既可以为职业体育俱乐部理念系统再造工作的顺利开展打下良好的基础，同时也是顺利完成理念系统再造的基本条件。可见正确地选择和应用职业体育俱乐部理念系统再造模式具有十分重要的作用。具体来说，其主要功能与价值体现为以下两个方面。

第一，进行职业体育俱乐部理念系统模式的选择，可以为理念系统再造工作提供导向，指引理念系统再造工作的开展。

第二，对职业体育俱乐部理念系统再造模式的有效选择，可以减少理念系统再造时间，为顺利开展理念系统再造工作创造更为优越的条件。

小　结

职业体育俱乐部理念系统再造是职业体育俱乐部文化再造的核心部分,对职业体育俱乐部的组织、制度、人力资源和形象再造起着统领与指导作用。因此,有效而成功地开展职业体育俱乐部理念系统再造,能够强化文化内涵,提升核心竞争力。

鉴于此,本章试图从理论层面对职业体育俱乐部理念系统再造进行充实与完善,力求加强对实践过程的指导。第一节,职业体育俱乐部理念再造的理论基础的探讨与分析——具体包括职业体育俱乐部理念系统的概念内涵及功能作用等;第二节,以内部环境和外部环境为切入点,分别论述职业体育俱乐部理念系统再造的具体影响因素;第三节,包括文化层次理论下的职业体育俱乐部理念系统再造系统、国内外对企业理念再造理论要素的主要观点和职业体育俱乐部理念系统再造的理论要素等三个部分;第四节,包括对职业体育俱乐部理念系统再造的诊断、改造、评估与反馈、类型及模式划分与选择等内容的阐述。

主要参考文献

[1] LEDFORD G. E., WENDENHOF J. R., STRAHLEY J. T. Realizing a Corporate Philosophy[J]. Organizational Dynamics, 1995, 23(3): 5-19.
[2] SCHEIN E. H. Reading 1-1: The Rolf of the Founder in Creating Organizational Culture[J]. Organizational Dynamics, 1983(2): 63-81.
[3] 彼得·德鲁克.刘幼兰,丁敬泽译.管理实践[M].北京:工人出版社,1989:172.
[4] 彼得·德鲁克著.管理的前沿[M].上海:上海译文出版社,1999.
[5] 陈先红.论企业理念及其认同的重要性[J].武汉交通科技大学学报(社会科学版),1999,12(2):32-35.
[6] 陈怡男.中国国有企业理念研究[D].重庆:西南师范大学,2002:4-5.
[7] 陈哲.企业理念:设计、导入及其认同[D].武汉:华中师范大学,2002:8.
[8] 杜建宏.企业理念建设的"三段渐进"模式[J].中外企业文化,2014(7):46-47.
[9] 郭其杰.城市规划理念研究及实证分析[D].武汉大学,2005:6.
[10] 郭秋云.企业理念在企业文化建设中的作用机制研究[D].太原:山西财经大学,2007:1.
[11] 吉福德·平肖第三.创新者与企业革命[M].上海:中国展望出版社,1986:17.

[12] 黎益君.企业理念探析[D].湘潭：湘潭大学,2010：25.
[13] 李刚.员工企业理念认同与企业理念文化研究[D].重庆：重庆大学,2006：7.
[14] 李宏英.以故事化情趣化制度化实现企业理念的行为化[J].石油政工研究,2015(4)：41-42.
[15] 刘光明.企业文化[M].北京：经济管理出版社(第二版),2001：6-9.
[16] 毛良虎,王磊磊,房磊.企业家精神对企业绩效影响的实证研究——基于组织学习，组织创新的中介效应[J].华东经济管理,2016,30(5)：148-152.
[17] 马珍杰.企业理念的渗透与文化融合研究[D].哈尔滨：哈尔滨工程大学,2004：7.
[18] 潘梅村.《资本论》的整体性概念[J].学海,2010(06)：208-211.
[19] 秦启文.企业理念的理性反思与实证研究[D].重庆：西南师范大学,2002：11.
[20] 沙献玉,张太海.企业形象全方位塑造[M].北京：中国经济出版社,1999.
[21] 邵琴.以“文化引领”促进企业和谐发展[J].科技与企业,2015(4)：190.
[22] 托马斯·H·达文波特著.夏雨峰等译.最有理念[M].北京：中信出版社,2004：1-2.
[23] 王恒胤.企业文化理念创新与文化创意产业的发展探析[J].企业导报,2012(23)：144-145.
[24] 夏征农编著.辞海[M].上海：上海辞书出版社,2002：1367.
[25] 徐建民,邓国胜,刘无.企业之魂——CIS战略的理念识别[M].北京：北京经济学院出版社,1995：39.
[26] 严亚.重庆中小软件企业的企业理论传播研究[D].重庆：西南师范大学,2005：4.
[27] 杨金德.CI基本原理[M].北京：中国经济出版社,1996：175.
[28] 张宝忠.高科技创业企业理念体系的形成和建设[D].北京：北京邮电大学,2007：9.
[29] 张德,吴剑平.企业文化与CI策划[M].北京：清华大学出版社,2003：85.
[30] 周旻.CI：从理念到行为(第二版)[M].北京：中国经济出版社,1996：46.

第七章 职业体育俱乐部形象再造

第一节 职业体育俱乐部形象再造的理论基础

一、职业体育俱乐部形象再造内涵

（一）国内外关于企业形象再造内涵的讨论

所谓形象,《现代汉语词典》称:"能引起人的思想或感情活动的具体形状或姿态。"①秦启文、周永康认为：从心理学的角度来看,形象就是人们通过视觉、听觉、触觉、味觉等各种感觉器官在大脑中形成的关于某种事物的整体印象②。由此可见,形象本身既是主观的,又是客观的,是主客观的统一③。

对于企业形象的含义,不同的学者基于研究视角和目的的不同而有不同的界定,可归结为如下几种有代表性的定义：

第一,"反映评价论"。

"企业形象是指企业在社会公众心目中的总体看法、印象和评价。"(严辉武 2002)④

"企业形象是企业内外对企业的整体感觉、印象和认知,是企业状况的综合反映。"(张德、吴剑平 2003)⑤

"企业形象是企业的关系者对企业所抱持的看法。"(八卷俊雄 1992;加

① 罗长海.关于形象五层含义的哲学思考[J].社会科学辑刊,2002(3)：19-24.

② 秦启文,周永康.论企业实力与企业形象的关系[J].西南师范大学学报,2001,27(3)：24-29.

③ 董佳华,尤龙,段娟娟,冯少兵.职业篮球俱乐部形象再造若干问题的探讨[J].沈阳体育学院学报,2010,29(4)：39-42.

④ 严辉武.CI 策划[M].长沙：中南大学出版社,2002：1.

⑤ 张德,吴剑平.企业文化与 CI 策略(第二版)[M].北京：清华大学出版社,2003：98.

藤邦宏 1992)[1][2]

企业形象是消费者对某一企业众多属性的感知,从而形成对该企业的总体印象和看法,其与品牌印象或者产品印象不同,是企业层面的概念,具体包括产品或服务质量形象、创新形象、社会道德形象、市场竞争形象等[3]。

第二,"企业标识论"。

"企业形象即是企业识别系统,包括理念识别、行为识别和视觉识别。"(刘光明 2003)[4]

德国学者迪特·赫尔伯斯特把企业形象和企业标识看作是同义的,是为了回答"企业是谁"、"企业做什么"、"企业想什么"[5]。

第三,"综合存在论"。

"企业形象是一个包容面非常广的多方面的综合体。不仅包括产品、商标、厂房设备等外在的有形因素,还包括信誉、风格、价值观、经营哲学、行为规范等隐含的无形要素。"(朱健强 1999)[6]

"反映评价论"的观点被普遍采用。"反映评价论"基于心理学的角度界定形象,认为形象是人们通过视觉、听觉、触觉、味觉等各种感觉器官在大脑中形成的关于某种事物的整体印象[7]。企业形象是一种与社会公众评价相联系的观念状态,它表明企业在社会公众心目中的地位和普遍看法,是一种为大众普遍接受的社会舆论[8]。陈文爱(2000),丁军、申星(2016)同样将企业形象看作是企业内外对企业的整体感觉、印象和认知,是企业状况的综合反映,是社会公众对企业总体的、概括的、抽象的认识态度和评价,它是由企业行为创造的,是由公众舆论评价的[9][10]。因此,企业形象应当是指公众(主要是用户)对企业的整体印象和评价,是主客体的统一[11]。具体来讲,企业形象有以下内涵:

(1) 企业形象是一种总体评价。

---

① 八卷俊雄.企业形象战略[M].台北: 艺风堂出版社,1992: 6.
② 加藤邦宏.CI 推进手册[M].台北: 艺风堂出版社,1992: 48.
③ 张珣,徐彪,彭纪生.来源国形象、企业形象对消费者购买意愿的影响研究[J].财贸研究,2013(6): 123-132.
④ 刘光明.企业形象(第二版)[M].北京: 经济管理出版社,2003: 1-3.
⑤ 迪特·赫尔伯斯特.王草译.企业标识[M].北京: 中国劳动社会保障出版社,2001: 10.
⑥ 朱健强.企业 CI 战略(第二版)[M].厦门: 厦门大学出版社,1999: 16.
⑦ 秦启文,周永康.论企业实力与企业形象的关系[J].西南师范大学学报,2001,27(3): 24-29.
⑧ 陈春花等.创新型企业文化的培育研究[J].企业活力,2008(9): 55-57.
⑨ 陈文爱.企业文化建设中的形象塑造[M].现代企业,2000(9): 20-21.
⑩ 丁军,申星.如何正确树立企业形象[J].企业管理,2016(11): 89-90.
⑪ 秦启文,周永康.论企业实力与企业形象的关系[J].西南师范大学学报,2001,27(3): 24-29.

（2）公众是企业形象的评定者、确定者。

（3）企业形象源于企业的具体表现。

综上所述,我们认为企业形象是指社会公众对企业的综合表现所形成的整体印象和认识,以及基于这种印象和认识所形成的综合评价。

（二）职业体育俱乐部形象再造的内涵

职业体育俱乐部作为一类特殊的企业,其形象内涵具有企业形象内涵的一般释义。结合上述对企业形象含义的解读与剖析,我们认为：职业体育俱乐部形象是俱乐部在向社会提供体育竞赛、训练等服务以及特许商品、人才“产品”等的经营管理活动中,包括俱乐部球迷、非球迷消费者、赞助商、媒体等相关人群对俱乐部的表现所形成的印象、认识和评价,并转化为上述人群对俱乐部所持有的基本态度、信念甚至社会舆论。具体包括：

（1）俱乐部的综合实力形象。即职业体育俱乐部形象反映了职业体育俱乐部在训练、竞赛、管理、赛事运营、资产开发、社会责任等一切经营管理活动上的综合情况。

（2）社会公众的主观印象。具体表现为社会公众对职业体育俱乐部的基本印象、看法和综合评价。

（3）社会公众的态度与社会舆论。职业体育俱乐部形象最终转化成为社会公众对俱乐部持有的积极或消极的态度。

由此可见,职业体育俱乐部形象是主观和客观的统一,客观上反映了职业体育俱乐部经营管理的实际状况,同时反映了社会公众对俱乐部的主观印象。社会公众的主观认识和社会舆论关系着职业体育俱乐部的影响力和公信度,对职业体育俱乐部的经营绩效和内部管理具有强大的影响力。

职业体育俱乐部形象再造即指为提高职业体育俱乐部的整体形象,进而在社会公众中形成持久而良好的影响力,并最终在市场竞争中获得竞争优势,应用相关理论,运用一定的管理方法和技术手段,对职业体育俱乐部形象的诸要素结构进行重新审视和思考,不断进行改造和革新的创造性实践活动①。

二、职业体育俱乐部形象理论

中国自古以来便对于“形象”问题有足够的认识。常言道“站有站相,坐有坐相”,一语道破“形象”在人心目中的重视地位和作用。而“职业体育

① 冯少兵,李荣日.职业足球俱乐部形象研究[J].体育文化导刊,2010(01)：62－66.

俱乐部形象”作为“形象”家庭成员之一在中国不断发展，得益于中国体育的职业化之路所带来的职业体育俱乐部的发展。职业体育俱乐部发展至今，所从事的一切活动无时无刻不在展现着自身的形象。可见，职业体育俱乐部形象作为职业体育俱乐部所关注的焦点，必将在职业体育俱乐部的发展过程中发挥不可估量的作用。下面，我们将就职业体育俱乐部形象的一些基本理论问题作简要介绍。

（一）职业体育俱乐部形象的形成

在第一节中，我们已经对职业体育俱乐部形象的内涵作了详细分析与阐述。不难看出，职业体育俱乐部形象是指职业体育俱乐部通过各种渠道，将自己的理念、风格、特征等传递给社会公众（员工、球迷、商业合作伙伴、媒体、普通公众等），社会公众通过接受、感知和观察等，最终形成的对职业体育俱乐部的社会舆论和综合评价等。但职业体育俱乐部形象的形成，是以一定的客观条件为基础的。总的来说，职业体育俱乐部形象的形成需要以下三个基本条件（详见图 7－1）。

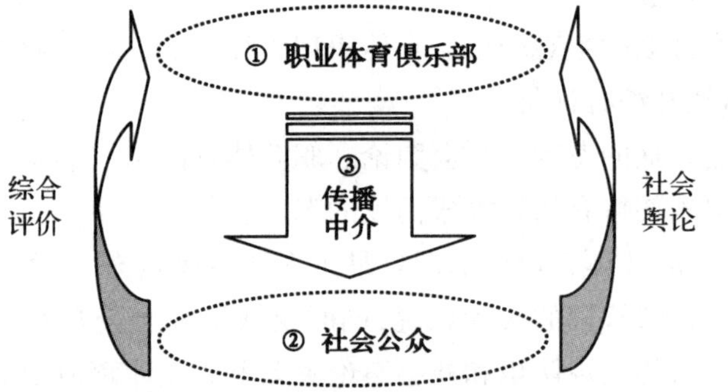

图 7－1　职业体育俱乐部形象形成条件

第一，客体——职业体育俱乐部本身。职业体育俱乐部的整体面貌和特征、经营理念、经营风格和特色等一切能够被感知的客观存在物，包括职业体育俱乐部成员个体的行为表现，俱乐部作为整体的一切市场或非市场的活动等，构成了职业体育俱乐部形象的客观基础。第二，主体——社会公众。社会公众作为主体构成了能够认识和确立职业体育俱乐部形象的主观条件。第三，传播中介——连接职业体育俱乐部和社会公众的纽带。职业体育俱乐部可利用尽可能多的渠道，如广播电视、网络平台、报刊杂志、自媒体、公开活动平台等来吸引社会公众的注意。而各种各样的渠道就自然而然地构成了连接职业体育俱乐部和社会公众的桥梁和纽带。

由此可见，客体——职业体育俱乐部本身、主体——社会公众（员工、球迷、商业合作伙伴、媒体、普通公众等)、传播中介这三个基本条件相辅相成,相互联系,相互影响,缺一不可。如果缺少职业体育俱乐部这一客体,便没有了被反映的对象,那么社会公众这一主体就无法形成对客体的印象和社会舆论;同样,如果缺少主体,社会舆论和综合评价更无从谈起;可以想象,如果在信息时代缺少各种传播中介,职业体育俱乐部的发展必定举步维艰,而要想在社会公众心目中塑造良好形象更是难上加难。应当注意的是,职业体育俱乐部在塑造自身良好形象时,不仅要特别注重自身的发展和特色,更要时刻对社会公众加以关注和重视,即承担起俱乐部的社会责任。因为社会公众是具有主观意识的人,社会公众自身的条件——兴趣、爱好、人生阅历及评判眼光等将会对职业体育俱乐部形象的最终形成产生重要的影响和作用。

(二)职业体育俱乐部形象特征

第一,职业体育俱乐部形象的客观性。职业体育俱乐部形象是社会公众在对职业体育俱乐部存在整体认识之后的最终反映,职业体育俱乐部的这种客观存在性是不以人的意志为转移的,否则就是主观臆断。可见,客观性是职业体育俱乐部形象的首要特征,更是其形成的前提和条件。这也为我们重塑和改善职业体育俱乐部形象提供了理论借鉴,即提高职业体育俱乐部形象的关键是要不断提升职业体育俱乐部自身的综合客观条件,如名称、标识、竞赛质量等。

第二,职业体育俱乐部形象的主观性。职业体育俱乐部存在的客观性为其形象的形成提供了首要条件,这是无可厚非的事实。然而,职业体育俱乐部形象的最终形成却是社会公众对职业体育俱乐部客观存在的综合认识、综合评价和社会舆论,即是主观思想对客观存在的反映。因此,主观性也是职业体育俱乐部形象的一个重要特征。由于社会公众认知水平、认知能力、思维方式等条件的不同,导致社会公众对职业体育俱乐部形象在主观认识上的差异性。例如,同一家职业体育俱乐部,有人对其嗤之以鼻,有人却对其大加赞赏。这应该引起职业体育俱乐部足够的重视,因为职业体育俱乐部作为以市场为导向的产物,应在全面调查和了解社会公众的基础上,尽可能迎合公众的口味,从而赢得市场。

第三,职业体育俱乐部形象的可传播性。在职业体育俱乐部形成条件这一内容中,我们已经提到,在信息时代,各种各样的传播渠道——广播电视、网络平台、报刊杂志、自媒体、公开活动平台等等自然而然地构成了连接职业体育俱乐部和社会公众的桥梁和纽带。一方面,职业体育俱乐部急需借助传播媒介的力量来控制和导向自身形象的建设,并向社会公众宣传和展示自己的优秀形象;另一方面,社会公众也需要传播媒介,既可以获知自己想要了解的职业体育俱乐部相关信息,同时也娱乐自己,丰富精神生活。可见,可传播性同样是职业体育俱乐部形象建设的又一重要特征。

第四,职业体育俱乐部形象的相对稳定性。职业体育俱乐部形象的概念内涵告诉我们,社会公众对职业体育俱乐部形象的最终形成需要一个长期的过程。这也意味着职业体育俱乐部形象一旦形成便具有相对稳定性的特征,即社会公众很难在短时间内改变对俱乐部形象的认知。以美国职业篮球联赛(NBA)的竞赛形象为例。社会公众对其竞赛形象评价颇高,各个球队所展现的精彩比赛已获得世界的认可,即使某场甚至几场球赛的连续不佳也不会减弱它在社会公众心目中的地位。

(三)职业体育俱乐部形象功能作用

从以上对职业体育俱乐部形象相关概念、形成及特征的讨论可以证明,职业体育俱乐部优秀形象具有以下几种功能作用。

第一,有利于塑造优秀的职业体育俱乐部文化。在本书第二章中我们已经提到,职业体育俱乐部形象是职业体育俱乐部文化的重要组成内容。进行优秀的职业体育俱乐部形象塑造,不仅有利于塑造优秀的职业体育俱乐部文化,同时也是基于职业体育俱乐部优秀文化建设的需要,更是建设职业体育俱乐部文化的过程中的重要内容。正如王成荣(2007)所言,“企业形象是企业资本积累的表现,企业形象是企业文化的外显形态,其既是企业文化的一个组成部分,也是企业文化的载体”①。

第二,获得内部员工认同,有利于增强职业体育俱乐部的内部凝聚力。优秀的职业体育俱乐部形象在增强内部员工凝聚力方面起着重要作用,其影响力表现为以下两个方面:一是可以满足员工的荣誉感、成就感和归属感等,激发其积极而强烈的工作兴趣和热情,如同激励运动员在比赛中有更好的表现;二是具有优秀形象的职业体育俱乐部具有更强、更大的磁场和吸引力,可以吸引更多的人才,通过充分发挥其主动性、积极性和创造性,可以更好地为职业体育俱乐部服务。

第三,获得外部社会公众(消费者、赞助商、媒体等)的认同,有利于增强职业体育俱乐部外部竞争力。首先,优秀职业体育俱乐部形象可以影响消费者的购买行为,刺激消费者的消费能力②。“消费行为学家经过对不同类

---

① 王成荣,周建波.企业文化学[M].北京:经济管理出版社,2007:35.

② 张珣,徐彪,彭纪生.来源国形象、企业形象对消费者购买意愿的影响研究[J].财贸研究,2013(6):123-132.

型企业的调查发现，企业形象是影响消费者购买的主要因素之一。并且尽管短期内不同企业形象要素对消费行为影响有所不同，但从长期来看，这并没有差别"①。其次，优秀的职业体育俱乐部有助于获得赞助商、媒体等社会各界的关注、帮助和支持，可以帮助职业体育俱乐部获得更多有利条件，如获取更多的资金来源、获取更广泛的宣传支持等等。而所有这些均为职业体育俱乐部提高市场竞争力提供了巨大的帮助。

三、CIS 理论

CIS 是"Corporate Identity System"的缩写，意为企业形象识别系统，是在 CI 理论基础上发展起来的一种内涵更为深刻和丰富的的形象理论之一，主要起着企业形象导入的作用。具体而言，CIS 指企业为了塑造优秀的企业形象，通过各种标准化、系统化和个性化的视觉设计——名称、商标、标准色、标准字、包装等等，将企业的经营风格和特征传达给社会公众，从而在社会公众心目中形成独特印象，并最终转化为企业的优秀而卓越的竞争力。下面，我们将探讨 CIS（企业形象识别系统）的主体内容要素和功能。

（一）CIS（企业形象识别系统）的主体内容要素

CIS（企业形象识别系统）主要由三大基本要素构成，分别是：理念识别系统（MIS）、行为识别系统（BIS）、视觉识别系统（VIS）（具体见图 7－2）②。

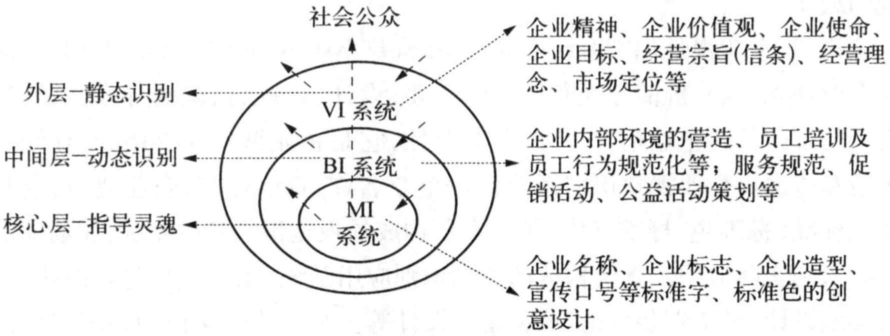

图 7－2　企业形象识别系统内容要素

第一，企业理念识别系统（Mind Identity System）简称为 MIS，或者 MI，其主要内容包括企业精神、企业价值观、企业使命、企业目标、经营宗旨（信条）、经营理念、市场定位等，企业理念对内影响企业的决策、活动、制度、管

---

① 杨魁，李惠民，董雅丽.第五代管理——现代企业形象管理：战略与策划[M].兰州：兰州大学出版社，2007：51.

② 程潇潇.企业形象识别系统（CIS）研究——以浦江饭店为例[D].上海：复旦大学，2005.

理,对外影响企业的公众形象、广告宣传等①。企业理念是企业文化在意识形态领域中的再现,如果企业形象识别系统(CIS)是外在表现,则企业理念就是指挥这一外在表现的灵魂,因此,企业理念决定了企业的行为识别系统(BIS)和视觉识别系统(VIS),并通过这两大系统表现出来。

第二,企业行为识别系统(Behavior Identity System)简称为BIS或BI,可分为对内系统与对外系统。对内系统主要包括:内部环境建设、员工培训及员工行为规范等;对外系统主要包括:服务规范、市场宣传、社区贡献等。它包含了在企业理念系统指导下形成的一切规范企业内部、外部和每位成员的行为和表现的社会活动。企业行为识别系统本身不能实现自我表达,而是以企业成员个体或集体的行为表现为表达渠道,将企业理念透过这些渠道传达给社会公众,从而形成对企业的认识和评价。所以,企业理念是行为识别系统的原生动力,发挥大脑和指挥中心的作用,指导和规范企业的环境建设、员工培训、经营实践、市场宣传、公共关系、社会服务等方方面面的具体活动。值得特别注意的是,企业行为识别系统不但关注企业的集体行为,更要关注员工个体的行为。每一名员工本身就是"行走的广告牌",其行为可以不通过媒介传播而被公众所认识和评价,并与其所属的企业组织进行关联。根据具体员工在企业和社会上的地位及影响力,这种认识可能上升为对企业形象的评价。所以,每一名员工都应当被看作企业行为识别系统的载体。

第三,企业视觉识别系统(Visual Identity System)简称为VIS或VI,是根据企业理念、核心价值和经营活动的需要,设计出一系列识别符号,以最为直接的方式传递企业精神、刻画企业个性,它是企业形象最直接、最有效的表达和传递。企业视觉识别系统包括企业名称、企业标志、企业造型、企业视觉标准(标准色、标准字体)等要素所构成的视觉识别基础系统,和基础系统导入到实际应用场景所构成的视觉识别应用系统,比如产品包装设计、办公环境设计、员工着装规范、公关赠品设计等。企业的理念识别系统和行为识别系统相对不容易迅速被外界识别和感知,而视觉识别系统是通过丰富多样的、融入到企业经营活动中的易于识别、感知的视觉符号来表达企业形象,因此,企业视觉识别系统是三大系统中最具传播力的系统。

CIS战略中的理念识别、行为识别和视觉识别三大系统相互联系、相互渗透、相互影响,构成了一个有机的整体,缺一不可。理念为核心、行为为基

---

① 蒋颖,周莹,孔璎红.企业CIS战略导入与运行的思考[J].大众科技,2012,14(06):268-269.

础、视觉为表达,三大系统必须协调一致发挥作用,才能塑造出企业完美的形象。

(二) CIS(企业形象识别系统)的功能

CIS(企业形象识别系统)的功能主要是通过 CIS 对企业文化进行整合、提升,成功地将其转换为一种完整的、被员工和社会公众认同的经营理念、行为规范和符号系统,使企业文化这一抽象理念具体化为可操作的具体标准和规范(CIS 具体功能见图 7－3)。具体表现为:

第一,从宏观角度看,其可以实现企业理想与市场现实需求之间的有效沟通,强化企业竞争理念,更加有效地积累、传播企业文化,使企业文化视觉化、规范化、具体化。

第二,从微观角度看,对内可以提高员工士气,增强企业凝聚力,对外可以"推销"自我,推进社会公众认同企业的过程。

第三,从整体上看,CIS 实施过程实质上就是优秀企业文化发挥作用的过程,也是企业新文化的营造与营销过程。

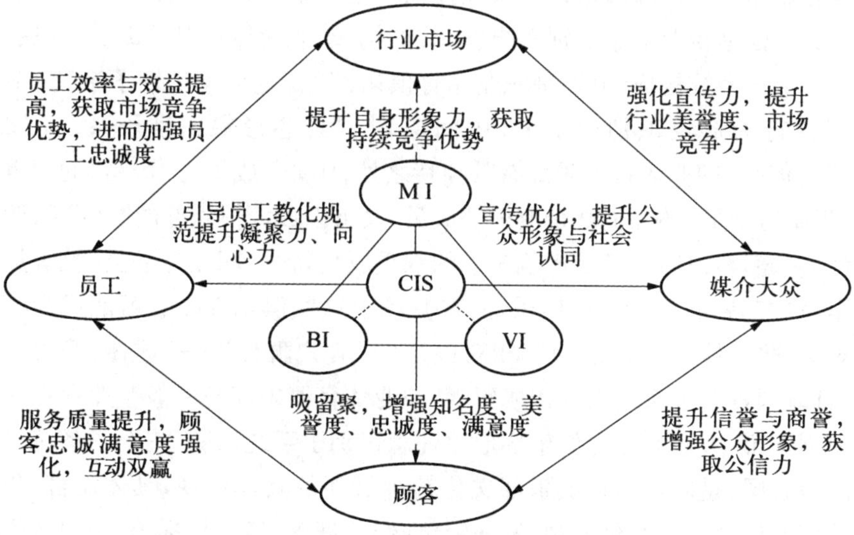

图 7－3　CIS 功能作用图示

(三) CIS(企业形象识别系统)与职业体育俱乐部形象的关系

从以上分析中不难发现,CIS(企业形象识别系统)与职业体育俱乐部形象虽然具有相同的目的——都是为了塑造企业良好形象,提升竞争力,但二者绝不是同质的,不能将 CIS 简单地等同于职业体育俱乐部形象。

(1) 两者名称的内涵不同。首先,CIS 的中文意思为企业形象识别系统,而职业体育俱乐部形象则是代表一种企业形象;其次,CIS 指的是各种企业，如职业体育俱乐部为了塑造优秀形象，通过各种标准化、个性化的视觉设计——如各种标识等，将自身的经营风格和特征传达给社会公众，在社会公众心目中形成独特印象，并最终转化为职业体育俱乐部的卓越竞争力。而职业体育俱乐部形象则是社会公众（职业体育俱乐部员工、球迷、赞助商、普通公众、媒体等等）对职业体育俱乐部整体的印象、综合评价及舆论。可见 CIS（企业形象识别系统）在职业体育俱乐部形象的塑造过程中发挥着极其重要的作用。CIS 不仅是一种企业形象传播工具，能为职业体育俱乐部塑造和传播良好的形象提供一种的新的理念和战略方法，同时也是一种营销手段或经营战略，能通过特定的传播媒体将职业体育俱乐部经营理念和经营行为转化为公众印象和公众态度，在社会公众心目中树立起良好的职业体育俱乐部形象，取得良好的认同和支持。

（2）子系统构成要素有一定区别。企业形象识别系统（CIS）包含理念识别系统（MIS）、行为识别系统（BIS）、视觉识别系统（VIS）三个子系统，各个子系统内又有许多构成要素。应用企业形象识别系统（CIS）理论可以为构筑职业体育俱乐部形象识别系统提供一定的借鉴，在“三系统”结构上基本一致。根据企业形象识别系统（CIS）的构成，职业体育俱乐部形象识别系统由三个子系统构成，分别是职业体育俱乐部“视觉形象识别子系统（最外层）”、“行为形象识别子系统（中间层）”、“理念形象识别子系统（核心层）”。但是，职业体育俱乐部有其独特之处，比如：成员与“产品”的双重属性，职业运动员、教练员既是俱乐部成员，又可以成为俱乐部的“产品”；职业体育俱乐部客户同时又是竞争对手的双重属性特征，职业运动员、教练员可能作为“产品”转会到其他俱乐部，在赛场上这些俱乐部极有可能成为其竞争对手；职业体育俱乐部拥有相对固定的“客户群体”——球迷；等等。因此，具体到各个子系统内的构成要素，职业体育俱乐部与一般企业存在一定的区别。第一，职业体育俱乐部形象理念识别子系统，处于三个子系统结构中的核心层，是职业体育俱乐部文化精神层面的具体体现，具体而言，包括俱乐部的使命、宗旨、价值观、发展定位、经营理念、经营目标等，指引着俱乐部的发展方向，是职业体育俱乐部形象的灵魂所在。职业体育俱乐部理念形象识别子系统对另外两个子系统具有决定作用，并通过行为形象和视觉形象传达到组织外部。第二，职业体育俱乐部行为形象识别子系统构筑了形象识别系统的中间层。行为识别系统对内传递俱乐部理念系统的核心价值，内部一切经营管理活动，比如训练管理、球员行为管理、决策机制、财务管理等必须形成统一认识并严格遵从理念系统的导向。对外，行为识别系统规范着俱乐部的所有市场经营活动，比如，俱乐部无形资产开发、球迷服务、公共关系建设、广告宣传、社会公益活动参与等具体行为，同样必须在理念上保持与俱乐部理念系统的完全一致。其中，球员、教练员在赛场等公开场景中的行为管理属于内部管理中对成员行为规范的要求，但实际上其对外影响力非常大。第三，职业体育俱乐部视觉形象子系统是职业体育俱乐部形象的直接表达形式，位于俱乐部形象系统最外层，是理念、行为的具体表达，发挥着物质载体的功能。职业体育俱乐部视觉形象识别系统具体包括：职业体育俱乐部名称、标识、宣传口号、运动员服装设计、场馆设计、以及标准色、标准字等形象标准。

由此可见，正是 CIS 在职业体育俱乐部形象建设中发挥着识别、代表、解释和象征等功能与价值，适应了职业体育俱乐部日益白热化竞争的市场经济环境下建设职业体育俱乐部形象的需求，要求职业体育俱乐部从表层视觉到深层理念进行全新的规划与变革，进而以鲜明的个性形象赢得消费者的关注和偏爱，以持续获取竞争优势。

第二节　职业体育俱乐部形象再造动因

目前，我国各种职业体育俱乐部的形象问题已成为影响我国体育俱乐部职业化的重要因素。本节将通过对内部动因（我国各个职业体育俱乐部形象的现状）与外部动因（我国职业体育俱乐部形象塑造或实施过程所面临的问题）的分析，阐述我国职业体育俱乐部形象再造的整体动因。

一、职业体育俱乐部形象再造的内部动因

我国职业体育俱乐部从初创到现在，已经走过 20 几个年头，有成就，也有挫折。这其中，各类职业体育俱乐部自身的形象问题，不仅成为职业体育俱乐部的发展的桎梏，同时也成为困扰社会各界的重要问题。

第一，以社会大众所熟知的名称标识形象为例。我国职业篮球俱乐部和职业足球俱乐部中频繁出现的名称更迭现象早已是屡见不鲜。如天津泰达职业足球俱乐部，从 1994 年职业化至今，短短 20 几年的时间里竟然更换了 9 次名称（见表 7－1），这极不利于其优秀标识形象的塑造和建立。而且 2015 年更名“天津泰达权健足球俱乐部”时还招致球迷的强烈不满，原因在于球迷认为权健公司的市场形象不佳。职业篮球俱乐部中的名称更迭现象也十分频繁。朱杰民、张桂芳 2006 年对当时经营中的职业篮球俱乐部名称进行统计发现，37 家职业篮球俱乐部中，仅有河南仁和俱乐部和云南红河

奔牛男子篮球俱乐部没有更名，其余 35 家职业篮球俱乐部从成立以来均存在更名现象①。而此后，2006 年河南仁和男篮改名为“山西中宇男子篮球俱乐部”，出走异乡，2012 年，河南省再次将该球队请回河南，成立“河南赊店老酒男子篮球俱乐部”。云南红河奔牛俱乐部已于 2009 年因资金、丑闻等问题爆发而解散。

表 7-1　1994—2015 年天津泰达足球俱乐部历史名称变化一览表

年　份	名　　称	年　份	名　　称
2017	天津亿利足球俱乐部	2005	天津康师傅足球俱乐部
2016	天津泰达亿利足球俱乐部	2004	天津康师傅足球俱乐部
2015	天津泰达权健足球俱乐部	2003	天津康师傅足球俱乐部
2014	天津泰达康师傅足球俱乐部	2002	天津泰达足球俱乐部
2013	天津泰达康师傅足球俱乐部	2001	天津泰达足球俱乐部
2012	天津泰达康师傅足球俱乐部	2000	天津泰达顶新足球俱乐部
2011	天津泰达康师傅足球俱乐部	1999	天津泰达足球俱乐部
2010	天津泰达康师傅足球俱乐部	1998	天津泰达足球俱乐部
2009	天津泰达康师傅足球俱乐部	1997	天津立飞三星足球俱乐部
2008	天津泰达康师傅足球俱乐部	1996	天津三星足球俱乐部
2007	天津康师傅足球俱乐部	1995	天津三星足球俱乐部
2006	天津康师傅足球俱乐部	1994	天津三星足球俱乐部

第二，以球员、裁判员形象为例。球员和裁判员是职业体育俱乐部竞赛形成和开展的最重要成员。但是各种因素导致社会各界引发出不断加重的对球员和裁判员形象的负面评价。以足球为例，职业化以来，俱乐部形象、球员形象、教练员形象等问题就一直是挥之不去的阴霾，笼罩着我国职业足球联赛。2000 年底，前任中国足协主席阎世铎曾经指出职业足球俱乐部运行中存在着突出问题：浮躁、急功近利等情绪严重影响俱乐部训练、人才培养、基地建设等工作。运动员、教练员在联赛中赛场上恶意犯规、围堵裁判等违纪事件频频发生，运动员联合起来“罢训、罢踢、炒教练”的现象时有发生，生活中作风混乱等不良行为屡禁不止，不仅对俱乐部形象造成严重打击，对足球联赛的影响也极为严重。裁判员黑哨问题引起广泛负面反响，与

① 朱杰民，张桂芳.对我国职业篮球俱乐部名称更迭的研究[J].商丘职业技术学院，2006，5(5)：114-117.

球员赛场上的行为密切相关的球迷闹事事件不断发生,更成为影响社会稳定的因素。可见,球员、裁判员形象是职业体育俱乐部的羽翼,折损的羽翼将严重影响俱乐部的发展。

第三,以竞赛形象为例。在职业体育俱乐部这样一个特殊的企业中,竞赛即是产品。因此,竞赛是职业体育俱乐部生存发展的根本,是职业体育俱乐部的生命线。职业体育俱乐部在社会公众心目中最具有吸引力或魅力的地方便是各种充满激情或挑战的竞赛,如各种足球联赛、篮球联赛等,然后会慢慢过渡到对球星、名称等其他形象的关注和喜爱。虽然目前我国有各种竞赛产品相继推出,如 CBA,但是与国外 NBA、足球世界杯等相比,我国的竞赛产品还存在很多不足,对社会公众的吸引力也并不十分强烈。

由以上分析可以看出,目前我国职业体育俱乐部面临的形象问题并不十分乐观,这一系列问题必将引发社会公众、媒体、赞助商的信任危机。作为以市场为导向的企业,社会支持力每况愈下必将给职业体育俱乐部的发展带来巨大挑战。因此,解决潜在形象危机迫切需要职业体育俱乐部加强形象建设。

二、职业体育俱乐部形象再造的外部动因

随着中国改革开放序幕的拉开及长期发展,我国市场经济不断走向成熟,企业同样也在摸索中逐渐壮大。在这一过程当中,实践固然重要,但是对相关理论的应用同样不能忽视。"形象"理论在这一时期的中国正逐渐得到社会各界认可和重视,但依然处于发展的初级阶段,其本身及其实践性仍然存在许多问题和不足。下面,我们将结合职业体育俱乐部这一主体,就"形象"理论及其应用所存在的不足,作出探讨和介绍。

第一,尚未形成具有中国特色的职业体育俱乐部形象理论体系。我国企业形象理论的发展年限与我国职业体育俱乐部的发展年限很接近,大致经历了近 20 年的时间,仍然处于发展的初期。目前,我国关于企业形象的著作多有涉及企业形象设计、企业形象策划等内容,详细阐述了企业形象相关基础理论知识。随着形象理论的不断完善和职业体育俱乐部的发展,关于职业体育俱乐部形象设计的相关理论也逐渐得到更多专家的关注和研究。但是,具有科学意义的理论体系需要经过一个不断循环往复的过程,即理论——实践——理论——再实践——理论才能逐渐得以完善。在职业体育俱乐部和形象理念均处于初期发展阶段的情况下,要想打造出完全适合自身并具有中国特色的职业体育俱乐部形象理念体系,仍需要在实践中进行调整。

第二,对建立职业体育俱乐部形象的意识尚有不足。社会的发展状态在很大程度上会影响和决定人们的思想意识状态。企业形象理论在我国发展不过20余年,尚未成熟。因此,群众对职业体育俱乐部形象的相关意识也比较薄弱,甚至一些大企业的老板也认为,企业文化、企业形象等是很抽象的东西,是无法通过设计来完成的。目前中国以“老板文化”为主的潮流,使得职业体育俱乐部更加难以从真正从意义上、深层次根源问题上意识到职业体育俱乐部形象建设和再造的重要性。另外,我国职业体育俱乐部正处于年轻的发展期,一些实质、本质性的问题——如产权不清、政企不分等仍处于困扰状态,使得社会各界在一定程度上减少了对职业体育俱乐部形象的关注度,致使我国职业体育俱乐部与形象整合的机会大大降低。

第三,对职业体育俱乐部形象再造系统的理解和认识过于简单化。基于职业体育俱乐部形象发展阶段而言,国内相关职业体育俱乐部形象的管理专业人才十分匮乏。因此,当职业体育俱乐部在重塑自身形象的过程中出现问题时,只能聘用相关企业形象设计或策划公司来完成相应的工作。在这一市场需求的推动下,各种各样的所谓的企业形象设计或策划公司纷纷建立起来。然而,他们对职业体育俱乐部各种状况和形象设计一知半解,根本无法顺利、成功地完成职业体育俱乐部的形象塑造需求。调查发现,很多企业形象设计对职业体育俱乐部形象设计的理解过于简单化,多停留在商标、名称等表面标识的低层次设计,而对深层次的、文化层面、真正具有核心价值的职业体育俱乐部形象设计涉及较少。

第四,在职业体育俱乐部形象再造过程中,偏重理论体系,忽略实践应用。只重理论设计、轻视实践应用是我国社会普遍存在的倾向。以我国的教育体制为例,我国培养的中学生取得了优异的奥数成绩,得到了全世界的认可,但最终真正发展成为数学家的却不多。随着形象在职业体育俱乐部发展中的地位和作用日益升高,一些职业体育俱乐部开始聘请相关专家展开形象改造及完善的形象研究,但多停留在理论探讨阶段,而真正能够在实践中将理论体系的步骤和流程予以实现并取得实效的职业体育俱乐部却少之又少。

第三节　职业体育俱乐部形象再造理论系统

一、文化层次理论下的职业体育俱乐部形象再造系统

通过第一节中对职业体育俱乐部形象再造内涵的探讨可知,职业体育

俱乐部形象作为职业体育俱乐部文化的重要组成部分,两者间有着相辅相成、不可分割的必然联系。简言之,职业体育俱乐部形象是职业体育俱乐部资本积累的表现,是职业体育俱乐部文化的外显形态。此外,职业体育俱乐部形象作为一个子文化整体,也包含自身的要素特征。职业体育俱乐部形象与职业体育俱乐部文化如何发生关联,以及通过怎样的方式发生联系呢?我们将通过图 7-4 对文化层次理论下的职业体育俱乐部形象再造系统进行详细陈述。

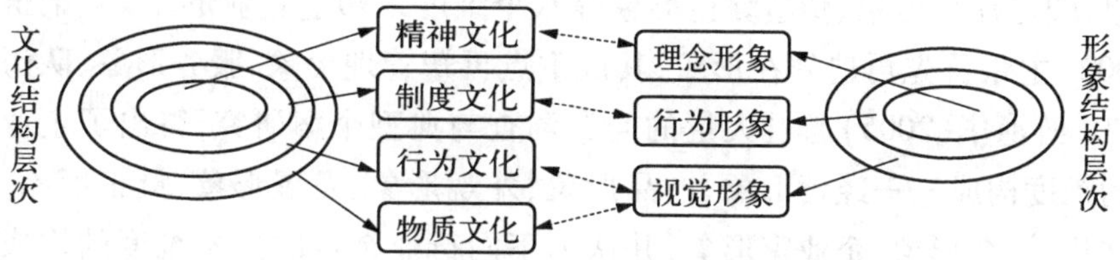

图 7-4 文化与形象的结构层级对照图

从上图可以看出,职业体育俱乐部文化是一个综合整体,职业体育俱乐部形象是其文化的一个组成部分,即外显形态;但职业体育俱乐部形象作为一个子文化而言,它也是一个整体,分别由处于最外层的视觉形象、中间层的行为形象和处于核心层的理念形象构成,与文化的四个层次互相对应、相辅相成(具体见图 7-4)。由此可见,职业体育俱乐部形象与职业体育俱乐部文化存在密切联系。职业体育俱乐部形象是其文化资本积累的表现形态,是职业体育俱乐部内在文化的外层表达。从这种意义上讲,独特的职业体育俱乐部文化是塑造职业体育俱乐部鲜明形象的灵魂。如果没有独特的职业体育俱乐部文化的指导,信息传递就会失去生命力,便不会产生独特的经营理念和经营行为,更难以进行职业体育俱乐部的形象塑造。因此,塑造良好的职业体育俱乐部形象应该以职业足球俱乐部文化为核心,通过实施职业体育俱乐部形象识别系统这一战略,进行系统设计、全面规划。从实践操作来讲,职业体育俱乐部形象塑造过程,要求职业体育俱乐部通过理性化的行为系统传播方式,将职业体育俱乐部最具特色和优势的经营理念和经营行为灌输到社会公众的头脑中去,引导公众认识,争取社会舆论的认同和支持,塑造良好形象。

二、国内外对企业形象再造理论要素的主要观点

早在 20 世纪 70 年代,美国 H. H. Margwis(马克斯)通过研究认为,令人感到满意的企业形象包括 20 要素。日本在 70 年代末进行了大规模的企业

形象调查,其研究报告也显示企业形象包括20要素。1999年美国专业人员经过研究提出了“5要素说”和“8要素说”。步入21世纪,诸多学者基于研究目的及研究背景的不同,对企业形象构成要素的研究并没有获得统一化的标准认知,出现了“百家争鸣”的局面。

虽然国内对企业形象再造要素构成的研究起步较晚,但目前也已出现了较多成果。肖黎(2007)提出了形象塑造应从塑造企业的核心价值观、塑造企业的经营理念、塑造企业精神、塑造品牌形象、塑造员工形象、塑造服务形象、塑造社会形象、塑造绿色形象等八个维度来塑造企业形象①。金玉柱(2002)主张首先再造外在形象,其次重点再塑管理形象、服务形象、队伍形象②。游艳华(2005)通过大量的问卷调查与典型个案研究,得出了企业形象的维度构成——经营形象、产品形象、外观形象、发展形象、员工形象、企业文化、社会形象、企业家形象,并认为不同行业企业的形象维度的构成是不同的③。

基于诸多学者的观点,本研究将具有代表性的观点进行了系统梳理(详见表7-2)。显然,各位学者基于特定的研究背景、研究目的和研究方法,对企业形象构成要素有不同认知,但产品形象、经营形象、管理形象、员工形象、环境形象、服务形象、社会形象等共性要素已经得到学界普遍认可。

表7-2 国内外学者对企业形象构成要素的基本观点汇总表

学 者	对企业形象构成要素的基本观点
H. H. Margwi(美国,70年代初期)	(1) 革新表现;(2) 正在成长;(3) 现代感;(4) 研究开发变现突出;(5) 受顾客欢迎;(6) 盈利多;(7) 经营有方;(8) 多种经营;(9) 满足消费者需要;(10) 有好邻居;(11) 与原材料供给企业关系密切;(12) 竞争光明正大;(13) 为改善社会问题尽力;(14) 有才能的经理人;(15) 关心吸收合并问题;(16) 坚持独立(17) 无劳资纠纷;(18) 优秀的雇员;(19) 资助教育和艺术事业;(20) 优异产品
日经研究报告(日本,70年代末)	(1) 技术精湛;(2) 新产品开发;(3) 传统性;(4) 亲切易于接近;(5) 广告宣传能力形象;(6) 信赖性;(7) 发展前景;(8) 稳定性;(9) 顺应潮流;(10) 整洁干净;(11) 研发能力;(12) 海外竞争力;(13) 积极性;(14) 企业风气正派;(15) 现代感;(16) 经营者(17) 顾客服务;(18) 认真对待消费者;(19) 企业规模;(20) 销售充实
美国专业调研人员(1999)	(1) 产品质量与售后服务;(2) 全球竞争意识;(3) 合格人才;(4) 环境保护与社区服务;(5) 费用与成本意识

① 肖黎.中小企业形象塑造存在的问题与对策探讨[J].商场现代化,2007,10X(519):317-318.

② 金玉柱.试论物资经营企业形象再造[J].上海物资经济,2002(3):12-14.

③ 游艳华.不同企业形象的构成研究[D].福州:福建师范大学,2005.

（续 表）

学 者	对企业形象构成要素的基本观点
美国专业调研人员(1999)	(1) 财务状况;(2) 投资资金;(3) 企业信誉;(4) 创造和改良;(5) 吸引、开发与保留人才;(6) 产品质量与售后服务;(7) 管理;(8) 社区与环境责任
Wlton(美国,1996)	(1) 机构形象;(2) 功能形象;(3) 商品形象
加藤邦宏(日本)	(1) 技术形象;(2) 市场形象;(3) 未来性形象;(4) 公司风气形象;(5) 外观形象;(6) 经营者形象;(7) 综合形象
Gustavr(美国)	(1) 活力;(2) 稳定性(信任感);(3) 对内外(消费者)服务;(4) 视觉识别设计
游艳华等课题小组(1995)	(1) 经营管理形象;(2) 发展形象;(3) 社会责任形象;(4) 技术形象;(5) 外观形象;(6) 市场服务形象
王成荣、周建波(2007)	(1) 理念形象;(2) 产品形象;(3) 服务形象;(4) 员工形象;(5) 经营管理形象;(6) 公共关系形象;(7) 环境形象;(8) 作风形象
王莉(2003)	(1) 理想追求;(2) 价值观念;(3) 企业精神;(4) 管理特色;(5) 文化氛围;(6) 公共关系
陈育民(2002)	(1) 产品形象;(2) 员工形象;(3) 企业家形象;(4) 管理形象;(5) 社会形象;(6) 环境形象;(7) 市场形象;(8) 视觉形象
周永康(2002)	(1) 产品形象;(2) 经营形象;(3) 员工形象;(4) 领导形象;(5) 环境形象;(6) 文化形象;(7) 标识形象
林建国(20030	(1) 企业物质形象;(2) 企业社会形象;(3) 企业精神形象

三、职业体育俱乐部形象再造理论要素

在第二部分中，对企业形象理论要素进行了详细讨论，而职业体育俱乐部作为一类特殊企业，其形象要素必然具有一般企业形象要素的内容。可见，以上分析研究结论对职业体育俱乐部形象理念要素构成的分析具有极其重要的启示。当然，我们也不能忽视其自身的特点。本节结合职业体育俱乐部自身属性及内部特征，借鉴冯少兵、李荣日(2010)对职业足球俱乐部形象要素内容的划分，将职业体育俱乐部形象再造的构成要素具体划分为环境视觉形象再造、产品服务形象再造、员工形象再造、市场经营形象再造、管理形象再造、社会发展形象再造六个形象再造要素①。

环境视觉形象包括硬件环境形象、软件环境形象、标识形象、宣传物形

① 冯少兵，李荣日.职业足球俱乐部形象研究[J].体育文化导刊，2010(1)：62－66.

象 4 个子形象；产品服务形象包括赛事形象、衍生产品开发形象、服务形象 3 个子形象；员工形象包括球员形象、教练员形象、管理人员形象、服务人员形象 4 个子形象；社会发展形象包括社会形象、发展形象 2 个子形象；市场经营形象包括市场开发形象、广告宣传形象、商誉及信誉形象 3 个子形象；管理形象具体包括组织架构及岗位职责、管理体制及运行机制、精神理念系统 3 个子形象（详见表 7－3）。

表 7－3　职业体育俱乐部形象系统要素构成一览表

	分级形象		操作化定义
职业体育俱乐部形象系统要素构成学说	环境视觉形象	环境形象	(1) 硬件环境：训练比赛场馆、办公楼、公寓楼等建筑群落及综合配套设施；(2) 软件环境：工作、生活、娱乐等环境的保洁度、美观度、绿化度
		视觉形象	俱乐部名称、队歌、队标、商标等各种徽标；手册、条幅、广告语、宣传海报及招贴画、网站等美观度和美誉度
	竞赛产品及服务形象	竞赛产品形象	赛事的水平、规模、质量及知名度、美誉度、顾客满意度；门票；电视转播权；商业赞助项目；各种标识；运动员无形资产（广告、代言）
		服务形象	对球迷、赞助商或广告商的服务态度、服务质量、服务水平；服务体系完备度等
	员工形象	球员形象	球员的竞技能力及业务水平；职业体育精神（训练刻苦度、团队协作、坚毅顽强拼搏）；文化素质；思想品质；道德形象
		教练员形象	教练员的文化素质；执教水平；思想道德素养；职业精神（爱岗敬业、责任心、积极性、无私奉献、公正严明）；教练员业务能力（沟通、协调、临场指挥与决策、球员管理等能力）
		管理人员形象	管理人员工作作风（热情度、积极性、责任感、公正度、正直感）；综合管理能力（组织、协调、沟通、领导、决策能力）；管理人员工作效率与成效；管理人员文化素质；管理人员的思想道德素质
		服务人员形象	服务人员服务态度（热情度、积极性、责任意识）；服务人员的工作能力；服务人员的文化素质；服务人员的思想道德素质
	管理形象	架构及岗位职责	组织结构设置的合理度；岗位职权责统一度；职能分工合理度
		管理体制及机制	产权制度合理度；法人治理制度健全度；人事管理制度合理度（聘用、升迁、任免、休退）；薪酬制度合理度；激励机制完备度；监督机制有效度；运行机制流畅性
		精神理念系统	管理理念的科学性；管理战略、目标体系的合理性；发展宗旨、使命定位的合理度；俱乐部精神鲜明度；价值观统一度；俱乐部文化建设力度

续表

	分级形象		操作化定义
职业体育俱乐部形象系统要素构成学说	市场经营形象	盈利能力	俱乐部投资回报率;俱乐部综合经济收益;俱乐部各项投资力度
		市场开发能力	球迷、电视观众数量;球场观众上座率;比赛门票的经济收益能力;无形资产开发能力(广告、代言);电视转播权获取经济收益能力;各种标识商业开发能力;球队各项赞助项目开发能力(赞助商、供应商、合作伙伴、广告商等)
		广告宣传能力	俱乐部对广告宣传的重视程度;广告宣传的综合投入力度;广告的投放量(频度与次数);广告宣传途径的多元化;广告宣传方式的多样化;广告宣传内容的丰富性;广告宣传的综合收益能力
		商誉及信誉	俱乐部经营遵纪守法情况;俱乐部经营的诚信力度;俱乐部参与竞争的公平公正度;俱乐部的市场知名度;俱乐部的市场美誉度;俱乐部的社会公信力;俱乐部信誉度;俱乐部商誉度
	社会发展形象	社会形象	对政府工作支持力度;社会公益事业参与度;对体育事业发展贡献度;对社会的综合回报力度;服务社会意识的强度;承担社会责任的行为力度
		发展形象	足球运动员后备人才培养力度;训练手段及配套设备的革新力度;内部员工培训及发展投入力度;引入外来人力资本力度(教练员、球员、裁判员、管理人员、科研人员);先进技术及信息建设的引入程度;资金积累与持续投资力度;俱乐部竞技能力的增长力度;俱乐部学习能力强度;俱乐部综合创新能力强度

注：来源于冯少兵,李荣日.职业足球俱乐部形象研究[J].体育文化导刊,2010(1)：62－66.

总之,职业体育俱乐部形象系统要素构成学说基本涵盖了职业体育俱乐部实践运营与建设中的方方面面,提供了从实践操作层面剖析和改造职业体育俱乐部形象的基本思路和途径。

第四节　职业体育俱乐部形象再造方法

各职业体育俱乐部在发展速度、发展规模及特征上有所不同,其所面临的形象完善的内容要素也有所不同,因此,所选择的形象再造路径也应各具特色。但各职业体育俱乐部形象再造的大致流程,即形象再造的程序过程、遵循原则方法及内在机制等依然有许多相似之处。因此,熟悉掌握职业体育俱乐部形象再造的方法——职业体育俱乐部形象诊断、改造、评估与反馈等,对重塑和完善职业体育俱乐部形象有至关重要的作用。

一、职业体育俱乐部形象再造程序1——诊断

对职业体育俱乐部形象进行详细诊断,是确保形象再造能够顺利完成的首要步骤和重要前提。每个职业体育俱乐部都有伴随其成长发展过程形成的形象积淀。这些积淀下来的形象特质中,哪些属于强势,哪些属于弱势,及其对职业体育俱乐部发展产生了怎样的作用,是否需要形象的重新塑造等一系列问题,是需要职业体育俱乐部相关经营管理人员必须清楚把握的。形象诊断的主要目的,正是通过对职业体育俱乐部形象现状的全面调查和了解,发现存在的问题以及问题产生的根源,以便寻求合理有效的解决措施,促使职业体育俱乐部健康、协调地发展。

(一)职业体育俱乐部形象再造的原则

第一,整体性和系统性原则。职业体育俱乐部形象是社会公众通过感知后,对职业体育俱乐部形成的整体印象、看法和评论。因此,在进行职业体育俱乐部形象诊断过程中不能单单就事论事,只注重商标、名称等标识形象或只重视球员、教练员等员工形象,而是首先要从全面、系统、整体的角度出发,对职业体育俱乐部形象进行整体调查和诊断。

第二,客观性原则。形象是人们经过视觉处理后形成的第一感觉经过思维的加工而形成的最终印象和看法。因此,坚持职业体育俱乐部形象再造的客观性原则,一是要求相关工作人员实事求是,不徇私舞弊,保证职业体育俱乐部形象再造工作的开展过程客观公正;二是要求工作人员在搜集相关资料过程中,客观谨慎地选择调查对象,要充分考虑调查对象对于职业体育俱乐部的熟悉程度,不能单一选择某一极端情况,比如,只选择十分熟悉职业体育俱乐部情况的内部管理人员或非常不熟悉职业体育俱乐部情况的社会公众作为调查对象均不合适。

(二)职业体育俱乐部形象诊断的准备工作阶段

职业体育俱乐部形象诊断准备工作阶段的任务主要包括:职业体育俱乐部形象诊断内容的确定、职业体育俱乐部形象诊断人员的安排、职业体育俱乐部形象诊断方案的确定等。

第一,职业体育俱乐部形象诊断内容的确定。职业体育俱乐部形象诊断内容是职业体育俱乐部形象再造或重塑的重要模块,也是诊断工作得以开展的前提和条件。职业体育俱乐部形象诊断内容的确定主要依据以下两点:首先,结合职业体育俱乐部自身的特点,根据本章第三节梳理的职业体育俱乐部形象再造理论要素,初步确定诊断内容,但是,在这个阶段确保诊

断的系统性十分重要，不宜过于主观地排除一些要素指标；其次，邀请相关专家对初步确定的诊断内容作进一步的检查和完善。前文已就职业体育俱乐部形象具体诊断内容的第一步进行了讨论，将职业体育俱乐部形象再造内容划分为6个一级模块和19个二级模块，并给出了相应的具体操作化定义，其中6个一级要素包括环境视觉形象、产品服务形象、员工形象、市场经营形象、管理形象、社会发展形象。但这些内容要素的确定仅基于目前所能搜集的资料所做出的理论划分，希望能给更多研究者提供有意义的借鉴。不可讳言，由于个人能力的有限，可能会存在一定的局限性。因此，各职业体育俱乐部在实际的形象诊断过程中，应在此基础上寻求更多相关专家和学者的帮助，力求形象诊断内容尽善尽美。

第二，职业体育俱乐部形象诊断人员的安排。人力资源要素是任何一个组织和企业生存和发展最重要也是最活跃的要素。这同样适用于职业体育俱乐部。因此，相关工作人员的确定和安排是否合理，将直接关系到职业体育俱乐部形象诊断工作的顺利完成。参与职业体育俱乐部形象诊断工作的人员应该具备企业形象管理和再造的专业知识背景和实践经验；要十分了解接受诊断的职业体育俱乐部的发展历程、市场影响、产品特色、资源水平等一系列情况；要具备较强的观察能力、逻辑思维能力和创新能力。

第三，职业体育俱乐部形象诊断方案的确定。职业体育俱乐部形象诊断方案——周密而详细的实施步骤与安排，是准备工作阶段一个较为重要的模块，在整个职业体育俱乐部形象诊断过程中具有较强的指导和规划意义。在这一环节需要做到以下几点。首先，对整个过程的时间进度有一个合理的安排，确定各阶段所要完成的工作量或任务。这是对职业体育俱乐部开展形象诊断的首要步骤。其次，选定相应的调查对象。职业体育俱乐部内部、外部人员的意见和看法都应当得到重视。对职业体育俱乐部形象较为关注和较有贡献的社会公众群体应该是球迷群体，他们是职业体育俱乐部发展的助推剂和支持力。因此，在确定调查对象时，应该特别关注球迷对其形象的满意度。再者，预先确定调查工具以及数据的具体统计和处理方法。明确的目标能使员工具有清晰的工作思路，避免不必要的损失和浪费。

（三）职业体育俱乐部形象诊断的分析阶段

职业体育俱乐部形象诊断的分析阶段主要是对收集资料的整理和分析，包括对相关文献资料和调查数据的归类与整理。以下，我们重点强调对调查数据进行的统计与分析。对所收集的数据进行统计与分析，指的是工作人员运用合理、科学的统计方法对收集数据进行统计与处理，并结合职业体育俱乐部自身发展情况，对职业体育俱乐部形象的现状进行客观分析与评价的过程。其目的首先是运用定量方法，即通过一定统计方法（如因子分析、层次分析等）的计算处理，重新确定职业体育俱乐部形象内容要素构成；其次是揭示当前职业体育俱乐部形象中存在的各种问题及彼此之间的联系，将人们对职业体育俱乐部形象的感性认识上升到理性认识，为职业体育俱乐部形象再造方案的制订奠定基础。对所运用的数据处理方法的选取和运用是这一过程中需要特别予以注意的，不应只注重表面现象，而要结合实际情况，并选用较为合理的方法。在分析过程中，更要坚持客观性原则，考虑一切可能的因素。

（四）职业体育俱乐部形象诊断报告的撰写阶段

职业体育俱乐部形象诊断报告的撰写，即诊断结果的呈现，由以下内容构成：研究的理论基础、具体的研究方案呈现、开展研究的过程描述、数据分析，以及诊断结果和再造建议。其中诊断结果和再造建议是整个报告最核心的部分。撰写报告的意义在于，为领导者、管理者和政府的相关决策提供实践指导。对于一个以实际应用为主的个案研究来说，实践意义是其核心价值所在。因此，报告中涉及形象再造建议的部分应以可操作性、实用性、低成本性等为主要参考依据。当然，针对具体的职业体育俱乐部形象的诊断和再造对于丰富形象再造理论体系也大有裨益，是对理论的不断验证和完善的必要过程。

二、职业体育俱乐部形象再造程序2——改造

（一）实施职业体育俱乐部形象改造的原则

职业体育俱乐部形象的改造将涉及方方面面的利益关系，必然会遇到许多阻力。因此，职业体育俱乐部形象的改造不能随意进行或开展，为了避免少走弯路，应坚持和遵循一定的原则，确保职业体育俱乐部形象改造的顺利完成。

第一，及时性原则。对于职业体育俱乐部形象存在的问题要看准时机，及时进行改造，积极促进职业体育俱乐部形象的重塑和再造。本书第二章将职业体育俱乐部文化再造分为四个类型——正常发展中的职业体育俱乐部文化再造、更改名称后的职业体育俱乐部文化再造、面临困境发展中的职业体育俱乐部文化再造和面临破产中的职业体育俱乐部文化再造。正确把握再造的最佳时机是职业体育俱乐部取得文化再造成功的重要条件。职业体育俱乐部形象作为文化的组成部分，在整个过程中都应坚持及时性原则，否则可能会给职业体育俱乐部形象再造带来极大的风险。

第二，循序渐进原则。职业体育俱乐部形象的形成需要一个相当长的

时期。因此，进行职业体育俱乐部形象的改造不能逞一时之快，更不能过于激进，而应该坚持循序渐进的原则，稳中求胜。急于求成的思想不仅无法保证改造的成功，反而可能产生极大的反作用，导致形象再造的失败。只有循序渐进，踏踏实实，适度调整步伐，始终保持员工的工作热情和积极性，及时发现改造过程中出现的错误，才能取得最后的成功。

（二）职业体育俱乐部形象改造方案的实施

研制好职业体育俱乐部形象再造的可行性方案，就要紧接着展开形象再造方案的具体实施工作，这也是职业体育俱乐部形象再造的核心环节。在这一环节需要做的工作及注意事项包括以下几项。

第一步，相关领导和专家应通过会议或书面宣传材料的形式，说明目前职业体育俱乐部形象存在的问题，及问题进一步恶化将会给职业体育俱乐部的发展产生怎样的影响，以激起职业体育俱乐部全体员工的危机意识；在此基础上，提出职业体育俱乐部的形象再造工程及目标，并通过较为有效的方式，如材料宣传、会议动员、教育培训、广泛参与等方法来促使职业体育俱乐部的全体员工赞同并支持职业体育俱乐部的形象再造方案，以求尽可能达到对全体员工的激励作用，激发员工工作的热情与信心。

第二步，在获得全体员工的支持和理解后，就可以按照先前已经制定的职业体育俱乐部形象再造方案展开全面的形象再造工作。但这一环节却是整个职业体育俱乐部形象再造过程中最难以驾驭和实施的。造成这一困难的因素很多，如职业体育俱乐部形象具有相对稳定性的特征——职业体育俱乐部形象很难在短时间内得到重塑和完善。因此，开展俱乐部形象再造不能急于求成，要发挥创新精神，借助机会、创造条件，逐步完成。职业体育俱乐部形象再造还要注意遵循职业联赛周期。从时间来看，用 1 到 2 个赛季实施和完成俱乐部形象再造是较为合理的。

三、职业体育俱乐部形象再造程序 3——评估与反馈

职业体育俱乐部形象再造整个过程的控制（过程评估）及形象再造的结果（结果评估），都需要相关人员对其进行评估，对效果和意见进行反馈。

职业体育俱乐部形象评估是指对职业体育俱乐部形象实施效果进行科学测评的工具。具体含义是，指根据形象再造的计划和目标，采用全方位的量化指标体系或建立一个职业体育俱乐部形象评价模型，系统地评价职业体育俱乐部形象再造实施过程中的适应性效果以及存在的问题，为进一步完善职业体育俱乐部形象建设提供决策性意见。这部分工作主要由形象再造的专业人员完成。对形象再造结果的评估可以由更广泛的“利益相关

者”，如运动员、球迷、普通公众、媒体等完成，主要目的在于再次了解他们对改造后的职业体育俱乐部形象的评价和满意度，从而判断再造的效果。

职业体育俱乐部形象再造反馈的主要宗旨，是将职业体育俱乐部形象评估的最终意见——形象再造的实施效果及时反馈给相关工作人员，以便对形象再造过程中出现的偏差作出重新调整，同时也为下一次工作的顺利开展提供借鉴和指导。

四、职业体育俱乐部形象再造的类型

职业体育俱乐部形象是客观存在的，它是职业体育俱乐部在长期的生存和发展过程中社会公众对其形象的总体印象和看法。由于生存环境不同，各职业体育俱乐部形象呈现出较大的差异性，即使是同一职业体育俱乐部内部也会存在形象差异。因此，从不同的角度考察职业体育俱乐部形象，就会出现不同的分类标准。在此，我们以整个职业体育俱乐部的发展历史和阶段为宏观背景，结合其具体表现特征，将职业体育俱乐部形象再造分为以下四个类型。

（一）正常发展中的职业体育俱乐部形象再造方法

1. 正常发展中的职业体育俱乐部形象再造特点

处于正常发展中的职业体育俱乐部形象再造具有几种重点特质。首先，总体而言，社会公众对正常发展中的职业体育俱乐部形象较为满意，关注度和支持度也较高；其次，正常发展中的职业体育俱乐部形象不可能也绝对不会是完美无瑕的，这就要求相关工作人员及员工以客观眼光来看待职业体育俱乐部的形象问题。

2. 正常发展中的职业体育俱乐部形象再造条件

通过对正常发展中的职业体育俱乐部形象再造特点的分析，我们认为，成功再造这类职业体育俱乐部形象需要注意以下几个重要事项。一方面，正常发展中的职业体育俱乐部全体员工不仅应该肯定已经取得的成果，而且还应当时刻在日常工作与生活中积极主动地维护自身形象，为进一步提升职业体育俱乐部的整体形象打下良好基础；另一方面，全体员工要积极努力挖掘核心产品形象（即竞赛产品形象）的巨大潜在价值，从而带动职业体育俱乐部整体形象力的不断提升。

（二）更改名称后的职业体育俱乐部的形象再造方法

1. 更改名称后的职业体育俱乐部形象再造特点

更改名称后的职业体育俱乐部将对自身形象产生综合性影响。总体而言，可以将这种影响归结为两大类，即正面影响和负面影响。首先，职业体育俱乐部招牌、标识形象的改善，对整体形象的改观或提升具有最直观和最明显的效果；其次，职业体育俱乐部更改名称也有可能会使社会公众对职业体育俱乐部产生形象偏差，如会从某种程度打击员工的工作热情，同时也会对消费市场产生不利影响，从而影响社会公众的消费行为和消费力。

2. 更改名称后的职业体育俱乐部形象再造条件

要想使更改名称后的职业体育俱乐部形象力保持原有水平，并最好能够得到进一步的提升，需要相关工作人员在形象再造工作过程中注意两方面的细节。一方面，相关工作人员不仅要充分参考国外职业体育俱乐部成功经验，还应充分考虑我国的国情，了解国内的球迷、社会公众对俱乐部形象的预期与要求；另一方面，职业体育俱乐部形象再造相关工作人员应做好对内和对外宣传工作，不仅要赢得员工的一致同意，增强其自豪感和归属感，同时也要积极以更换名称为重要拐点，抓住机遇，主动引导消费市场，促进消费者的购买力。

（三）面临困境发展中的职业体育俱乐部形象再造方法

1. 面临困境发展中的职业体育俱乐部形象再造特点

当职业体育俱乐部的发展面临困境时，职业体育俱乐部形象再造就会表现出以下两方面的重要特征。首先是职业体育俱乐部整体形象力持续走低，各种形象力（环境视觉形象、竞赛产品形象等）也会受到不同程度的影响；其次是社会公众，包括赞助商、球迷等的态度和看法也会产生分化，有继续支持的也可能有失望离弃的，有同情的也可能有不满甚至抱怨诋毁的。

2. 面临困境发展中的职业体育俱乐部形象再造条件

通过对以上面临困境发展中的职业体育俱乐部形象再造特点的分析可知，要想成功再造形象，重新使其步入正常化轨道，就要在具体开展形象再造工作时注意以下两个影响因素。一是系统、全面地调查。在进行职业体育俱乐部形象诊断的过程中，不能单单就事论事，只注重商标、名称等标识形象或只重视球员、教练员等员工形象，而首先应从全面、系统、整体的角度出发，对职业体育俱乐部形象进行全面的调查和诊断。二是注意地域文化对更改名称后的职业体育俱乐部形象再造的影响。文化具有很强的地域性特征，能够增强人们的自豪感与归属感。因此，要注意积极获取职业体育俱乐部所在地区的支持与帮助，为职业体育俱乐部形象再造创造更为有利的条件。

（四）面临破产中的职业体育俱乐部形象再造方法

1. 面临破产中的职业体育俱乐部形象再造特点

当职业体育俱乐部发展到面临破产这一极度艰难的地步时，职业体育俱乐部形象会表现出一般企业形象共同的特征。首先,职业体育俱乐部各个部门已经逐渐丧失斗志,员工渐渐地在精神上和心理上接受这一现实,工作积极性持续下降;其次,由于职业体育俱乐部经营生产面临极恶劣环境,随着各类产品,尤其是核心产品市场地位的逐渐丧失,导致社会公众消费力走入极度低迷的状态。

2. 面临破产中的职业体育俱乐部形象再造条件

对面临破产中的职业体育俱乐部开展行之有效的形象再造,需要坚持以下两点原则。一方面,要求从行动速度上制胜,客观正确地看待出现的问题,立即行动起来,通过共同努力为面临破产中的职业体育俱乐部寻找新的生存机会。尤其是俱乐部的管理团队、教练团队要很好地总结问题,及时与运动员等易于流失的重要的人力资源进行沟通,确保组织的凝聚力。另一方面,面临破产中的职业体育俱乐部往往能够破釜沉舟进行彻底的革新,也正是俱乐部文化再造的最佳时机,对俱乐部树立更优良的形象也是一个绝佳的机会,准确地把握最佳时机将十分有利于职业体育俱乐部形象再造的成功。

五、职业体育俱乐部形象再造的模式

职业体育俱乐部形象再造模式的划分与选择,是职业体育俱乐部形象再造工作的前期准备,同时也是十分必要和重要的环节。作为一盏通向成功道路上的导航灯,它在某种程度上已经预示了职业体育俱乐部形象再造工作的前景与命运。以下,我们将通过对职业体育俱乐部形象再造模式的划分与选择,在理论和实践上提供一定的建议以供参考。

(一) 职业体育俱乐部形象再造模式的划分

通过本节前四部分的综合分析,我们有针对性、有目的性地将职业体育俱乐部形象再造模式划分为四类,即扩张型职业体育俱乐部形象再造模式、探索型职业体育俱乐部形象再造模式、补救型职业体育俱乐部形象再造模式和灵活型职业体育俱乐部形象再造模式。

1. 扩张型职业体育俱乐部形象再造模式

正常发展中的职业体育俱乐部实施形象再造,可以使其在形象力及综合形象力方面有所提升,更好地为职业体育俱乐部的发展服务。为此,我们提出了扩张型职业体育俱乐部形象再造模式。扩张型职业体育俱乐部形象再造模式的主要思想基调是:首先要对正常发展中的职业体育俱乐部形象不断实施必要的巩固与维护,使其能够紧跟职业体育俱乐部的发展步伐;其次,要采用扩张式宣传、推广战略,使职业体育俱乐部形象在深度和广度上得到更多社会公众的认可，从而演变为职业体育俱乐部发展更强有力的武器。

2. 探索型职业体育俱乐部形象再造模式

探索型职业体育俱乐部形象再造模式，是一种能够有效针对更改名称后的职业体育俱乐部形象再造类型的形象再造模式。探索型职业体育俱乐部形象再造模式的主要思想是：首先要求多方位探求职业体育俱乐部名称更改对其形象所产生的各种影响及结果，分清利弊，对各种可能出现的情况进行综合评价与分析；其次要求相关工作人员在具体的职业体育俱乐部形象再造过程中，以先前的综合分析为基础，努力探索各种方法，以求寻找到改善职业体育俱乐部形象的最佳途径。

3. 补救型职业体育俱乐部形象再造模式

为了使面临困境中的职业体育俱乐部形象再造工作摆脱各种不良因素的困扰，使其形象力发挥应有的功能与作用，我们构建了补救型职业体育俱乐部形象再造模式。补救型职业体育俱乐部形象再造模式的主要观点是：首先紧抓面临困境中的职业体育俱乐部形象的核心矛盾，即要稳抓重心，以免因全面撒网而给形象再造工作造成太大的负担；其次，要采用各个击破战略，即以主要矛盾为核心实施向外逐步扩张战略，从而达到最终的目的，恢复其原有的形象力，使职业体育俱乐部的发展步入正轨。

4. 灵活型职业体育俱乐部形象再造模式

灵活型职业体育俱乐部形象再造模式，是一种有效应对面临破产中的职业体育俱乐部形象再造类型的形象再造模式。灵活型职业体育俱乐部形象再造模式认为，首先要稳住心态，积极主动地面对一切问题。对面临破产中的职业体育俱乐部实施形象再造工作时，绝不能操之过急，否则只能适得其反。其次，在职业体育俱乐部形象再造工作过程中要以灵活性战术为主，这样才能为职业体育俱乐部形象的重生获得更多机会。

（二）职业体育俱乐部形象再造模式的选择

职业体育俱乐部形象再造模式的选择对形象再造工作的开展具有十分重要的理论意义和实践指导价值。然而如何选择正确、适宜的形象再造模式则是重中之重。因此，在进行职业体育俱乐部形象再造模式选择时应该以下面几个注意事项为主要参考依据。

第一，实事求是，客观公正，避免夸大主义。即在整个职业体育俱乐部形象再造过程中，全体工作人员要以客观公正、实事求是为首要原则，绝不能单纯依靠工作人员的自我判断，更不能主观臆断，只有这样才能够选择合适的职业体育俱乐部形象再造模式。

第二，调查对象——选取不同群体（比如球迷、普通公众、媒体）有代表性的人员进行调研是十分重要的环节。职业体育俱乐部形象是社会公众通过感知，对职业体育俱乐部形成的整体印象、看法和评论等。因此，只有选取合适、恰当的社会公众作为调查对象，才能保证选择的职业体育俱乐部形象再造模式顺利成功开展。

小结

职业体育俱乐部形象再造是职业体育俱乐部文化再造的重要组成部分，也是职业体育俱乐部文化再造的外在形式，与职业体育俱乐部的组织、制度、人力资源、理念系统再造内容有着密切的关系。当前，我国职业体育俱乐部形象管理不到位，积极开展职业体育俱乐部的形象再造工程，可以有效改善我国职业体育俱乐部形象现状，促进我国体育俱乐部的职业化进程。

本章主要阐述的内容有四个部分。第一，职业体育俱乐部形象再造的理论基础——职业体育俱乐部形象概念内涵、职业体育俱乐部形象理论、CIS 理论。第二，职业体育俱乐部形象再造的内外动因——我国职业体育俱乐部形象现状及职业体育俱乐部形象再造面临的两点问题。第三，职业体育俱乐部形象再造理论系统——文化层次理论下的职业体育俱乐部形象再造系统、国内外对企业形象再造理论要素的主要观点和职业体育俱乐部形象再造理论要素。第四，职业体育俱乐部形象再造方法——职业体育俱乐部形象再造程序：1——诊断、职业体育俱乐部形象再造程序；2——改造、职业体育俱乐部形象再造程序；3——评估与反馈、职业体育俱乐部形象再造类型及再造的模式。

主要参考文献

[1] 八卷俊雄.企业形象战略[M].台北：艺风堂出版社，1992：6.
[2] 陈春花等.创新型企业文化的培育研究[J].企业活力，2008(9)：55－57.
[3] 陈文爱.企业文化建设中的形象塑造[M].现代企业，2000(9)：20－21.
[4] 程潇潇.企业形象识别系统（CIS）研究——以浦江饭店为例[D].上海：复旦大学，2005.
[5] 迪特·赫尔伯斯特.王草译.企业标识[M].北京：中国劳动社会保障出版社，2001：10.

[6] 丁军,申星.如何正确树立企业形象[J].企业管理,2016(11):89-90.
[7] 董佳华,尤龙,段娟娟,冯少兵.职业篮球俱乐部形象再造若干问题的探讨[J].沈阳体育学院学报,2010,29(4):39-42.
[8] 冯少兵,李荣日.职业足球俱乐部形象研究[J].体育文化导刊,2010(1):62-66.
[9] 加藤邦宏.CI推进手册[M].台北:艺风堂出版社,1992:48.
[10] 金玉柱.试论物资经营企业形象再造[J].上海物资经济,2002(3):12-14.
[11] 刘光明.企业形象(第二版)[M].北京:经济管理出版社,2003:1-3.
[12] 罗长海.关于形象五层含义的哲学思考[J].社会科学辑刊,2002(3):19-24.
[13] 秦启文,周永康.论企业实力与企业形象的关系[J].西南师范大学学报,2001,27(3):24-29.
[14] 王成荣,周建波.企业文化学[M].北京:经济管理出版社,2007:35.
[15] 肖黎.中小企业形象塑造存在的问题与对策探讨[J].商场现代化,2007,10X(519):317-318.
[16] 严辉武.CI策划[M].长沙:中南大学出版社,2002:1.
[17] 杨魁,李惠民,董雅丽.第五代管理——现代企业形象管理:战略与策划[M].兰州:兰州大学出版社,2007:51.
[18] 游艳华.不同企业形象的构成研究[D].福州:福建师范大学,2005.
[19] 张德,吴剑平.企业文化与CI策略(第二版)[M].北京:清华大学出版社,2003:98.
[20] 张珣,徐彪,彭纪生.来源国形象、企业形象对消费者购买意愿的影响研究[J].财贸研究,2013(6):123-132.
[21] 朱健强.企业CI战略(第二版)[M].厦门:厦门大学出版社,1999:16.
[22] 朱杰民,张桂芳.对我国职业篮球俱乐部名称更迭的研究[J].商丘职业技术学院,2006,5(5):114-117.

第八章　职业体育俱乐部文化再造模型构建与案例启示

第一节　职业体育俱乐部发展与文化建设现状

一、职业体育俱乐部发展现状

自 1992 年红山口会议确定中国足球走职业化发展道路以来，我国职业体育俱乐部的发展仅走过了短短 20 几年的历程，在学习和摸索中前进，项目与项目之间职业化发展的程度不一。本节将就率先尝试职业化发展的足球项目以及紧随其后确立职业化发展的篮球、排球、乒乓球、羽毛球和网球为例展开相关实证研究。

(一) 职业足球俱乐部

中国足球超级联赛是目前我国级别最高的足球比赛，其前身是 1994 年首届开始实行职业化运作的中国足球甲 A 联赛。2004 年，为使我国足球产业的市场化过程更加健全，中国足球协会对甲 A 联赛进行改制，正式推出“中国足球超级联赛”品牌，甲 A 联赛退出历史舞台。2006 年 4 月，中国足协与 16 个参加比赛的俱乐部一起投资 200 万设立了中超联赛有限责任公司(下称“中超公司”)，其中，中国足协占 36%的股份，参赛俱乐部各占 4%的股权，中超公司成为中国足球超级联赛顺利运行的实际支撑。在中超公司大量专业化创新的基础上，中国足球超级联赛在管理、招商、推广、竞赛水平和对观众、投资商、媒体等的服务上都有了很大的进步，虽然经历了 2009 年前后腐败丑闻的打击，中国足球整体的职业化进程仍在不断完善①。中国足球超级联赛、甲级联赛、乙级联赛、丙级联赛基本形成了较为完整的联赛等级体系，但真正意义上的职业联赛以中超和中甲联赛为主，中乙联赛近

---

① 龚波.制度变迁：中国足球职业化改革的动因、进程与反思[J].体育学刊,2012(01)：25－30.

年来在职业和业余联赛之间几经徘徊，2014 年回归职业联赛。2016 赛季，中国足球超级联赛共有 16 个俱乐部参加，中甲联赛有 16 个俱乐部参加，中乙联赛有 20 个俱乐部参加，共计 52 个职业足球俱乐部。

根据 2013—2016 年欧迅体育所作的中超商业价值年度报告显示，中超联赛品牌的商业价值连年攀升，但各中超俱乐部连年亏损；投资人的投资主要用于购买外援球员和外籍教练，各俱乐部普遍存在运营模式陈旧、收入结构不合理、过度依赖投资和赞助的情形；俱乐部的支出结构显示了对球迷服务和对自身品牌培育的不重视。另外，我国职业足球俱乐部命名的方式是必须体现投资企业名称，意味着俱乐部投资人更改则俱乐部名称也要相应地更改，即"易主"则"更名"，极不利于球员、球迷的归属感培育和俱乐部的品牌培育。上述问题的存在一方面显示了我国足球产业宏观管理体制有待改革，中超俱乐部经营管理水平有待提升，另一方面也显示了各中超俱乐部管理中文化导向的缺失①。

（二）职业篮球俱乐部

紧跟中国足球职业化改革的步伐，中国篮球协会于 1995 年决定开始实行主客场形式的职业俱乐部联赛，推出全国男子篮球甲级联赛，最初有 12 个俱乐部参赛。中国篮协不断学习和借鉴 NBA 的成功经验，进行了一系列的职业化改革探索：1999 年，联赛改称 CBA，在组织机构、联赛管理、推广招商等方面都进行进一步优化和完善。中国篮协先后颁布了一系列规范性文件，尤其是对俱乐部准入资格进行严格规定。比如，《中国篮球事业 2000 年发展规划》要求参加职业篮球联赛的俱乐部，必须是"产权清晰、责权明确、自主经营、自负盈亏"的独立企业法人。《2005—2008 年中国男子职业篮球俱乐部准入实施方案》第三阶段，即 2007—2008 赛季准入标准中再次强调中国职业男子篮球俱乐部必须是企业法人，须依照《中华人民共和国公司法》在工商行政管理部门正式登记为"某某篮球俱乐部有限公司"或"某某篮球俱乐部股份有限公司"，并取得企业法人营业执照。CBA 为优秀的篮球运动员提供了展示和发展的舞台，在青少年和篮球运动爱好者中深受欢迎。目前，CBA 联赛共有 20 个俱乐部参赛。

经过二十年的发展，CBA 联赛知名度提升的同时各俱乐部的市场效益却不容乐观，学者通过访谈 CBA 俱乐部经理发现 2011—2012 赛季俱乐部全部处于亏损状态②。近年来，CBA 联赛商务推广公司掌握联赛推广大权

---

① 钟文正.日本足球职业化改革成功的文化学剖析——兼论对中国足球职业化改革的启示[J].首都体育学院学报，2010(03)：9－12.

② 李焙铷.中国男子职业篮球俱乐部经营模式的研究[D].北京体育大学，2013.

的局面并未改观，俱乐部只能依靠分成、有限的门票收入和地方政府及企业的赞助维持运营，而同时，引进外援的费用却连年攀升，各俱乐部入不敷出的状况并未得到改善。学者们研究发现，CBA 管理体制的缺陷、俱乐部战略资源的缺乏和盈利模式困境正严重制约着职业篮球俱乐部的发展。

（三）职业排球俱乐部

20 世纪 90 年代初期，中国排球运动严重滑坡与世界排球运动迅猛发展形成了鲜明的对比，基于此，中国排球协会于 1996 年亚特兰大奥运会结束后决定对中国排球实行职业化改革，创办了中国排球联赛。二十年来，中国排球联赛的职业化道路步履维艰，管理体制问题、人才资源匮乏、联赛规则缺陷、政策法规滞后等问题限制了联赛的发展①。最关键的是，中国排球联赛从未真正实现职业化，大多数参加联赛的排球俱乐部或归属各省级体育行政部门管理，或由体育局与赞助企业共同管理，运动员、教练员实际上就是专业队的原班人马，并非真正意义上的实行企业化管理的职业排球俱乐部。国内首家名副其实的职业排球俱乐部是广东恒大女子排球俱乐部，2009 年由恒大地产集团出资 2000 万注册成立，具备完整的职业体育俱乐部的组织架构，采取自负盈亏的企业化运营模式。广东恒大女排曾被认为是中国排球运动真正走向职业化的先锋典范，然而，2014 年，恒大地产集团抽身退出，变成了广东恒大女子排球俱乐部的赞助商而不再继续是运营方，标志着广东恒大女排也回归了半职业俱乐部（或者叫做“伪职业俱乐部”）。目前，参加中国女子排球联赛和男子排球联赛的队伍各 12 支，共 24 个俱乐部，均为由政府体育部门、军队或高校组织，企业出资赞助的半职业化俱乐部，我国并没有真正意义上的、实体化、市场化运营的职业排球俱乐部。

通过学者对职业排球联赛、排球俱乐部发展研究来看，我国排球项目职业化发展的道路任重而道远。第一，尚未建立真正意义上的职业俱乐部，半职业化的俱乐部在管理、市场化运作能力、资金投入、人才吸引等方面都尚不完善②。第二，职业排球市场运作体系不健全，相应的规章制度有待完善，使得职业排球对社会资本的吸引力不足，大大限制了各俱乐部的发展③；经纪人参与程度相对不高制约了人才流动，既不利于球员个人的发展，对俱乐部的人才培养和队伍建设也都会造成不利影响④。

---

① 孟春雷，吴宁.职业排球的内涵和特征研究[J].北京体育大学学报，2010(01)：118 - 121.
② 梁程程.我国职业排球俱乐部现状分析及对策研究[D].中国海洋大学，2015.
③ 杜宁.我国排球职业联赛引入外援研究[J].沈阳体育学院学报，2013(05)：131 - 134.
④ 孟春雷，吴宁.职业排球的内涵和特征研究[J].北京体育大学学报，2010(01)：118 - 121.

（四）职业乒乓球俱乐部

紧随足球职业化改革的步伐，我国自 1994 年起开始成立乒乓球俱乐部，1995 年 12 月首届中国乒乓球俱乐部比赛在广东举办。2000 年，中国乒协对乒乓球竞赛体制进行改革，甲级联赛升格为超级联赛。目前，中国乒乓球俱乐部超级联赛共有参赛队伍 20 支，男女各 10 支，参赛俱乐部 19 个，其中山东鲁能俱乐部同时拥有女子和男子队伍。作为“双轨制”的产物，乒超联赛自运行以来经历了重重困难，中国乒协为确保超级联赛的正常举行，放弃了多项与超级联赛赛季冲突的国际赛事，也试图对联赛规则进行调整，然而，联赛虽能正常举办，各家乒乓球俱乐部的运营却不尽如人意。诸多乒乓球教练员、管理人员认为实际上真正的职业乒乓球俱乐部只有山东鲁能乒乓球俱乐部一家。山东鲁能乒乓球俱乐部拥有健全的组织机构、固定的主场、运动员梯队、稳定的资金来源①，俱乐部实行企业化管理，俱乐部为运动员和教练员提供了医疗、退休、失业等企业职工享有的保障，也积极为退役运动员学习进修打通渠道、搭建桥梁。其他乒乓球超级联赛俱乐部大多依托当地的专业队伍或高校高水平运动队，一套人马、两块牌子，运动员福利、文化教育、退役保障制度等不够完善②。

研究表明，绝大多数乒乓球俱乐部主要依靠冠名赞助运营，而且俱乐部赞助商变换频繁，缺乏长期稳定的资金来源。而频繁更换冠名赞助商也导致俱乐部频频更名，极不利于俱乐部的品牌建设与长远发展。由于我国乒乓球联赛市场发展不成熟，企业赞助乒乓球俱乐部的回报有限，导致企业赞助的积极性不高，诸多俱乐部的赞助是通过各种人情关系获得，延续性不强。有的企业赞助乒乓球俱乐部的出发点不是为了帮助俱乐部盈利或者实现自己通过乒乓球俱乐部为载体进行市场营销的目的，而仅仅是因为企业老板个人喜欢乒乓球这项运动。上述种种问题的存在，再加上由于历史和体制的原因导致乒协与俱乐部的权益分配不均③，乒乓球俱乐部的职业化改革恐怕还有很长的路要走。

（五）职业羽毛球俱乐部

1999 年，中国羽毛球协会探索性地推出羽毛球联赛，到 2002 年，由于市场不成熟，缺乏赞助而不得不停办。2009 年，全国第一家职业羽毛球俱乐部在青岛成立，由青岛啤酒公司冠名赞助，紧随其后，多家职业羽毛球俱乐

---

① 袁华.鲁能乒乓球俱乐部提供了成熟的职业模式[N].国家电网报，2010－11－03(004).

② 于洋.我国乒乓球职业俱乐部后备人才培养与对策研究[J].山东体育科技，2012(06)：41－44.

③ 郭涵.我国乒乓球职业联赛发展的问题探析[J].体育与科学，2014(02)：113－116.

部相继成立,使得 2010 年推出羽毛球俱乐部超级联赛成为可能。最初参赛俱乐部为 8 家,后来增加到 12 家,2016—2017 赛季又回归到 8 家俱乐部参赛。学者通过对 2014—2015 赛季参赛的 12 家俱乐部调查发现,仅有 3 家俱乐部是自主管理运营的,5 家俱乐部是政府管理,4 家俱乐部是政府和企业合作管理。包括 3 家自主管理运营的俱乐部在内,绝大多数俱乐部没有自己的章程、队服,组织架构中缺乏市场部门,可见,绝大多数羽毛球俱乐部并非真正意义上的职业俱乐部①。总体而言,俱乐部的组织机构设置不尽合理、管理机制不完善、市场推广能力薄弱、观众上座率不高等种种问题制约着羽毛球俱乐部的职业化发展。

(六) 职业网球俱乐部

我国职业网球的发展起步较晚,大致经历了三个主要阶段②③:第一阶段是网球职业化探索学习阶段。2002 年釜山亚运会惨败极大地刺激了中国网球界,从上至下发出了"中国网球必须与世界接轨,走职业化发展道路"的呼声。经过深刻的反思之后,决定实施职业化发展模式,运动员要多参加世界大赛,挣积分,争排名,进奥运。第二阶段是实践改革阶段。雅典奥运会中国女子网球创历史的成绩推动全国网球界解放思想,深入认识网球项目的特点,积极探索适合该项目的训练、比赛和管理规律,不断完善相关体制机制,探索中国特色职业网球发展道路。但在这个阶段的探索中也暴露出了种种不适,省队、国家队的专业训练保障团队无法满足职业化发展过程中运动员的需要,部分高水平运动员对拥有自己的训练、管理、保障团队的呼声日益高涨。第三阶段是职业化深化发展阶段。随着中国网球更加全方位地融入世界职业网坛,更多的不适和利益冲突暴露出来,主要表现在:举国体制和职业网球的价值取向之间的矛盾,分配制度与运动员个人利益之间的冲突,运动员个体的现实需求与保障条件供给不足之间的矛盾,运动员张扬的个性和传统管理方式之间的冲突,等等④。因此,2008 年底,在遵循"为国争光为主线,奥运争光为核心"的基本原则下,政府有关部门调整了网球运动的发展战略,由专业培养向职业培养转型,当时国内成绩最优秀的女子网球运动员李娜、郑洁、彭帅和晏紫,选择了"单飞",开始了自我管理、自主训练参赛、自负盈

① 苗洪亮.我国职业羽毛球俱乐部运行状况及对策研究[J].青少年体育,2015(10):18-19+12.

② 孙晋芳.论中国特色职业网球的探索与创新[J].南京体育学院学报(社会科学版),2011,25(03):7-9.

③ 陈曦.职业网球制度研究[D].北京体育大学,2013.

④ 袁洋.中国女子职业网球团队的现状与发展方向的研究[D].北京体育大学,2016.

亏的个人职业网球生涯，成为我国第一批真正意义上的职业网球运动员。但“单飞”仅仅意味着由“体制内”转向“体制外”，事实上，体制外运动员的自我管理模式多样，有的以个人或家庭为单位进行，缺乏规范的企业化运作的训练、管理团队，有的依托网球学校或俱乐部，学习借鉴西方职业网球俱乐部的模式，配备了完善的管理、经纪、训练、比赛、康复等团队，以职业运动员为核心，才是真正意义上的职业网球俱乐部，但彭帅的康复教练、郑赛赛的教练①等都指出我国的职业网球俱乐部发展还仅仅是刚刚起步。

二、职业体育俱乐部文化建设现状

职业体育俱乐部文化再造应当以俱乐部文化建设现状诊断为基础，结合文化再造理论，实施文化再造，因此，对职业体育俱乐部文化建设现状的充分把握十分重要。为较为全面地了解我国职业体育俱乐部文化建设现状，本项目采取问卷调查法对职业体育俱乐部运动员、教练员、管理人员和一般工作人员进行了调查。

（一）组织文化测量方法与工具

文献研究发现，自20世纪80年代开始，学者们对组织文化产生了浓厚的兴趣，除了对相关理论的研究之外，组织文化测量和评价也备受关注。但关于如何研究组织文化，学术界一直存在两大阵营：一是以Edgar H. Schein为代表的主张定性研究的学派，另外一个是以Robert E. Quinn为代表的主张定量研究的学派②。量表是定量研究中的关键工具，因此，主张定量研究的学者们进行了诸多研制开发组织文化测量量表的科学研究③④⑤⑥⑦⑧。

---

① 搜狐体育.彭帅教练马伟开要做中国首家职业网球俱乐部[EB/OL].(2016-11-22)[2017-04-05]http://www.sohu.com/a/119588948_235063.

② 宋联可，杨东涛，杨浩.组织文化评价量表研究[J].华东经济管理.2009,23(7)：150-153.

③ WALLACH E J. Individual Sand Organizations：The Cultural Match[J]. Training and Development，1983：2.

④ GLASER SR，ZAMANOU S，HACKER K. Measuring and Interpreting Organizational Culture[J]. Management Communication Quarterly，1987，1(2)：173-198.

⑤ HOFSTEDE G.，NEUIJEN B.，OHAYV D. D.，SANDERS G.. Measuring Organizational Cultures：A Qualitative and Quantitative Study Across Twenty Cases[J]. Administrative Science Quarterly，1990(35)：286-316.

⑥ TEPECI M. BARTLETT A. L. The Hospitality Industry Culture Profile：A Measure of Individual Values，Organizational Culture，and Person-organization Fit as Predictors of Job Satisfaction and Behavioral Intentions[J]. Hospitality Management，2002(21)：151-170.

⑦ DENISON D. R.，MISHRA A. K. Toward a Theory of Organizational Culture and Effectiveness[J]. Organization Science，1995，6(2)：204-223.

⑧ DENISON D. R. Organizational Culture：Can it be a Key Lever for Driving Organizational Change？(Wiley Chapter)[J]. Working paper，University of Michigan，2000.

综观目前国内外学者们使用较多的组织文化量表,发现由于学者们最初研制量表的初衷不同,设计出的量表有的主要用于确定组织文化属性特征,更多的是具有辨识组织文化特征和量度组织文化具体表现的多重功能。

用于确定组织文化属性特征的量表的典型代表就是 Quinn 和 Cameron 研制的组织文化评估量表(OCAI: The Organizational Culture Assessment Instrument)。Quinn 和 Cameron 认为,组织文化是通过组织所秉持的价值观、领导风格、语言、符号、管理过程、行为惯例以及对成功的理解等反映出来的。Quinn 等学者早在 80 年代初就构建了竞争价值模型(CVF: Competing Values Framework)用于研究组织有效性,经过大量的实证检验,CVF 模型获得了广泛认可。以两个相对维度:灵活性—稳定性和关注内部—关注外部为坐标轴,将企业文化划分为四种类型(四个象限),分别是宗族型文化、层级型文化、活力型文化和市场型文化①。基于 CVF 框架,Quinn、Cameron、Freeman 等学者经过多年的研究和积累,设计了组织文化评估量表(OCAI),该量表共由主要特征、领导能力、员工管理、凝聚力、战略重点、成功标准六个维度构成,每个维度中又包含分别对应四种组织文化类型的四个选项,共计 24 条问题。受测者可以通过强迫选择和 Likert 量表两种不同的形式按照选项陈述与受测组织文化的契合程度,给四个选项打分。测试的结果将能够有效地帮助辨识该组织的文化类型、强度和一致性。OCAI 还被应用于测量组织文化期望类型。

另外一个被广泛用于确定组织文化属性特征的测量工具是瑞士洛桑国际管理学院教授 Daniel Denison 研制的组织文化调查问卷(OCQ: Organizational Culture Questionnaire),OCQ 是在 Denison 教授提出的组织文化模型基础上设计出来的②。Denison 组织文化模型以组织信仰为核心,以灵活性—稳定性和内部关注—外部关注为轴划分四大组织文化特征,即参与性、一致性、适应性和使命感,每种文化特征对应三个维度,参与性对应授权、团队导向、能力发展,一致性对应核心价值观、配合、协调与整合,使命感对应愿景、目标、战略导向与意图,适应性对应组织学习、顾客至上、创造变革③。上述 12 个维度又分别由 5 条更加具体的问题来衡量,从而构成了由

① 张旭,韩笑.企业文化评估模型开发及应用[J].科学学与科学技术管理,2008(01):149-153.

② DENISON D. R., MISHRA A. K. Toward a Theory of Organizational Culture and Effectiveness [J]. Organization Science, 1995, 6(2): 204-223.

③ DENISON D. R., MISHRA A. K. Toward a Theory of Organizational Culture and Effectiveness [J]. Organization Science, 1995, 6(2): 204-223.

60 条问题组成的组织文化调查问卷。但由于 Denison 组织文化调查问卷问题设计更为细致、具体，该量表也可用于对组织文化在 12 个维度中的具体表现进行测量，有助于研究者或组织管理者对组织文化形成更具体的认识。

Hofstede 多维组织文化测量。荷兰学者 Hofstede 认为，组织文化就是组织作为一个集体的思维模式，包括两个层面：价值观和实践。他通过对丹麦和荷兰的 10 个组织的研究发现，居于内核的价值观由安全需要、关注工作和权力需求三个维度构成，而实践层面则由过程导向—结果导向、员工导向—工作导向、狭隘型—职业型、信息系统的开放型—封闭型、宽松控制—严格控制、规范型—务实型六个维度构成，两个层面分别设计了 57 条和 61 条题目①。并且该研究还发现，不同组织间的价值观差异明显小于实践层面的差异，因此，Hofstede 指出在研究组织文化的过程中应当对组织文化实践层面的六个维度给予重视②。该模型的优势是清晰地刻画了组织文化在价值观和实践层面的不同维度框架，然而，也有学者指出该模型的不足在于，Hofstede 的研究偏重于考察组织内部，忽视了外部环境的影响③。并且也有学者质疑 Hofstede 模型忽视了国家文化的影响，导致其研究发现价值观层面的差异性不大④。

另外，美国学者 O' Relly 和 Chatman 的组织文化剖面量表（OCP：Organizational Culture Profile）⑤从个人——组织契合度的视角构建，量表由 7 个维度、54 个测量项目组成，维度包括：革新性、稳定性、尊重员工、结果导向、注重细节、进取性和团队导向。但由于 OCP 量表的测量项目是通过广泛文献回顾获得的，因而受到学者质疑⑥。而且，OCP 量表采用分类计分方式，要求被试者将测量项目按最期望到最不期望或最符合到最不符合的顺序分类，且限定每类中的题目数量，实际使用中相对耗时较长。

目前国内学者设计开发的的组织文化测量工具主要包括我国台湾学者

---

① HOFSTEDE G., NEUIJEN B., OHAYV D. D., SANDERS G.. Measuring Organizational Cultures: A Qualitative and Quantitative Study Across Twenty Cases[J]. Administrative Science Quarterly, 1990(35): 286 - 316.

② HOFSTEDE G., NEUIJEN B., OHAYV D. D., SANDERS G.. Measuring Organizational Cultures: A Qualitative and Quantitative Study Across Twenty Cases[J]. Administrative Science Quarterly, 1990(35): 286 - 316.

③ 张为.基于 CMAS 的兰州石化公司企业文化现状调查研究报告[D].兰州大学,2013：10.

④ 张勉，张德.组织文化测量研究述评[J].外国经济与管理.2004,26(08)：2 - 7.

⑤ O' REILLY C. A., CHATMAN J., CALDWELL D. F.. People and Organizational Culture: A Profile Comparison Approach to Assessing Person-organization Fit[J]. Academy of Management Journal, 1991(34): 487 - 516.

⑥ 张勉，张德.组织文化测量研究述评[J].外国经济与管理.2004,26(08)：2 - 7.

郑伯埙研制的组织文化价值观量表(VOCS: Values in Organizational Culture Scale),以及部分管理咨询公司自行开发的量表。

郑伯埙教授以 Schein 的研究为基础开发了 VOCS 量表,包含科学求真、顾客取向、卓越创新、甘苦与共、团队精神、正直诚信、表现绩效、社会责任和敦亲睦邻 9 个维度,以及 2 个高阶维度: 外部适应价值(包括社会责任、郭亲睦邻、顾客取向和科学求真)与内部整合价值(包括正直诚信、表现绩效、卓越创新、甘苦与共和团队精神)①。郑伯埙在其研究中应用该量表,通过不同的契合度计算方式,考察组织价值观和个体结果变量之间的关系,但并未深入解释个体偏好的价值观和个体感受的价值观之间的关系②。而且,由于 Schein 是通过定性研究提出组织文化的维度: 组织与环境的关系、事实与真理的本质、人性的本质、人类活动的本质以及人类关系的本质,该 5 个维度十分抽象,因此 VOCS 量表的问题也比较抽象,不容易理解③。

另有部分致力于企业文化咨询的管理咨询公司基于学者们的研究成果设计开发了各自的组织文化测量评价工具。比如,北京捷盟管理咨询有限公司基于 Quinn 的竞争价值模型和 Denison 的组织文化模型开发了企业文化测评系统(CCMS: Corporate Culture Measurement System),主要用于为客户进行企业文化的量化评估及提供企业文化整合提升战略。CCMS 包括企业文化水平测评(CCMS - L)和企业文化价值模型(CCMS - V)两个子系统。CCMS - L 由 30 条问题构成,对应四种不同的文化导向: 创新文化、目标文化、规则文化和人本文化。CCMS - V 由 34 条问题构成,用于测量企业实际价值观与成员期望的价值观的差异,及具体反映不同组群成员的价值观差异。北京仁达方略管理咨询有限公司基于 Hofstede 组织文化模型及分析方法设计了企业文化诊断与评估系统(CMAS: Culture Measurement and Assessment System)④。CMAS 包含 12 个维度 33 个要素,形成了一整套包括量表、深度访谈、资料分析、现场调查等的组织文化评估方法。在多年的实践应用中,CMAS 被用于包括航空、IT、旅游、电力等企业文化评价,显示出了较为稳定的信度和效度,Cronbach's α 值在 0.72 至 0.93 之间。CMAS 不仅可以用于辨识组织文化类型,还可以对组织文化 12 个维度的具体情况进行测度和评价。

---

① 郑伯埙.组织文化价值观的数量衡鉴[J].中华心理学刊,1990(32): 31 - 49.

② 张勉,张德.组织文化测量研究述评[J].外国经济与管理,2004,26(08): 2 - 7.

③ 宋联可,杨东涛,杨浩.组织文化评价量表研究[J].华东经济管理,2009,23(7): 150 - 153.

④ 王吉鹏.企业文化诊断评估与考核评价[M].北京: 企业管理出版社,2013: 131.

表 8－1 国内外主要组织文化测量工具及其主要特点汇总表

工具名称	设计者	应用目标	维度	题目数量	优势与问题
OCAI	Quinn & Cameron	辨识组织文化类型(4种)、强度和一致性	主要特征、领导能力、员工管理、凝聚力、战略重点、成功标准	24	优势：以 CVF 模型为基础，得到广泛应用； 问题：无法测度组织文化各层次的具体情况，文化类型可能会随着时间推移发生变化
OCQ	Denison	判断组织文化特征(4种)；测量各维度的具体表现	授权、团队导向、能力发展、核心价值观、配合、协调与整合、愿景、目标、战略导向与意图、组织学习、顾客至上、创造变革	60	优势：各子维度信度较高；能够细致地揭示组织文化特征； 问题：组织文化特征区分度不明显，部分维度在概念上过于接近
Culture Dimensions	Hofstede	测量各维度的具体表现	安全需要、关注工作、权力需求、过程导向—结果导向、员工导向—工作导向、狭隘型—职业型、信息系统开放—封闭	118	优势：能够区分价值观和实践层面组织文化； 问题：忽视了外部环境的影响，忽视了国家文化的影响
OCP	O'Relly & Chatman	确定组织文化对个体的影响	革新性、稳定性、尊重员工、结果导向、注重细节、进取性、团队导向	54	优势：可用于揭示成员—组织契合度，因子结构较稳定； 问题：缺乏组织文化理论框架指导，普适性设计原则

（续　表）

工具名称	设计者	应用目标	维　　度	题目数量	优势与问题
VOCS	郑伯埙	测量组织价值观	科学求真、顾客取向、卓越创新、甘苦与共、团队精神、正直诚信、表现绩效、社会责任、敦亲睦邻	77	优势：完全本土化开发设计； 问题：题目抽象，不易理解
CCMS	捷盟	测量企业文化具体水平及企业实际价值观与成员期望价值的差异	创新文化、目标文化、规则文化、人本文化	64	优势：本土化开发设计，能够分别测试组织文化水平和价值观； 问题：有待更进一步的科学验证
ECEI	夏立明	测量企业文化具体水平	企业精神、经营哲学、价值观、组织机构、管理制度、经营行为、公益行为、产品及服务、企业环境、企业面貌	38	优势：以可持续发展为理论依据筛选指标，构建了符合四层次结构的企业文化评价指标体系； 问题：部分指标的维度归属在概念上不够清晰
CMAS	仁达方略	测量企业文化具体表现水平	工作环境、组织制度、管理方式、内部沟通、员工激励、领导和决策、培训与发展、工作动机、员工满意度、员工忠诚度、文化建设、理念与价值观	121	优势：不同行业组织应用显示信度稳定，能够从价值、制度、行为、物质四层次测量组织文化水平； 问题：题目较多，耗时较长

（二）职业体育俱乐部文化现状调查

1. 调查对象

本项目关于职业体育俱乐部文化现状研究采用问卷调查的方法进行，调查对象是来自职业体育俱乐部的运动员、教练员、管理人员以及医疗康复、后勤保障等工作人员。

2. 调查问卷设计

基于本项目研究之目的，为了通过定量手段全面了解职业体育俱乐部文化现状，本项目依据文化层次理论，综合参考 CMAS 和 ECEI 的框架体系，借鉴相关研究①②，设计职业体育俱乐部文化评价量表，共由 28 条陈述题项构成，其中关于职业体育俱乐部文化认识及评价的总体性陈述题项 2 条，基于不同维度筛选的题项 26 条。量表采用 Likert Scale，1 表示“完全不同意”，5 表示“完全同意”。问卷还包含了基本信息部分，主要采集关于职业体育俱乐部运动项目和受测者在俱乐部中的角色信息。

课题组邀请了 7 位从事职业体育俱乐部研究或组织文化研究的学者对问卷的内容效度进行评价，专家就部分题项的陈述提出了修改意见，且专家认为内容效度达到（N = 5.71%）或基本达到（N = 2.29%）要求，能够反映职业体育俱乐部四个层面文化建设的基本情况。

3. 抽样及调查

考虑到职业体育俱乐部分布的分散性，及研究团队本身能够直接邀请到的调查对象的局限性，本研究采用便利抽样及滚雪球的方法，共派发 350 份问卷，回收有效问卷 298 份，回收率 85.14%。

表 8－2　调查对象区域分布

地　区	频　率	百分比
上　海	84	28.2
河　南	60	20.1
山　东	35	11.7
北　京	31	10.4
辽　宁	31	10.4

① 张为.基于 CMAS 的兰州石化公司企业文化现状调查研究报告[D].兰州大学，2013.

② 夏立明，李晓倩.基于可持续发展理论的企业文化评价指标体系构建[J].科技进步与对策，2012，29(3)：119－122.

（续　表）

地　区	频　率	百分比
河　北	15	5.0
甘　肃	14	4.7
四　川	11	3.7
山　西	10	3.4
江　苏	7	2.3
合　计	298	100.0

4. 调查结果

通过对回收的问卷进行统计分析发现，被调查对象所在的职业体育俱乐部共涉及包括乒乓球、足球、篮球、射击等至少 10 个不同的运动项目（具体见表 8－3）。参与本次问卷调查的人员中以运动员占比最大，占 63.4%，其次是除教练员和管理人员之外的工作人员，再次是教练员和管理人员。具体人员构成见表 8－4。

表 8－3　被调查对象所在职业体育俱乐部从事的运动项目统计

项　目	频　率	百分比
乒乓球	139	46.6
足　球	47	15.8
篮　球	34	11.4
射　击	20	6.7
羽毛球	17	5.7
高尔夫	8	2.7
网　球	6	2.0
击　剑	4	1.3
排　球	3	1.0
橄榄球	1	0.3
缺　失	19	6.4
合　计	298	100.0

表 8－4　被调查对象在职业体育俱乐部中的工作性质统计

人　员	频　率	百分比
运动员	189	63.4
其他工作人员	51	17.1
教练员	34	11.4
管理人员	24	8.1
合　计	298	100.0

对两条关于职业体育俱乐部文化的总体性问题的描述性统计分析发现,被调查对象普遍赞同优良的文化对俱乐部的发展非常重要(Mean = 4.33, SD = 0.99),而对于自己所属的职业体育俱乐部文化的评价则一般(Mean = 3.86, SD = 0.83)。为进一步呈现关于职业体育俱乐部文化建设现状的 26 条题项的结构,课题组进行了探索性因子分析。KMO 值为 0.899, Bartlett 球形检验结果显示卡方为 7686.65(df = 325), $p<0.001$,表明适合进行因子分析。本研究采用主成分因子分析,不限定提取因子数量,按照最大正交法旋转,分析结果显示 26 个题项全部进入因子分析,共提取出四个因子,可解释 71.18% 的变异量,但其中题项 17、10 显示在两个因子上的载荷值都比较高,且与该两个因子所反映的概念差异较大,因此决定去除。采用同样的方法,先后又去除了题项 18、题项 19。对剩余 22 条题项进行 KMO 和 Bartlett 检验,结果如表 8－5 所示,表明适合作因子分析。可靠性分析显示 Cronbach's α 为 0.96,表明量表的一致性信度非常理想。

表 8－5　KMO 和 Bartlett 检验

检　验　项　目		检 验 结 果
Kaiser－Meyer－Olkin 测量取样适当性		0.91
Bartlett 的球形检验	卡　方	6099.79
	df	231
	显著性	0.000

各题项之间均呈现显著相关,相关系数如表 8－6 所示,显著性均为 $p<0.001$。

表 8－6　题项的相关系数

	Q1	Q2	Q3	Q4	Q5	Q6	Q7	Q8	Q9	Q11	Q12	Q13	Q14	Q15	Q16	Q20	Q21	Q22	Q23	Q24	Q25	Q26
Q1	1.00																					
Q2	0.73	1.00																				
Q3	0.56	0.62	1.00																			
Q4	0.59	0.57	0.58	1.00																		
Q5	0.49	0.50	0.48	0.61	1.00																	
Q6	0.39	0.54	0.40	0.35	0.34	1.00																
Q7	0.37	0.36	0.32	0.28	0.28	0.57	1.00															
Q8	0.62	0.53	0.49	0.54	0.45	0.47	0.58	1.00														
Q9	0.58	0.59	0.46	0.55	0.55	0.37	0.27	0.54	1.00													
Q11	0.53	0.57	0.50	0.51	0.42	0.45	0.28	0.61	0.56	1.00												
Q12	0.65	0.71	0.52	0.53	0.45	0.51	0.27	0.58	0.66	0.74	1.00											
Q13	0.70	0.65	0.50	0.59	0.38	0.42	0.34	0.56	0.57	0.68	0.77	1.00										
Q14	0.66	0.69	0.48	0.54	0.41	0.44	0.31	0.56	0.67	0.65	0.81	0.83	1.00									
Q15	0.53	0.61	0.61	0.46	0.48	0.46	0.36	0.57	0.58	0.65	0.68	0.60	0.70	1.00								
Q16	0.70	0.75	0.51	0.56	0.46	0.51	0.43	0.57	0.59	0.63	0.73	0.80	0.81	0.55	1.00							
Q20	0.45	0.51	0.50	0.53	0.39	0.29	0.33	0.60	0.46	0.58	0.54	0.50	0.57	0.68	0.48	1.00						
Q21	0.54	0.59	0.42	0.45	0.33	0.39	0.28	0.48	0.46	0.49	0.62	0.61	0.68	0.72	0.52	0.66	1.00					
Q22	0.23	0.36	0.42	0.28	0.24	0.25	0.11	0.29	0.34	0.45	0.53	0.46	0.48	0.64	0.30	0.49	0.66	1.00				
Q23	0.35	0.46	0.48	0.34	0.35	0.37	0.26	0.43	0.52	0.55	0.53	0.50	0.59	0.78	0.42	0.56	0.65	0.83	1.00			
Q24	0.53	0.56	0.50	0.41	0.43	0.39	0.28	0.53	0.55	0.59	0.62	0.58	0.61	0.75	0.49	0.55	0.74	0.72	0.82	1.00		
Q25	0.34	0.36	0.31	0.32	0.19	0.48	0.32	0.50	0.41	0.57	0.52	0.48	0.54	0.57	0.37	0.57	0.67	0.61	0.65	0.68	1.00	
Q26	0.30	0.27	0.38	0.43	0.26	0.39	0.36	0.57	0.49	0.50	0.49	0.56	0.51	0.58	0.43	0.59	0.44	0.47	0.57	0.55	0.60	1.00

主成份因子分析显示，提取出的四个因子累积可解释73.35的变异量，各题项的因子载荷如表8－7所示。可见，各因子下的题项构念趋于一致，课题组将因子1命名为“物质文化”，因子2命名为“制度文化”，因子3命名为“精神文化”，因子4命名为“行为文化”。

表8－7　因子载荷

题　　项	因子1	因子2	因子3	因子4
Q22 俱乐部的康复诊疗设施令人满意	0.88			
Q23 俱乐部的生活设施令人满意	0.86			
Q24 俱乐部重视成员的福利待遇	0.77			
Q25 俱乐部重视队歌、队徽、网站等形象产品开发与管理	0.75			
Q15 俱乐部领导重视改进工作方法	0.69			
Q21 俱乐部的训练设施令人满意	0.69			
Q26 俱乐部重视运动员形象管理	0.59			
Q20 俱乐部的工作环境令人满意	0.58			
Q16 俱乐部重视成员的技能培训		0.81		
Q13 俱乐部鼓励团队协作		0.80		
Q14 俱乐部鼓励创新		0.79		
Q12 俱乐部各项工作均有完备的操作规范和管理标准		0.75		
Q1 俱乐部有明确的发展目标		0.70		
Q2 俱乐部组织结构合理		0.69		
Q11 俱乐部有完善的用人制度		0.56		
Q9 俱乐部各部门分工合理、职责明确		0.51		
Q7 俱乐部视运动员为最重要的资产			0.81	
Q6 作为俱乐部的成员我很有自豪感			0.68	
Q5 俱乐部成员之间相互支持和信任			0.66	
Q9 俱乐部重视与媒体的关系				0.87
Q8 俱乐部重视与球迷的关系				0.69
Q10 俱乐部有很高的社会责任意识				0.60

描述性统计发现,被调查对象普遍对俱乐部文化建设的评价较高,相对而言,对俱乐部物质文化建设的评价略低。

表 8-8 对职业体育俱乐部文化建设四层次的描述性统计结果

	N	最小值	最大值	均 值	标准差
物质文化	298	1.38	5.00	3.87	0.79
制度文化	298	1.38	5.00	4.07	0.72
精神文化	298	2.33	5.00	4.03	0.68
行为文化	298	2.00	5.00	4.04	0.72

不同类型受访人员对俱乐部文化四个维度的描述性统计值见表 8-9。

表 8-9 组别之间描述性统计分析结果

		平均值	标准差	最小值	最大值
物质文化	管理人员(n=24)	3.28	0.46	2.63	4.00
	运动员(n=189)	3.99	0.78	1.50	5.00
	教练员(n=51)	3.35	0.84	1.38	4.50
	其他工作人员(n=34)	4.02	0.65	2.38	5.00
	合计(n=298)	3.87	0.79	1.38	5.00
制度文化	管理人员(n=24)	3.48	0.96	1.38	4.50
	运动员(n=189)	4.22	0.59	2.88	5.00
	教练员(n=51)	3.87	0.65	2.38	4.75
	其他工作人员(n=34)	3.93	0.85	1.50	5.00
	合计(n=298)	4.07	0.72	1.38	5.00
精神文化	管理人员(n=24)	4.08	0.70	2.67	5.00
	运动员(n=189)	4.04	0.64	2.33	5.00
	教练员(n=51)	3.83	0.78	2.67	5.00
	其他工作人员(n=34)	4.14	0.72	2.67	5.00
	合计(n=298)	4.03	0.68	2.33	5.00
行为文化	管理人员(n=24)	3.71	0.65	2.67	4.67
	运动员(n=189)	4.16	0.70	2.00	5.00
	教练员(n=51)	3.63	0.79	2.00	4.67
	其他工作人员(n=34)	4.00	0.61	3.00	5.00
	合计(n=298)	4.04	0.72	2.00	5.00

单因素方差分析显示，俱乐部不同类型成员之间对物质文化、制度文化和行为文化的评价有显著差异（p<0.001）（见表8－10）。

表8－10 俱乐部不同类型成员对俱乐部文化评价的单因素方差分析结果

		平方和	df	平均值平方	F检验	显著性
物质文化	组间	21.76	3	7.25	13.08	0.000
	组内	163.01	294	0.55		
	总计	184.76	297			
制度文化	组间	14.89	3	4.96	10.59	0.000
	组内	137.75	294	0.47		
	总计	152.64	297			
精神文化	组间	1.97	3	0.66	1.43	0.234
	组内	135.11	294	0.46		
	总计	137.09	297			
行为文化	组间	11.41	3	3.81	7.92	0.000
	组内	141.27	294	0.48		
	总计	152.68	297			

进一步的多重比较发现，对于物质文化，管理人员与运动员、管理人员与其他工作人员、教练员与运动员、教练员与其他工作人员的评价存在显著差异，且管理人员和教练员对俱乐部物质文化评价相对较低。对于制度文化，管理人员与运动员的评价存在显著差异，且管理人员评价相对较低。对于行为文化，教练员和运动员的评价存在显著差异，且教练员的评价相对较低。可见，管理人员对俱乐部的物质文化、制度文化评价较低，教练员对俱乐部行为文化评价较低，一定程度上反映了职业体育俱乐部在文化建设上的不足之处①及不同角色主体对这些不足的感受存在一定的差异。反映了职业体育俱乐部在进行文化再造诊断过程中应尽可能了解到包括运动员、教练员、管理人员及其他工作人员对俱乐部各层面文化的评价及再造的诉求。

鉴于我国不同项目的职业体育俱乐部其职业化、市场化改革进程的差异，本研究进一步分析了不同项目俱乐部对俱乐部文化评价的差异。单因素方差分析显示，在对物质文化、制度文化和行为文化的评价中，不同项目俱乐部存在显著性差异（见表8－11）。

① 田育骞.CBA职业篮球俱乐部文化建设的研究[D].北京：北京体育大学，2011：24.

表 8-11　不同项目俱乐部对俱乐部文化评价的单因素方差分析结果

		平方和	df	平均值平方	F 检验	显著性
物质文化	组间	13.99	10	1.40	2.35	0.011
	组内	170.78	287	0.60		
	总计	184.76	297			
制度文化	组间	21.76	10	2.18	4.77	0.000
	组内	130.88	287	0.46		
	总计	152.64	297			
精神文化	组间	5.67	10	0.57	1.24	0.266
	组内	131.42	287	0.46		
	总计	137.09	297			
行为文化	组间	10.04	10	1.00	2.02	0.031
	组内	142.64	287	0.50		
	总计	152.68	297			

多重比较分析发现，在物质文化方面，击剑俱乐部与射击俱乐部相比对物质文化的评价存在显著差异，相对较低。在制度文化方面，击剑俱乐部与乒乓球、足球、篮球、排球、羽毛球、网球、射击、高尔夫等俱乐部相比对制度文化的评价存在显著差异，相对较低；唯有与橄榄球俱乐部的制度文化评价未显示明显差异。但鉴于本调查具体到各运动项目俱乐部样本量较小，不应依据本结果判定击剑俱乐部文化建设落后于其他项目俱乐部文化建设，不排除本调查之结果的偶然性。在针对具体俱乐部进行文化再造之前，有针对性的诊断分析是至关重要的。在行为文化方面则没有发现具体组别之间存在显著差异，原因主要在于方差分析 F 检验的显著性概率值比较接近 0.05，属于正常现象①。

三、职业体育俱乐部文化建设问题诊断

结合对职业体育俱乐部文化建设相关文献的研究和问卷调查的结果发现，总体来看，职业体育俱乐部内部人员对俱乐部在物质、制度、行为、精神四个层面上的文化建设比较满意，但仍然存在提升的空间。主要问题表现在：

① 吴明隆.问卷统计分析实务[M].重庆：重庆大学出版社，2015：345.

物质文化方面。经过职业化改革以来的不断发展进步，多数职业体育俱乐部的硬件设施已经较为现代化，能够保障运动员训练、康复、生活的基本需求，俱乐部成员的福利待遇也在逐步提高。但是俱乐部提供的竞赛产品却始终没有质的发展，联赛上座率偏低。作为俱乐部形象的重要体现的俱乐部名称随着投资方的变动而一变再变，充斥着商业化色彩。俱乐部对队歌、队徽、网站等的开发重视程度仍有待提高。

制度文化方面。自实施体育职业化改革以来，虽然经历了二十几年的时间，但我国职业体育俱乐部在制度建设方面尚有较大的提升空间。从管理体制来讲，足球、篮球等职业化改革步伐较快的运动项目，俱乐部的管理基本实现了企业化管理，从政府轨道中脱离开来，但羽毛球、乒乓球等为数众多的俱乐部仍然运行在“双轨”制下，距离真正的职业化尚有很长的路要走。在组织架构方面，虽然大多数俱乐部建立了董事会制度，建立了下属的职能部门，但相比国外成熟的职业俱乐部，架构和分工上不够细化，不利于具体工作的开展①。在管理制度建设上，有的俱乐部缺乏明确的规章制度，存在主教练或俱乐部老板“一言堂”，人治高于“法”治的现象。有的俱乐部虽然建立了规章制度，但并不严格参照执行，规章制度发挥的“装饰”作用超过了实际的规范和约束作用，变成了“表面文章”。更严重的是，一些俱乐部非但不重视制度建设，还实施一些偏离市场规律、偏离竞赛训练规律的行为，以及个别运动员赛场内外的违法、违纪、不道德行为对我国职业体育俱乐部发展造成了严重的负面影响，使俱乐部的形象乃至该运动项目的形象都蒙受损失。

行为文化方面。在职业体育联赛当中，不乏一些俱乐部消极比赛、罢赛、退赛、赛场闹事的案例，尤其是像足球、篮球等存在身体对抗的团队项目，其行为已经严重干扰和破坏了俱乐部的形象，也影响了职业联赛的健康发展，体现出部分俱乐部社会责任感的缺失。虽然，其中部分案例与裁判员的执法能力、执法水平和是否公正执法有一定的关系，但部分球员、教练员在赛场的不理智行为甚至违规违纪行为也客观存在，令其个人形象受到损毁，尤其对青少年球迷的影响十分恶劣。事实上，我国职业运动员行为文化在赛场内外皆有体现，赌球、涉黄、涉毒事件时有出现，个别人的个别违法行为影响的却是体育职业化改革二十几年的成果，职业体育俱乐部和其他顽强拼搏的运动员的形象一并受到负面影响，被贴上“素质低下”的标签。这些事件说明，虽然经过二十几年的改革与发展，我国大多数职业运动员的职

① 孙一.我国职业足球文化建设的研究[D].北京：北京体育大学，2009：76.

业素养、职业意识和社会责任感有很大提升,但职业素养的修炼和社会责任感的加强是一项持续的任务,永无止境。从另一个角度来看,一些投资方经营俱乐部的短期行为,使得投资方更为注重的是在俱乐部管理中的话语权与自我利益的追求,对社会责任、远期影响缺乏重视,这也为个别运动技术高但自身素质有待提高的运动员提供了生息的土壤,不利于行为文化的改善。

精神文化方面。精神文化是支撑职业体育俱乐部文化体系的灵魂与核心,它直接影响着俱乐部文化的发展方向。俱乐部及其成员的价值观、精神风貌、道德规范、经营哲学等理念的科学性、先进性和文明程度并非自然产生和发展而来,实质上,精神文化的孕育培养不仅需要管理者要能够高瞻远瞩,站在俱乐部发展战略的高度进行设计和规划,更需要俱乐部全体成员通过在实践中不懈努力加以总结、提炼和升华。精神文化的建设发展既来源于俱乐部制度文化、行为文化、物质文化的动态发展,又反作用于这些层面文化的建设。俱乐部精神文化建设绝不单单是几句口号、几条标语,它需要比照发展目标、总结实践经验、积淀优良传统、凝练价值理念。本研究显示,被调查的职业体育俱乐部对精神文化建设的认识日益提升,使得俱乐部成员对俱乐部有较强的归属感、自豪感,成员之间倡导互相支持与信任,俱乐部成员对精神文化建设的评价要优于对俱乐部物质文化建设的评价。但也有学者指出,当前我国大多数体育俱乐部存在运作模式不完整、财务绩效不理想的现实困难,导致俱乐部的文化建设与社会责任担当不受重视,经营建设思想还比较落后①②。职业体育俱乐部价值观有失偏颇、社会责任管理缺位,会直接导致俱乐部在处理成绩、利润、服务与育人之间的关系问题上难以达到平衡,既不利于促进相应的运动项目的可持续发展,又不利于职业联赛市场的发展壮大。

第二节 职业体育俱乐部文化再造模型构建

一、职业体育俱乐部文化再造要素指标体系

在对职业体育俱乐部文化再造内容结构研究基础上,本书第三章至第七章分别从组织再造、制度再造、人力资源再造、理念系统再造和形象再造5

① 周爱光,闫成栋.职业体育俱乐部社会责任的特征与内容[J].北京体育大学学报,2012(10):6-9.

② 黄健,刘铮,郝凤霞.和谐社会背景下我国职业体育俱乐部社会责任探究[J].成都体育学院学报,2012(06):41-43.

个方面对再造的内容、要素及具体定义进行了详细梳理分析,归纳得出完整的职业体育俱乐部文化再造要素体系。如表8－12所示,职业体育俱乐部文化再造是一个复杂的系统,包含组织再造、制度再造、人力资源再造、理念系统再造和形象再造5个维度,各个维度下分别有3至6个文化再造内容类别,共计21个子类别,66个要素。每个再造要素指向职业体育俱乐部管理运行中的一项,或者相关的若干小项的工作内容。

表8－12　职业体育俱乐部文化再造要素体系

文化再造维度	再造内容	再造要素
组织再造	组织架构	宏观组织结构体系
		岗位职责体系
		决策机构
		监督机构
		执行机构
	业务流程	门票销售业务流程
		赞助销售业务流程
		电视转播权业务流程
	管理流程	财务管理流程
		物质管理流程
		训练竞赛管理流程
		人力资源管理流程
		体育信息管理流程
制度再造	经营制度	有形与无形资产开发制度
		市场分析制度
	管理制度	人力资源管理制度
		财务管理制度
		物质管理制度
		训练竞赛管理制度
	工作生活制度	工作环境制度
		生活环境制度
人力资源再造	人力资源形象与能力	仪表装束与言谈举止
		业务能力与素质

（续 表）

文化再造维度	再造内容	再造要素
人力资源再造	人力资源行为	领导经营者行为
		竞赛训练行为
		服务人员行为
	人力资源制度	人力资源开发制度
		人力资源管理制度
	人力资源理念	人力资源价值观
		人力资源精神及风貌
		人力资源伦理道德
理念系统	价值观体系	经济价值观
		社会价值观
		政治价值观
		利益价值观
	精神体系	创新精神
		务实精神
		协作精神
		奉献精神
		社会服务精神
	伦理道德体系	品德修养
		自律意识
		诚信意识
		社会责任意识
	发展战略体系	总体发展战略
		营销、竞争、融资、技术、人才、品牌等具体战略
	目标体系	总体目标
		部门、岗位、员工个人等具体目标
形象系统	环境视觉形象	环境形象
		视觉形象
	竞赛产品及服务形象	竞赛产品形象
		服务形象

（续　表）

文化再造维度	再 造 内 容	再　造　要　素
形象系统	员工形象	球员形象
		教练员形象
		管理人员形象
		服务人员形象
	管理形象	架构及岗位职责
		管理体制及机制
		精神理念系统
	市场经营形象	盈利能力
		市场开发能力
		广告宣传能力
		商　誉
	社会发展形象	社会形象
		发展形象

图 8－1 直观地呈现了职业体育俱乐部文化再造维度与再造内容的关系。

二、职业体育俱乐部文化再造模型构建

鉴于职业体育俱乐部文化再造涉及职业体育俱乐部管理工作的诸多层面，甚至包含了对职业体育俱乐部运营理念系统的优化和重置，十分复杂，各家俱乐部文化建设的具体情况不同，在进行文化再造的过程中，文化再造各要素的重要性将自然存在差异，为使研究成果在日后指导俱乐部进行文化再造过程中更具参考价值，课题组进一步以某乒乓球超级联赛俱乐部（下文称 S 乒乓球俱乐部）为研究案例，采用层次分析法对该俱乐部文化再造进行系统分析，以确定各个维度和子类别在俱乐部整体文化再造中的重要程度及该俱乐部文化再造的工作重点。

（一）研究方法

采用层次分析法（Analytic Hierarchy Process）对 S 乒乓球俱乐部文化再造要素重要性进行分析，主要原因在于：第一，层次分析法把研究对象作为一个系统，按照分解、比较、综合的思维方式进行决策，能够不割裂地综合考量各个因素对结果的影响，符合本研究需要在整体上对该俱乐部文化进行

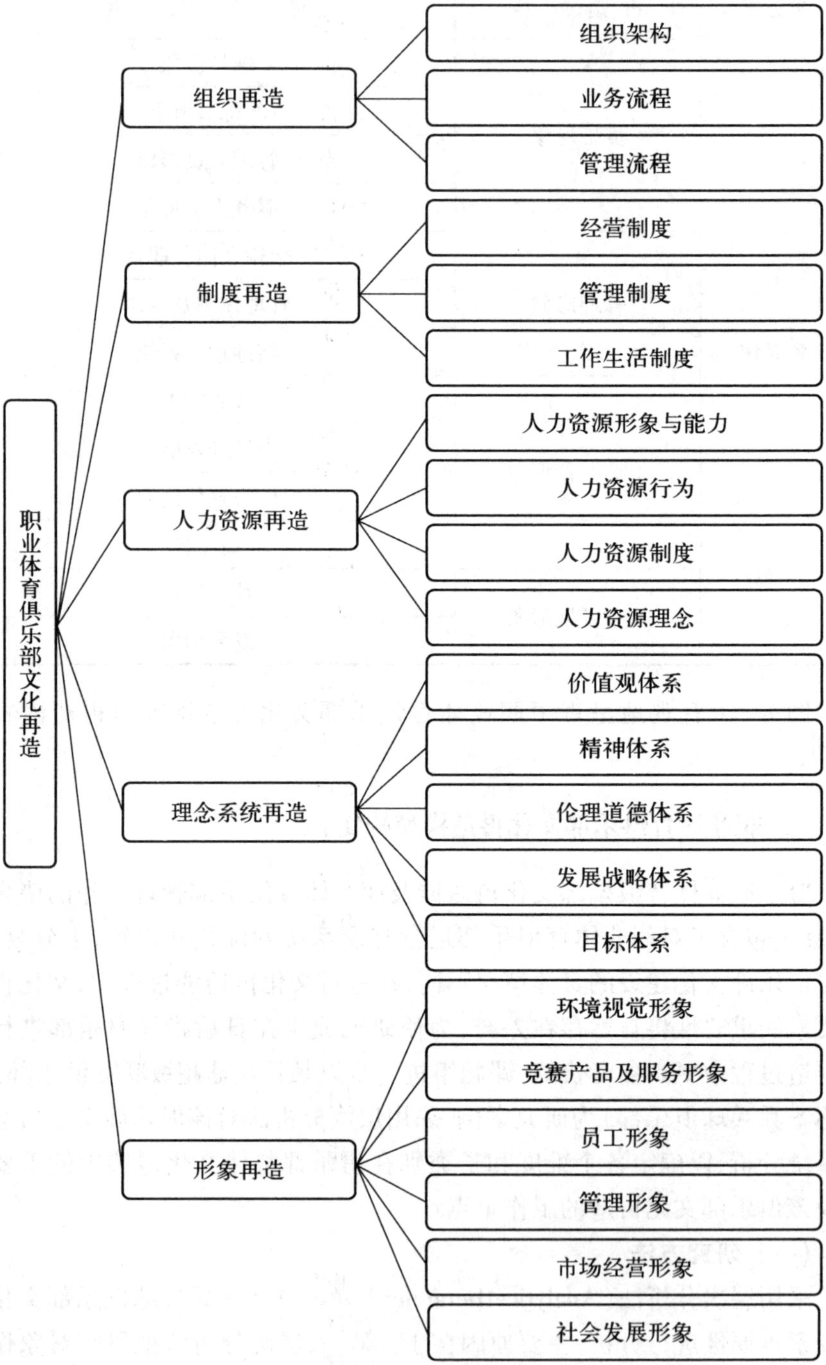

图 8－1　职业体育俱乐部文化再造指标体系

诊断评估的需求；第二，层次分析法的最终结果来源于系统中每一层次要素的两两比较判断，并且能够对比较判断的结果提供量化的呈现，符合本研究多目标、多准则评价的需求特点；第三，层次分析法能够提供量化的结果，但同时对数据信息数量要求相对较低，能够有效弥补本研究的现实难点，即研究职业体育俱乐部文化再造需要被调查者对该体育俱乐部有深入的了解，对俱乐部文化建设中存在的问题能够进行客观、准确的评价，对乒乓球职业联赛、职业俱乐部运营的整体状况有一定的了解，符合上述条件的被调查对象数量有限。

研究的主要步骤包括：

第一，职业体育俱乐部文化再造层次结构模型构建（如图 8－1）。课题组采用 yaahp10.5，按照习惯采用上、中、下模式构建层次结构模型：“职业体育俱乐部文化再造”为目标层，“组织再造”、“制度再造”、“人力资源再造”、“理念系统再造”和“形象再造”为中间层，分别对应各自下属的评价层指标。

第二，构造判断矩阵及赋值。根据职业体育俱乐部文化再造层次结构模型，每一个具有向下隶属关系的元素作为判断矩阵的第一个元素，隶属于它的各个元素依次排列在其后。即，共计构造了 6 个判断矩阵。为便于专家填写问卷及统计分析，课题组邀请专家直接在电脑上利用 yaahp 软件对判断矩阵中的各要素进行两两比较判断，采用 9 点刻度，“同样重要”为 1，“稍微重要”为 3，“比较重要”为 5，“十分重要”为 7，“绝对重要”为 9，从“同样重要”到“绝对重要”介于邻近的两个值之间还分别有四个值 2、4、6、8，便于专家进行准确的判断赋值。课题组邀请到 9 位专家对判断矩阵进行赋值，包括 S 乒乓球俱乐部教练员 2 名，管理及服务人员 2 名，运动员 3 名，相关研究人员 2 名。

第三，判断矩阵一致性检验。对每位专家的赋值进行判断矩阵一致性检验，检验结果未能满足 $CR<0.1$ 的，请专家对未满足一致性要求的两两关系比较重新审慎考虑并进行赋值。

第四，计算权重。使用群决策面板，对每位专家的赋值采取平均权重，进而采取计算结果集结的方式，计算各个专家的各个判断矩阵，得出其排序权重，然后对所有专家对应的各个判断矩阵的排序权重进行算术平均，得出多个判断矩阵的排序权重，最后计算总排序权重。

（二）研究结果

Yaahp 决策分析发现，各专家各判断矩阵的一致性比例、各要素在“职业体育俱乐部文化再造”中的权重、最大特征根向量如表 8－13 所示。

表 8－13　层次分析法群体决策结果统计表

项目专家判断矩阵		A	B	C	D	E	F
一致性比例	1	0.0771	0.0789	0.0893	0.0951	0.0516	0.0136
	2	0.0887	0.0830	0.0830	0.0924	0.0516	0.0707
	3	0.0894	0.0891	0.0044	0.0737	0.0516	0.0176
	4	0.0853	0.0933	0.0978	0.0924	0.0176	0.0000
	5	0.0975	0.0909	0.0626	0.0742	0.0904	0.0904
	6	0.0701	0.0788	0.0630	0.0940	0.0000	0.0516
	7	0.0977	0.0704	0.0000	0.0982	0.0825	0.0707
	8	0.0865	0.0873	0.0668	0.0000	0.0025	0.0825
	9	0.0886	0.0992	0.0131	0.0000	0.0624	0.0904
对职业体育俱乐部文化再造权重	1	1.0000	0.0880	0.0892	0.1944	0.4059	0.2224
	2	1.0000	0.3402	0.0672	0.1192	0.1779	0.2995
	3	1.0000	0.0891	0.0930	0.3279	0.1480	0.3420
	4	1.0000	0.0668	0.3492	0.2454	0.1369	0.1566
	5	1.0000	0.1079	0.1022	0.0538	0.2300	0.5061
	6	1.0000	0.1936	0.1175	0.0569	0.2666	0.3654
	7	1.0000	0.1230	0.0430	0.0758	0.5185	0.2397
	8	1.0000	0.2329	0.0510	0.1120	0.5385	0.0665
	9	1.0000	0.2968	0.0744	0.1413	0.4435	0.0440
λmax	1	5.3452	4.2106	5.4001	6.5993	3.0536	3.0142
	2	5.3927	4.1752	5.3719	6.5819	3.0536	3.0735
	3	5.3804	4.2380	5.0198	6.4646	3.0536	3.0183
	4	5.3821	4.2492	5.4379	6.5824	3.0183	3.0000
	5	5.4368	4.2427	5.2805	6.4674	3.0940	3.0940
	6	5.3141	4.2104	5.2821	6.5923	3.0000	3.0536
	7	5.4376	4.1879	5.0000	6.6187	3.0858	3.0735
	8	5.3875	4.2331	5.2991	6.0000	3.0026	3.0805
	9	5.3968	4.2649	5.0586	6.0000	3.0649	3.0940

注：A 表示“职业体育俱乐部文化再造”判断矩阵，B 表示“人力资源再造”判断矩阵，C 表示“理念系统再造”判断矩阵，D 表示“形象再造”判断矩阵，E 表示“制度再造”判断矩阵，F 表示“组织再造”判断矩阵。

通过集结各专家判断矩阵计算结果进行群决策分析，得出俱乐部文化再造各维度在俱乐部整体文化再造中所占的权重，及各再造要素在其上级再造维度中所占的权重，如图 8－2 所示。可见，就 S 乒乓球俱乐部而言，受访专家的综合意见反映出俱乐部文化再造各维度权重排序是：制度再造>组织再造>人力资源再造>形象再造>理念系统再造，其中制度再造占比重为 32%，组织再造占 25%。在制度再造维度下，管理制度再造比重达到 59%，其次是经营制度再造（28%）和工作生活制度再造（13%）。在组织再造维度下，组织架构再造占 40%，管理流程再造占 36%，业务流程再造占 24%。

为准确解读上述结果，本研究对 S 乒乓球俱乐部及其文化再造各维度的情况进行了深入了解。S 乒乓球俱乐部是一家有着 25 年历史的乒乓球俱乐部，具有独立的法人资格，经过不断的发展壮大，在训练、管理、人才培养上摸索提高，于 2002 年开始参加乒乓球超级联赛，在各层级乒乓球联赛和国际国内大赛中屡创佳绩。S 乒乓球俱乐部的重要特色是既重视运动员的运动训练，又为运动员文化学习进修提供了良好的平台和机会，依托大、中、小学校构建了较为完善的后备人才培养体系。

在组织再造方面，S 乒乓球俱乐部的组织架构不够完善，正如教练员 M 所言，俱乐部主要依据不同层级的男队、女队进行管理运行，实施总教练负责制，并非完全规范的企业化管理模式。俱乐部依据职能分工的管理和保障部门也不是十分健全，教练员同时担任诸多管理和事务性工作，一方面工作量非常大，一方面很难保证全身心投入训练竞赛。正如约翰逊等人援引明茨伯格的观点，这种简单的组织形态受首席管理者（总教练）愿景和个人魅力驱动，在通过直接监管和建立私人关系带动组织发展进步方面行之有效，适合小型的、具有企业家精神的组织①②。但作为一个正常发展中的俱乐部，由于规模、资金等条件限制，S 乒乓球俱乐部的组织架构在短时间内很难有大的改变，但受访教练员、学者们均认为从俱乐部长远发展来看，完善优化组织架构具有积极意义。同时，俱乐部的诸多管理运营工作没有可参考的操作流程可查，运动员 X 和 W 均指出，遇到发生频率不高的事件往往不知道该如何处理，对教练员的依赖性极大，需要作一些改变，更方便俱乐部成员的工作、学习和生活。可见，更为完善的组织架构和规范的管理流

---

① MINTZBERG H. The Structuring of Organizations[M]. Upper Saddle River, NJ: Prentice Hall, 1079.

② 格里·约翰逊，凯万·斯科尔斯.战略管理（第 6 版）[M].北京：人民邮电出版社，2009：293.

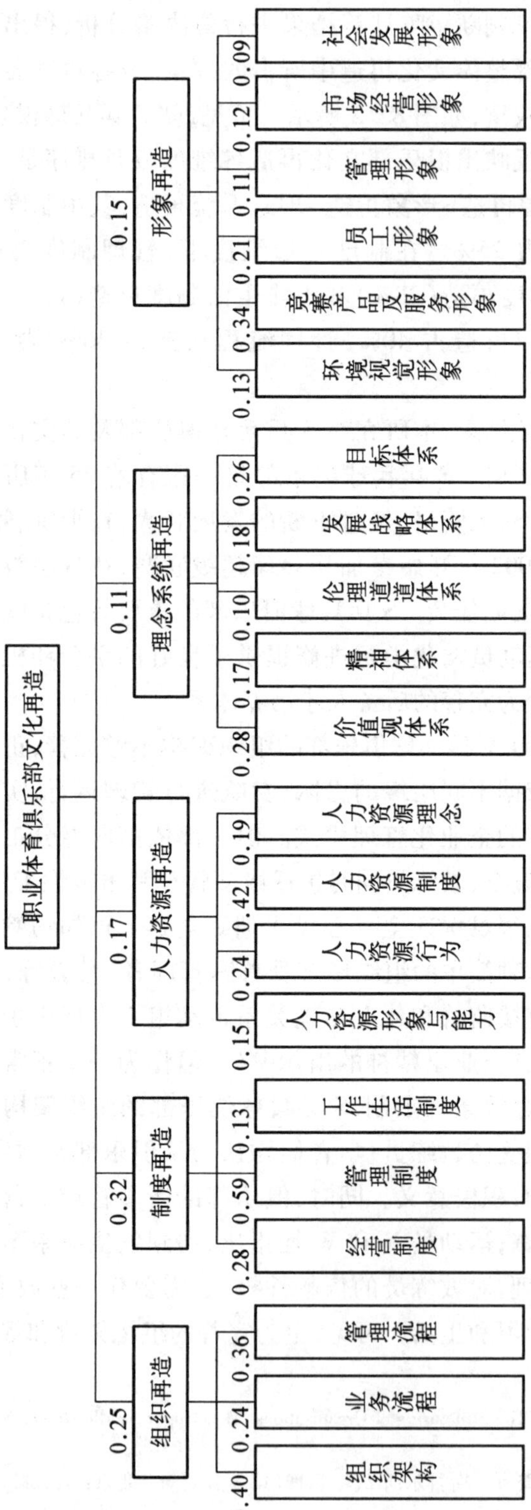

图8-2 职业体育俱乐部文化再造模型

程将有利于进一步理顺俱乐部运营中的各项工作,使得决策权高度集中的局面得以改善,管理流程变得更加顺畅。

在制度建设方面,S乒乓球俱乐部建立了严格的队规(俱乐部章程),是俱乐部多项管理制度的集合,其中包含了训练考勤制度、生活学习工作纪律要求、奖惩措施、绩效考核制度等,是S乒乓球俱乐部唯一以规范的形式存在的制度文件。在俱乐部实际运营中,这些制度被高度细化成为包括教练员、运动员薪酬制度、激励制度、财务管理制度等在内的一些列具有可操作性的制度惯例,虽然没有白纸黑字的文件可查,但在俱乐部内部教练员和运动员及相关管理人员均对这些不成文的制度了然于心。另外俱乐部对教练员和队员使用球馆及训练设施提出了严格的管理制度,但保障训练球馆的整洁卫生则由专门聘请的后勤保洁人员完成。上述成文与不成文的制度的存在对S乒乓球俱乐部二十几年来的发展和成长发挥了重要作用,但并不表明俱乐部的制度体系是完善的,比如运动员招募、选拔、退役制度、管理经营监督制度等缺失,一定程度上影响了俱乐部吸引高水平运动员和有潜质的青少年后备人才加入,也不利于俱乐部健康可持续发展。

在理念系统方面,俱乐部成立至今,教练和管理团队十分稳定,尤其是总教练服务于俱乐部多年,传承了俱乐部创立时期提出的崇尚运动、热爱学习、奋勇拼搏的优良传统和价值观,俱乐部扁平化的组织形式使得这些理念能够不断得到巩固和加强,成为俱乐部重要的无形财富。S乒乓球俱乐部虽为独立的经济实体,但其依托高校创建的本质使得其发展目标一直十分明确,即成为国内最强的大学生乒乓球俱乐部,因此构建了其梯队培养、通过中超联赛锻炼队伍、打造品牌等发展战略。S乒乓球俱乐部的理念系统颇受俱乐部成员的认可。因此,理念系统再造在整体文化再造中所占权重不高。

在人力资源再造方面,S乒乓球俱乐部人力资源发展理念先进,对运动员学习和训练均高度重视,加上俱乐部对其成员严格的管理和细致的要求,运动员的行为、形象比较积极正面,表现出较高的综合能力水平。但如前文所言,运动员招募、选拔、退役制度等的缺失一定程度上体现了再造的必要性。

形象再造在S乒乓球俱乐部文化再造模型中所占比重也不高,本研究对受访者深入了解发现,原因包含两个方面,一方面是部分受访人员认为S乒乓球俱乐部环境视觉、竞赛产品及服务、成员、管理、市场经营、社会发展等各方面的形象比较健康、积极、正面,再造的必要性不强。另一方面,有的受访者认为对于职业体育俱乐部文化再造而言,形象再造相对于组织再造、制度再造、人力资源再造等更为客观、实在的领域再造的意义确实处于次重要的地位。

由此可见，本研究以 S 乒乓球俱乐部为研究对象所构建的职业体育俱乐部文化再造模型与俱乐部的具体实践基本吻合，制度再造、组织再造在俱乐部文化再造中具有相对更为重要的意义。

第三节　职业体育俱乐部文化再造案例与启示

一、莱斯特城足球俱乐部

（一）拥有百年历史的平民俱乐部

莱斯特城足球俱乐部成立于 1884 年春天，由一帮虔诚的宗教信徒建立，原名莱斯特福斯(Leicester Fosse)。1890 年，该队加入英格兰足球协会，1894 年获得参加全国乙级联赛的资格。1908 年莱斯特城升入甲级联赛，然而只是昙花一现，1909 年便降回乙级联赛。1910 年，混迹乙级联赛的莱斯特城闯入足总杯八强，但并无建树。“一战”结束后，由于严重的财务危机，球队由莱斯特城公司接管，并正式命名为莱斯特城足球俱乐部。1925 年球队再度冲上英格兰甲级联赛。直到 1957 年之前，莱斯特城俱乐部徘徊于甲、乙级联赛之间，其中 1934 年和 1949 年，莱斯特城俱乐部曾先后出人意料地闯入英格兰足总杯半决赛、决赛，尤其是 1949 年杀入足总杯决赛，虽然遗憾败北，但对鼓舞全队士气起到了重要作用，使得球队保级成功，避免了跌入丙级联赛的尴尬局面。1957 年到 1969 年，该队一直保持着甲级队称号，这是俱乐部历史上的一项奇迹。六十年代莱斯特城一共三次杀入足总杯决赛，均铩羽而归。1964 年莱斯特城获得联赛杯冠军。1971 年球队获得乙级联赛的冠军，并击败利物浦队，捧得慈善盾冠军奖杯。1974 年再次打入足总杯的半决赛，但是惨遭利物浦队淘汰。1978 年降级之后莱斯特城足球俱乐部长期处于低靡状态。1987 年莱斯特城以球衣广告的形式获得沃尔克斯食品赞助，2002 年沃尔克斯食品与莱斯特城俱乐部签署了七位数字的球场命名权合约，莱斯特城足球俱乐部于 2004 年 7 月迁入耗资 3700 万英镑建设的可容 32500 人的沃尔克斯球场(Walkers Stadium)。由于球场的外观及赞助商的原因，该球场被戏称为“薯片碗”。2010 年夏季泰国财团入主俱乐部。2010—2011 赛季，虽然球队夏季大肆扩军，但季初成绩不稳。

2012—2013 赛季,莱斯特城在英冠联赛晋级英超联赛的附加赛中,遭绝杀败给沃特福德俱乐部,未能如愿。2013—2014 赛季,莱斯特城以英冠联赛积分第一的身份进入英超联赛。2014—2015 赛季,莱斯特城有 140 天排在英超倒数第一,一度被认为铁定降级。但尼格尔·皮尔森率领莱斯特城在最后 9 场比赛中拿到 7 场胜利,完成胜利大逃亡。2015 年 7 月 13 日,莱斯特城俱乐部正式任命意大利人克劳迪奥·拉涅利为新任主教练。作为一个拥有百年历史的足球俱乐部来讲,莱斯特城俱乐部在英超俱乐部中几乎可谓名不见经传,颇有小人物的色彩。细看当时的球员队伍,莱斯特城是一支平民化特征突出的球队,头号射手瓦尔迪五年前来自业余联赛,马赫雷斯从法国第七级别联赛起步,队长摩根参加英超联赛时已经达到 30 岁,安迪·金曾被切尔西俱乐部青训队解约……即便是主教练拉涅利,虽转战多国联赛,但从未与联赛冠军结缘。就是这样一支平民队伍,却在 2015—2016 赛季出其不意,成为世界足坛的耀眼明星。

（二）莱斯特城俱乐部文化再造启示

2016 年 5 月 3 日,莱斯特城提前两轮夺得 2015—2016 赛季英超冠军,成为英超联赛历史上第六支冠军球队,同时也是俱乐部建立 132 年来取得的第一座顶级联赛冠军。2017 年 2 月,莱斯特城队获得 2017 年劳伦斯世界体育奖颁奖典礼“最佳体育精神奖”,是继巴萨、克鲁伊夫之后,该奖项第三次颁给足球界。莱斯特城可谓筑梦成功,成为当赛季世界足坛的神话。诸多欧洲媒体都用了“历史的创造者”、“梦境”、“奇迹”、“童话”等词汇来形容莱斯特城俱乐部取得的成就,就连其俱乐部球员也觉得“不可思议”①。一个徘徊在保级边缘,名不见经传的俱乐部摆脱困境、筑梦成功的背后原因值得探究。

1. 组织再造——重组组织架构

2010 年夏季,泰国亚洲足球投资(Asia Football Investments)开始酝酿收购印尼克罗诺斯体育管理(Cronus Sports Management)拥有的 20%股权,并于 2011 年 5 月正式成为莱斯特城俱乐部单一股东。泰国皇权国际(King Power)董事长维猜(Khun Vichai Srivaddhanaprabha) 成为莱斯特城的泰国老板。维猜本人及其儿子阿亚瓦特(Khun Aiyawatt ‘Top’ Srivaddhanaprabha)分别担任俱乐部的主席和副主席,开启了俱乐部文化变革的全新篇章。俱乐部设主席 1 名、副主席 1 名、执行总监 2 名,均由泰国人担任。俱乐部的具体管理由首席执行官负责,下设财务总监、足球总监、足球运营总监、商务总

① 文汇报,世界为莱斯特城奇迹狂欢[N].2016 - 05 - 04(6).

监、物业与设施总监、总法律顾问、运营总监各 1 名，分别主管相应的 7 个部门。各部门分工明确，在具体赛事运作中又可以有效沟通、灵活协调。俱乐部非核心业务则全部外包出去，比如其餐饮服务就外包给了全球最大的餐饮集团金巴斯集团，金巴斯集团专门设置了一名莱斯特城俱乐部经理主管俱乐部，尤其是皇权球场的所有餐饮服务。

2. 制度再造——强化管理制度

关于俱乐部的运行从俱乐部高层到各个部门都有严格的管理制度，且俱乐部主席从不干预具体运营事务。比如，其一线队伍管理完全由主教练负责，带领莱斯特城英超夺冠的主教练拉涅利恰巧是一位善于激励球员，且重视球队纪律的教练，在面对英超强劲对手的比赛中，防守反击一直是莱斯特城打法的主旋律，莱斯特城球员对教练安排的无条件执行使得他们在当赛季状况百出的英超得以稳扎稳打，最终脱颖而出，可以说，球队严格的组织纪律是这支平民球队成功的秘诀之一。英国媒体《天空体育》曾这样评价："对于像莱斯特城这样的英超新成员，立足之本就是更加严格的秩序和铁的纪律，否则，在困难之下很容易迷失方向。非常幸运，莱斯特城做到了纪律严明。"

俱乐部对于其成员的任何影响俱乐部形象的行为决不姑息。2014—2015 赛季结束后，莱斯特城全队前往泰国踢了几场友谊赛，在泰国逗留期间，亚当 · 史密斯、汤姆 · 霍普和詹姆斯 · 皮尔逊 3 名球员在酒店招妓并拍下视频，在英超引起轩然大波，招致了极大的争议。莱斯特城俱乐部认为这几名年轻球员的行为严重损害了球队的形象，决定开除 3 人，并在官网上予以公布。其中，詹姆斯 · 皮尔逊是主教练尼格尔 · 皮尔逊的儿子。这也导致了紧跟着 7 月 1 日，莱斯特城在官网上宣布与主教练尼格尔 · 皮尔逊"工作关系破裂"。

在后备人才培养方面，莱斯特城足球学校严格执行英超后备人才培养计划（EPPP）的各项要求，致力于培养 8—21 岁的本土青少年成为优秀的足球运动员。在执行 EPPP 各项规定之外，莱斯特城足球学校重视青少年的文化教育，规定了青少年球员每天必须要完成的文化课时数。俱乐部为青少年球员提供免费的医疗保障，并以俱乐部制度的形式将这些做法固定下来。

3. 人力资源再造——调整人力资源核心要素

首先，主教练。一支球队取得顶级联赛冠军，主教练的指导功不可没，时任球队主帅的拉涅利曾执教各大联赛，经验丰富，且是一位乐观、聪明、善于因材施教、充满正能量的主帅，他懂得如何激发球员的昂扬斗志。对于莱斯特城这样一支相对较弱的球队，拉涅利一改他执教切尔西时注重阵容轮换的作风，转而尽可能围绕球员的特点，让其在擅长的位置上发挥其优势。他在训练中积极鼓励球员提出他们的战术观点，并乐于接受好的战术加以执行，这使得球队的团队凝聚力很强，更能够服从球队管理和战术安排。也正因如此，2017年俱乐部解雇拉涅利的时候曾招致球员、球迷、媒体诸多不解。

其次，科学的引援模式。凭借英超高昂的电视转播合同分成，以及来自皇权集团和合作伙伴的巨额赞助，莱斯特城已经具备了足以撬动足球转会市场的经济实力，将引援的范围扩大到了整个欧洲。莱斯特城在球员引进中素以能够做到“物有所值”而令像阿森纳、切尔西这样的英超豪门颇为羡慕、意欲模仿。但是如何能够以合理的价格引进符合球队需求的人才并非易事。莱斯特城采用了经理负责制引援模式，这是时下颇为流行的引援模式，即俱乐部主席——泰国老板维猜拥有引援的最终拍板权，足球事务总监负责具体的竞技事务，以引援主管史蒂夫·沃尔什为核心的技术小组是俱乐部的核心竞争力所在。史蒂夫·沃尔什曾为切尔西服务了16年，穆里尼奥任命他为欧洲地区的球探。他曾在德罗巴和埃辛的转会上和博阿斯有过合作，之后便转投当时的纽卡斯尔主帅阿勒代斯麾下，在那里和皮尔逊成为伙伴，之后携手来到莱斯特城，并成为莱斯特工作组中的核心人物。在一个转会操作的流程中，首先球队主帅会提供一个自己希望得到球员的场上位置和类型，然后考虑到俱乐部财政方面的承受能力——这可能是每个转会中都要参考的因素，一份备选清单就此出炉。依靠精细操作规避风险并追求利益最大化是莱斯特城队的目标。而对统计数据的鉴别则贯穿了整个球员交易过程，他们需要对任何一位特定的球员依照程序处理大量数据，参考诸如创造一次机会所需时间、跑动距离和速度、重新获得控球权的次数和许多其他技术变量。事实上，沃尔什的团队在意大利 Wyscout 公司帮助下掌握并跟踪近11万名球员的实时数据，每周整理并剪辑数百场比赛录像对于他们来说可谓家常便饭。

最后，球员的坚忍与努力。莱斯特城夺冠成功，瓦尔迪功不可没。16岁时，瓦尔迪遭到谢菲尔德星期三球队解约，而在23岁时，他还效力于英格兰足球第八级别的业余联赛。在那段日子里，瓦尔迪会在每周二和周四的晚上参加训练，并在周六进行比赛。在四点半下班后，他会匆忙地吃完晚饭，并在七点前赶到场地进行训练，十点多结束训练后，回到家疲惫的他会倒头就睡。虽然英格兰的业余比赛充满着我们难以想象的激烈身体对抗，但瓦尔迪仍拥有着出色的表现。他在107场的比赛中进了66个球，成功吸引了当时莱斯特城主帅皮尔逊的注意。而沃尔什也前往福利特伍德观察了他数次，甚至还包括了福利特伍德客场对阵韦康比队的足总杯比赛。俱乐部需要一个能在前场施加压力的射手，2012 年 5 月，瓦尔迪从福利特伍德以对非职业联赛球员来说创纪录的一百万英磅的身价转会狐狸城。但逆袭并未如此快地到来，来到莱斯特的第一个赛季，瓦尔迪踢得并不怎么样，遭到球迷狂嘘，忍受媒体批评。但瓦尔迪终究咬牙坚持下来了，在接受《天空体育》专访时表示："我真的没有预料到（会平了范尼的纪录），我从不给自己设定目标。我只想确保自己相比去年有所提高，而我做到了。连续 10 场进球固然很好，但更重要的是为莱斯特城拿分。"[①]可见，坚忍与努力最终铸就了瓦尔迪的成功，也使得莱斯特城俱乐部获益。

4. *理念系统再造——更新发展理念*

第一，确立有挑战但可实现的发展目标。重组之初，俱乐部主席提出了明确的发展目标——打进超级联赛。冲超成功后，俱乐部的目标调整为在第一集团稳定立足，力争三年内冲进前五名。按照英国《独立报》的评论，莱斯特城自泰国人掌权以来管理十分稳定，是该俱乐部能够稳定发展、不断进步的重要基础[②]。

第二，尊重俱乐部历史，以推动足球文化发展回馈社会。维猜既没有把莱斯特城当作短期谋利的工具，也没有把它当作炫富的窗口，而是对俱乐部投入真感情，用心经营。莱斯特城足球俱乐部官网上有专门的模块详细介绍俱乐部的历史，显示了俱乐部管理团队对历史的尊重。莱斯特城俱乐部拥有青少年足球学校，专门培养 8—21 岁的本土球员，并为他们提供很好的文化学习和医疗保健服务和保障。皇权球场的门票维持 10 英镑的低价位，并且俱乐部在座椅下面会放置欢呼用的工具，仅这些工具就耗资 12000 英镑，显示了俱乐部对球迷的重视、对回馈社区的用心。随着莱斯特城冲超、冲冠成功，在莱斯特郡再度掀起了足球运动的热潮。维猜本人也深得莱斯特城球迷的感激和爱戴，据英媒报道，蓝狐球迷发起集资活动，每人捐 5 英镑，为泰国老板维猜送上礼物，结果筹到了 2 万多英镑，他们还准备了一张存储着蓝狐照片、球迷寄语的光盘送给维猜。

第三，明确俱乐部核心竞争力。莱斯特城俱乐部老板是商业大亨，并非

---

① 禹唐体育.莱斯特城表现惊人，保级球队究竟如何化身九尾妖狐？[EB/OL].(2015-11-30)[2017-04-07]http://www.jiemian.com/article/455000.html.

② 独立报.The secret to Leicester City's success[EB/OL].(2015-11-25)[2017-04-07].http://www.independent.co.uk/sport/football/premier-league/the-secret-to-leicester-city-s-success-boardroom-stability-astute-scouting-and-an-emphasis-on-youth-a6748591.html.

经营足球俱乐部的专家,因此,他聘请了十分专业的管理团队来管理俱乐部,球队训练、比赛、后备人才培养、医疗康复、场地设施等与足球密切相关的核心业务一律由俱乐部自己管理,而诸如餐饮、交通服务等则采取外包的方式运营。而且,俱乐部老板维猜本人对球队非常重视,每次莱斯特城球队主场作战,维猜都会乘坐他的私人蓝色直升机往返伦敦和皇权球场。莱斯特城4-0大胜斯旺西城之后,俱乐部安排五架直升机把全队接到伦敦出席英格兰职业球员协会(PFA)颁奖典礼,老板维猜也贡献出自己的私人飞机当作交通工具。

第四,清理债务,重回健康发展轨道。新的管理团队认为只有清理掉债务负担,莱斯特城才能更专注于足球本身的发展,因此,他们积极寻找对策,最终以债务换股权的形式,帮助莱斯特城清理掉1.03亿英镑的债务,使得莱斯特城跳脱债务的束缚,重回健康发展的轨道。

5. 形象再造

第一,赞助商与俱乐部徽标色调的统一。莱斯特郡被认为是捕猎狐狸的起源地,因此当地好多标志都采用了狐狸元素,莱斯特城足球俱乐部就是其中的一个,目前俱乐部的徽标设计于1992年,启用以来仅于2010年作过细微的调整。徽标以蓝色、白色为主色调,中间的狐狸头为橘黄色,这是一种属于足球俱乐部的地域文化传承,蕴含着历史的积淀。因此,在泰国皇权集团入主莱斯特城俱乐部之后未对徽标做出调整,相反地将皇权集团徽标中原本金色的抽象皇冠改成了橘黄色,蓝色的字体色调也统一起来,使得徽标的色调更为协调统一。

第二,买下主场体育场。原本莱斯特城的主场叫做沃尔克斯球场(Walkers Stadium),2002年夏天建成,造价高达3700万英镑,准备作为莱斯特城2002—2003赛季的新主场。但搬入新球场的莱斯特城俱乐部从英超降级,并背负了高达3000万英镑的债务,面临破产接管,沃尔克斯球场的所有权归到美国教师退休基金会(TIAA-CREF)名下。维猜任俱乐部主席之后,买下球场的所有权,并冠名皇权球场,意味着莱斯特城不再需要租用体育场馆,减少其他相关训练场馆的费用,为俱乐部提供收入来源。皇权球场也成为莱斯特城俱乐部和球迷们的主阵地,是俱乐部的建筑实体标志。

二、广州恒大淘宝足球俱乐部

(一)创造了中国足球诸多"第一"的俱乐部

广州恒大淘宝足球俱乐部的前身是我国第一支地市级专业足球队——广州足球队,成立于1954年6月。自国家体育总局(前国家体育运动委员会）决定足球走职业化发展道路以来，广州足球队于 1993 年率先与太阳神集团合作，转型成为我国第一家由政府与企业合股经营的职业足球俱乐部。2010 年 3 月 1 日，恒大集团注资 1 亿元买断广州足球俱乐部全部股权，并更名为广州恒大足球俱乐部。当年即中甲夺冠，获得次年中超联赛参赛资格，并一举斩获中超联赛冠军，成为中超联赛历史上首支第一年升入该联赛就夺冠的球队。2012 年，广州恒大再度夺得冠军，成为第一支卫冕中超冠军的球队，并同时获得当年的足协杯冠军，成为 2012 赛季中超足协双冠王。2013 年，广州恒大继续高歌猛进，再一次卫冕中超，并首夺亚冠冠军，创造了中国足球俱乐部夺得第一个改制后亚冠联赛冠军的历史，摩洛哥世俱杯夺得第四名。2014 年 6 月 5 日，阿里巴巴集团以 12 亿元入股，获得广州恒大 50%的股权，俱乐部更名为广州恒大淘宝足球俱乐部。同年，俱乐部继续卫冕中超联赛冠军，成就四连冠，亚冠联赛也连续第三年杀入八强。2015 年，广州恒大淘宝俱乐部成功在新三板挂牌上市，成为“亚洲足球第一股”，当年更是战绩辉煌，以中超 26 轮连续不败的最长纪录，成就中超五连冠，创造中超夺冠次数第一名，并同时再夺亚冠联赛冠军，日本世俱杯获得第四名。2016 年，广州恒大淘宝夺得超级杯冠军、中超联赛冠军、足协杯冠军，成为中国足球历史上第一个三冠王。2017 赛季，广州恒大淘宝更是提出了中超七连冠、夺取四冠王的目标。

（二）广州恒大淘宝俱乐部文化再造启示

足球俱乐部作为一个组织，其成功离不开诸多方面力量的支持和配合，但积极、完善的组织文化建设必不可少。自恒大集团接管以来，俱乐部以恒大集团的企业化管理为参照，对俱乐部文化进行了一系列的变革，使其成长为今天这个拥有了诸多“第一”的国内最为成功的足球俱乐部之一。广州恒大淘宝俱乐部文化再造的成功经验给予了职业体育俱乐部一定的启示。

1. 组织再造——责任清晰的组织架构

恒大集团首先以 100%控股权入主广州恒大淘宝，虽然 2014 年阿里巴巴集团购得俱乐部 50%的股权，但实际上仍旧是恒大集团的掌门人主导俱乐部的发展。恒大集团是中国著名的民营企业，世界 500 强，阿里巴巴也是市值惊人的著名企业，两家企业均资金稳定、财力丰厚，为俱乐部奠定了雄厚的物质基础，目前广州恒大淘宝足球俱乐部的经营资金主要来自这两家企业，俱乐部的产权结构十分清楚。除了政府的宏观调控，俱乐部在经营过程中受到政府的干预较少，主要依靠俱乐部本身的管理理念和制度来运行。这样的局面有利于俱乐部自主确定发展战略、自行制定规章制度、自控力强大，因此，俱乐部建立了合理的组织架构，并且实现了教练员和管理层的职责分工明确。从组织架构来看，广州恒大淘宝俱乐部在董事会下设总经理，负责俱乐部的运行管理，一些重大的决策，比如球队的冠名和赞助、引援等，一般都要通过俱乐部的总经理和董事长进行决策，甚至直接由恒大集团的足球管理中心负责①，但他们不干涉俱乐部正常运行及教练团队战术选择。俱乐部业务部门主要包括竞赛部、经营开发部、技术管理部、办公室行政和球队管理五大部门，具体负责俱乐部的运行。俱乐部主教练在球队比赛方面有绝对的权威，例如比赛打法、训练准备、技战术安排、内外援引进等问题。俱乐部各个部门职责明确，并在相应的激励制度以及奖罚规定的激励与约束下，确保俱乐部从教练、队员到管理层、后勤保障团队都为共同的目标努力奋斗。这种组织架构体系与管理模式给了教练团队、管理团队足够的空间去发挥最大能量和专业特长，而所形成的氛围对球员发挥巨大潜力提供了很好的保障。

2. 制度再造——奖惩分明的制度体系

广州恒大淘宝俱乐部基本移植了恒大集团的企业管理风格，以严格细化的制度规范球员的行为与表现，并辅以严格的考核，奖惩分明是其制度体系的鲜明特征。2011 年俱乐部颁布“513 奖惩法则”和《广州恒大足球队“五必须、五不准、五开除”管理规定》（又称“三五纪律”），其中“五必须”是指：（1）必须尊重球迷，赛前赛后向全场球迷示意致谢；（2）必须尊重对手，打不还手、骂不还口；（3）必须服从裁判；（4）必须全心对待训练比赛、努力拼搏；（5）必须尊重媒体，言谈举止得体。“五不准”是指不准怠训、不准擅自离队外出、不准泄密、不准吃请、不准结派。“五开除”行为包括不服从主教练、服用违禁药品、赛间抽烟喝酒、参加打假球违背职业道德、损害公司形象②。从纪律约束来看，这是国内俱乐部最细致最严苛的纪律规定。2012 年 1 月 11 日，广州恒大俱乐部在官网发布处罚决定，克莱奥因擅自离队和未能按时归队被罚 50 万元，穆里奇、保隆和孔卡因未能按时归队分别被罚款 30 万元、30 万元和 15 万元，四名外援总共被罚款 125 万元③。制度面前人人平等，教练员的权威也得到了维护，这在很大程度上保证了俱乐部各项工作的顺利开展。从激励来看，513 奖惩法则下单场赢球奖金高达 500 万元，平一场奖 100 万元，输一场扣 300 万元，单赛季奖金过亿，创下职业联赛

① 胡锋鑫.中国职业足球联赛中恒大现象分析[D].北京体育大学，2015.

② 新浪体育.恒大公布纪律五必须五不准五开除[EB/OL].(2011 - 03 - 19)[2017 - 04 - 03] http://sports.sohu.com/20110621/n310996058.shtml.

③ 央视网.广州恒大对违反俱乐部管理规定的四外援罚款超百万[EB/OL].(2012 - 01 - 14) [2017 - 04 - 03] http://news.cntv.cn/20120114/100143.shtml.

以来单赛季奖金的最高纪录。在巨大的奖金鼓励下,俱乐部提前 4 轮锁定中超冠军。2012 年,广州恒大俱乐部在不同赛事中均对应性地推出了奖惩方案:对亚冠联赛推出“6306”奖金方案,即每胜一场奖金 600 万元,平一场奖金 300 万元,负一场不奖不罚,而每晋级一轮,球队还将获得额外 600 万元的奖励①。对中超联赛中俱乐部则采取了“303”奖金方案,赢球和输球将分别奖励和扣罚 300 万元,平局则不奖不扣,较 2011 年的“513”法则实际更为严苛。足协杯比赛实行的是与亚冠联赛相似的“6306”奖惩策略,但是每部分的奖惩额仅为亚冠联赛奖惩金额的 1/10,即 60 万元和 30 万元。奖励制度会与时俱进、及时更新,比如在 2012 年亚冠征程中,俱乐部临时设置净胜一球奖 200 万元的“为国争光”奖②。结果,广州恒大俱乐部一直打到亚冠八强,按照奖金政策,球队一共获得奖金 6300 万元③。精心设计的胡萝卜加大棒制度及其严格执行,在很大程度上保证了俱乐部运营目标的实现。

3. 人力资源再造

广州恒大淘宝足球俱乐部的人力资源再造主要涉及两个层面。其一是管理运营人才的引进,其二是教练团队和球员的引进和培养。

恒大集团涉及地产、金融、旅游、健康等多业务领域,但在足球领域却缺乏经验,并不拥有足球经营、球队建设方面的专业人才。因此,在恒大足球俱乐部成立筹备期间,恒大集团开出高薪,引进和聘请了一批足球领域的专业人才,包括俱乐部管理、技术、市场、医疗康复、后勤管理等等,为球队日常运营与未来发展提供了强大的人力资源保障。

在引进教练团队和球员的问题上,俱乐部凭借其丰厚的财力基础,基本能够实现自己选才引才的目标,李章洙、里皮、斯科拉里等知名足球教练员均曾经担任过俱乐部主教练。许多著名的本土球员,郑智、郜林、冯潇霆、张琳芃、黄博文、于汉超、郑龙、李学鹏、曾诚、邹正、廖力生、徐新、王上源、梅方、刘健、荣昊等都曾为恒大俱乐部效力。穆里奇、卡贾、保隆、孔卡、巴里奥斯、卡多索、迪亚曼蒂、吉拉迪诺、卡瓦略、佩雷拉、儒尼奥尔、罗比尼奥等多名外籍球星也曾加盟恒大。在实现恒大俱乐部中超、亚冠等诸多赛事夺冠、连冠的目标上,这些主教练、球员的加盟功不可没。然而随着俱乐部发展至

① 蔡德亮,许玲.微观经济学视角下的我国职业联赛“恒大现象”[J].西安体育学院学报,2015,32(01):65-70.

② 央视网.恒大每净胜一球奖 200 万元 1400 万奖金回馈球队[EB/OL].(2012-03-10)[2017-04-03]http://news.cntv.cn/20120310/112091.shtml.

③ 新浪体育.恒大亚冠 8 强奖金共 6300 万舜天累计奖金已达 3100 万[EB/OL].(2012-10-11)[2017-04-03]http://sports.sina.com.cn/j/2012-10-11/11076254434.shtml.

今，着眼于国内足球产业的长远发展，广州恒大淘宝俱乐部提出了到2020年实现“全华班”的战略目标，并具体提出从2018年开始逐年递减外援的具体目标，旨在将引进外籍球员的高昂成本转投至青少年足球人才培养中去①。在加强成本控制的同时，将经营目标从树立品牌、奠定基础向加强球员交流、产业化经营转变。

在青少年足球人才培养方面，早在2011年8月，恒大足球俱乐部就与西班牙皇家马德里俱乐部达成战略合作，合作领域包括青少年足球训练、各层次商业比赛、球员引进及培养、品牌宣传推广等，并创办了恒大足球学校。恒大足球学校是一所全封闭、全日制寄宿学校，文化教育与足球训练并重，其办学目的是“振兴中国足球、培养足球明星”，它也是全球最大的足球学校，并已在西班牙开设分校。皇马俱乐部向恒大足球学校派遣优秀青训教练团队，并从学员中选拔具有高潜力的青少年球员前往西班牙受训。与世界顶级俱乐部的战略合作有利于恒大青少年训练水平的提升，长远看来将有助于使恒大的梯队建设保持高水平良性发展②。

4. 理念系统再造

核心价值观的确立。广州恒大足球俱乐部以“广州未赢够”作为球队的口号对外宣传，一方面体现了俱乐部对广州这座城市的归属感和责任感，一方面体现了俱乐部为其所在地广州的荣誉必须要赢的核心价值观。“广州未赢够”成为自俱乐部成立以来指导全局的价值标准和根本追求，为了广州这座城市而拼搏努力是俱乐部存在和发展的内在动力。明确而高度统一的核心价值观有利于凝聚全体成员的信念，大大提高俱乐部全体球员、教练团队、管理团队工作的积极性和创造性，为赢得一座又一座冠军奖杯而拼搏。

永不言弃、团结协作“狼性”精神的打造。广州恒大足球俱乐部的投资人许家印本人十分推崇“狼性”精神，他鼓励队员，在赛场上要敢打敢拼、竭尽全力、血拼对手、打出风格、永不放弃。这种对俱乐部成员有意识地提倡和培养起来的敢打敢拼、永不言弃的精神风貌使得球员们在球场上拼尽全力去争取每场胜利，不仅展示了球员们良好的精神面貌，更重要的是向观众呈现了精彩的足球赛事，吸引了观众的眼球。团结协作是“狼性”精神的另一个典型特征，团队中树立一个标杆和榜样，将全体成员凝聚在一起，为了

---

① 新浪体育.恒大将一年减少一个外援　国内球员班底开始松动[EB/OL].(2017-02-16)[2017-04-03]http://sports.sina.com.cn/china/j/2017-02-16/doc-ifyarrqs9856400.shtml.

② 付昆鹏.浅析组织文化对于组织发展的推动作用——以广州恒大足球俱乐部为例[EB/OL].(2014-01-08)[2017-04-03]http://www.doc88.com/p-6751996172908.html.

共同的目标而努力奋斗。在广州恒大淘宝俱乐部内部，国内球员以郑智为标杆，国外球员以孔卡为榜样，球员之间相互鼓励，相互影响，形成了良好的组织风气。

发展战略体系与时俱进。如前文所述，广州恒大俱乐部成立之初，为了在低迷的球市中调动热情，为了使赛事更加精彩，俱乐部连续 7 年斥巨资购买外籍球员。但这一发展战略有其两面性：一方面，通过引进高水平球员向观众提供了更为精彩的赛事欣赏体验，打造了恒大俱乐部的连冠、多冠传奇，铸就了恒大俱乐部的品牌；但另一方面，引进外援的高昂代价成为俱乐部连年亏损的重要根源，可见此战略可持续性不强，而且，长远来看，不利于中国足球和足球产业的发展，也不利于俱乐部自身的长远发展。因此，自 2017 赛季开始，广州恒大淘宝俱乐部开始着手调整其引援策略，即逐步削减外籍球员数量，直至 2020 年实现球队全部由本土球员组成，体现了广州恒大淘宝俱乐部发展理念的重大转变①。

5. 形象再造

狼性精神影响下打造出的广州恒大淘宝俱乐部展示给人的形象是积极上进、拼搏到底、团结协作、永不言败。但这样的精神风貌只有在赛场上才能让观众有切身的感受，缺乏实实在在的物质载体。恒大俱乐部的管理团队对此有着非常清醒的认识，因此他们着力设计了一系列特色鲜明的符号。第一，恒大足球俱乐部的队徽是一头昂首震吼的华南虎，既表明了俱乐部所属城市是广州，又充分展现了俱乐部称霸称王的雄心。第二，“广州未赢够”的口号，让人热血沸腾，充满力量与渴望，激励着球迷也鞭策着球员、教练团队和所有的俱乐部成员。第三，特色鲜明的海报文化。海报是宣传的重要平面工具，是传递组织文化符号信息的重要载体。每场比赛之前，俱乐部企划宣传部门都会根据比赛对手以及比赛主题，通过巧妙的构思，设计一张内涵丰富的海报，宣传赛事，为自己的球队加油。海报通过俱乐部官方网站、微博等公共社交平台对外发布，吸引大量球迷以及媒体关注，在赛前就营造出一个与赛事密切相关的讨论热点，很好地推广了赛事，宣传了自身的良好形象②。除上述三点以外，球队的队旗、队歌、主场场馆、甚至球队乘坐的大巴等等，都进行了精心的设计，用意深刻、特色鲜明，处处彰显着俱乐部的组

---

① 新浪体育.恒大将一年减少一个外援 国内球员班底开始松动[EB/OL].(2017-02-16)[2017-04-03]http://sports.sina.com.cn/china/j/2017-02-16/doc-ifyarrqs9856400.shtml.

② 唐伦，苗晨晨.广州恒大淘宝足球俱乐部海报文化传播研究[J].新闻研究导刊，2016，7(19)：86.

织文化。通过这些具体可见的符号,俱乐部向外界展示了球队充满霸气、充满斗志、纪律严明的正面形象。

小　　结

本章作为本书最后一个章节,在前七章对职业体育俱乐部文化再造五个维度要素进行深入研究的基础上,更进一步,从实证分析的视角搭建起职业体育俱乐部文化再造理论与实践的桥梁。第一,了解足球、篮球等较早开始职业化改革的运动项目的职业俱乐部发展现状,在文献研究基础上构建职业体育俱乐部文化建设现状调查工具,结合问卷调查,从物质、制度、行为、精神四个层面,分析整体而言我国职业体育俱乐部文化建设暴露出的问题。第二,以参加中国乒乓球超级联赛的某乒乓球俱乐部为研究对象,通过层次分析法构建职业体育俱乐部文化再造模型,具体呈现如何发现和判断针对某一具体的职业体育俱乐部实施文化再造中的工作重点。第三,案例与启示,通过深入分析国际(英超:莱斯特城足球俱乐部)、国内(中超:广州恒大淘宝俱乐部)两个近年来实施了较为成功的文化再造的案例,为职业体育俱乐部文化再造提供更为形象直观的案例参考与经验启示。

主要参考文献

[1] DENISON D. R. Organizational Culture: Can it be a key lever for driving organizational change? (Wiley Chapter)[J]. Working paper, University of Michigan, 2000.

[2] DENISON D. R., MISHRA A. K. Toward a Theory of Organizational Culture and Effectiveness[J]. Organization Science, 1995, 6(2): 204-223.

[3] GLASER S. R., ZAMANOU S., HACKER K. Measuring and Interpreting Organizational Culture[J]. Management Communication Quarterly, 1987, 1(2): 173-198.

[4] HOFSTEDE G., NEUIJEN B., OHAYV D. D., et al. Measuring Organizational Culture: A Qualitative and Quantitative Study across Twenty Cases[J]. Administrative Science Quarterly, 1990(35): 286-316.

[5] MINTZBERG H. The Structuring of Organizations[M]. Upper Saddle River, NJ: Prentice Hall, 1079.

[6] O' REILLY C. A., CHATMAN J., CALDWELL D. F. People and Organizational Culture: A Profile Comparison Approach to Assessing Person-organization Fit[J]. Academy of Management Journal, 1991(34): 487-516.

[7] TEPECI M., BARTLETT A. L. The Hospitality Industry Culture Profile: A Measure of Individual Values, Organizational Culture, and Person-Organization Fit as Predictors of Job Satisfaction and Behavioral Intentions[J]. Hospitality Management, 2002(21): 151 - 170.

[8] WALLACH E J. Individual Sand Organizations: The Cultural Match[J]. Training and Development, 1983: 2.

[9] 陈曦.职业网球制度研究[D].北京体育大学,2013.

[10] 独立报.The secret to Leicester City's success[EB/OL].(2015 - 11 - 25)[2017 - 04 - 07]. http://www.independent.co.uk/sport/football/premier-league/the-secret-to-leicester-city-s-success-boardroom-stability-astute-scouting-and-an-emphasis-on-youth - a6748591.html.

[11] 杜宁.我国排球职业联赛引入外援研究[J].沈阳体育学院学报,2013(05): 131 - 134.

[12] 付昆鹏.浅析组织文化对于组织发展的推动作用——以广州恒大足球俱乐部为例[EB/OL].(2014 - 01 - 08)[2017 - 04 - 03] http://www.doc88.com/p - 6751996172908.html.

[13] 格里·约翰逊,凯万·斯科尔斯.战略管理(第6版)[M].北京:人民邮电出版社,2009: 293.

[14] 龚波.制度变迁:中国足球职业化改革的动因、进程与反思[J].体育学刊,2012(01): 25 - 30.

[15] 郭涵.我国乒乓球职业联赛发展的问题探析[J].体育与科学,2014(02): 113 - 116.

[16] 胡锋鑫.中国职业足球联赛中恒大现象分析[D].北京体育大学,2015.

[17] 黄健,刘铮,郝凤霞.和谐社会背景下我国职业体育俱乐部社会责任探究[J].成都体育学院学报,2012(06): 41 - 43.

[18] 李焓锄.中国男子职业篮球俱乐部经营模式的研究[D].北京体育大学,2013.

[19] 梁程程.我国职业排球俱乐部现状分析及对策研究[D].中国海洋大学,2015.

[20] 孟春雷,吴宁.职业排球的内涵和特征研究[J].北京体育大学学报,2010(01): 118 - 121.

[21] 孟春雷,吴宁.职业排球的内涵和特征研究[J].北京体育大学学报,2010(01): 118 - 121.

[22] 苗洪亮.我国职业羽毛球俱乐部运行状况及对策研究[J].青少年体育,2015(10): 18 - 19.

[23] 宋联可,杨东涛,杨浩.组织文化评价量表研究[J].华东经济管理.2009,23(7): 150 - 153.

[24] 搜狐体育.彭帅教练马伟开要做中国首家职业网球俱乐部[EB/OL].(2016 - 11 - 22)[2017 - 04 - 05]http://www.sohu.com/a/119588948_235063.

[25] 孙晋芳.论中国特色职业网球的探索与创新[J].南京体育学院学报(社会科学版),2011,25(03): 7 - 9.

[26] 孙一.我国职业足球文化建设的研究[D].北京:北京体育大学,2009: 76.

[27] 唐伦,苗晨晨.广州恒大淘宝足球俱乐部海报文化传播研究[J].新闻研究导刊,2016,7(19): 86.

[28] 田育骞.CBA 职业篮球俱乐部文化建设的研究[D].北京：北京体育大学,2011：24.
[29] 王吉鹏.企业文化诊断评估与考核评价[M].北京：企业管理出版社,2013：131.
[30] 文汇报,世界为莱斯特城奇迹狂欢[N].2016-05-04(6).
[31] 吴明隆.问卷统计分析实务[M].重庆：重庆大学出版社,2015：345.
[32] 新浪体育.恒大将一年减少一个外援　国内球员班底开始松动[EB/OL].(2017-02-16)[2017-04-03]http://sports.sina.com.cn/china/j/2017-02-16/doc-ifyarrqs9856400.shtml.
[33] 新浪体育.恒大将一年减少一个外援　国内球员班底开始松动[EB/OL].(2017-02-16)[2017-04-03]http://sports.sina.com.cn/china/j/2017-02-16/doc-ifyarrqs9856400.shtml.
[34] 新浪体育.恒大亚冠 8 强奖金共 6300 万舜天累计奖金已达 3100 万[EB/OL].(2012-10-11)[2017-04-03]http://sports.sina.com.cn/j/2012-10-11/11076254434.shtml.
[35] 新浪体育.恒大公布纪律五必须五不准五开除[EB/OL].(2011-03-19)[2017-04-03]http://sports.sohu.com/20110621/n310996058.shtml.
[36] 央视网.恒大每净胜一球奖 200 万元 1400 万奖金回馈球队[EB/OL].(2012-03-10)[2017-04-03]http://news.cntv.cn/20120310/112091.shtml.
[37] 央视网.广州恒大对违反俱乐部管理规定的四外援罚款超百万[EB/OL].(2012-01-14)[2017-04-03]http://news.cntv.cn/20120114/100143.shtml.
[38] 于洋.我国乒乓球职业俱乐部后备人才培养与对策研究[J].山东体育科技,2012(06)：41-44.
[39] 禹唐体育.莱斯特城表现惊人,保级球队究竟如何化身九尾妖狐?[EB/OL].(2015-11-30)[2017-04-07]http://www.jiemian.com/article/455000.html.
[40] 袁华.鲁能乒乓球俱乐部提供了成熟的职业模式[N].国家电网报,2010-11-03(004).
[41] 袁洋.中国女子职业网球团队的现状与发展方向的研究[D].北京体育大学,2016.
[42] 张勉,张德.组织文化测量研究述评[J].外国经济与管理,2004,26(08)：2-7.
[43] 张为.基于 CMAS 的兰州石化公司企业文化现状调查研究报告[D].兰州大学,2013：10.
[44] 张旭,韩笑.企业文化评估模型开发及应用[J].科学学与科学技术管理,2008(01)：149-153.
[45] 郑伯埙.组织文化价值观的数量衡鉴[J].中华心理学刊,1990(32)：31-49.
[46] 钟文正.日本足球职业化改革成功的文化学剖析——兼论对中国足球职业化改革的启示[J].首都体育学院学报,2010(03)：9-12.
[47] 周爱光,闫成栋.职业体育俱乐部社会责任的特征与内容[J].北京体育大学学报,2012(10)：6-9.

图书在版编目(CIP)数据

职业体育俱乐部文化再造理论与方法 / 杜梅著. —上海：中西书局，2020
ISBN 978-7-5475-1586-0

Ⅰ.①职… Ⅱ.①杜… Ⅲ.①职业体育—俱乐部—体育文化—研究—中国 Ⅳ.①G812.17

中国版本图书馆 CIP 数据核字(2020)第 034612 号

职业体育俱乐部文化再造理论与方法

杜梅 著

责任编辑 邓益明
装帧设计 黄 骏

出版发行 上海世纪出版集团
中西書局(www.zxpress.com.cn)
地 址 上海市陕西北路 457 号(邮编 200040)
印 刷 上海肖华印务有限公司
开 本 700×1000 毫米 1/16
印 张 16
字 数 274 000
版 次 2020 年 6 月第 1 版 2020 年 6 月第 1 次印刷
书 号 ISBN 978-7-5475-1586-0/G·548
定 价 65.00 元